専修大学社会科学研究所　社会科学研究叢書 10

東アジア社会における儒教の変容

土屋昌明 編

専修大学出版局

はしがき

　本書は，専修大学社会科学研究所共同研究「東アジア世界における文化接触の諸相」(2003 年度〜2005 年度) の報告書として編まれた。

　この共同研究は，東アジア地域の重要性がますます高まっている昨今，東アジアの異なる地域（朝鮮半島・中国）と異なる方法（人類学研究・文学研究・思想史研究）を専攻する 5 人の研究者が集って，外在的な文化要素との接触による当該文化の変容を考察し，もって東アジア世界における文化・社会の共通性と多様性を問い直そうとしたものである。

　周知のように，東アジア世界が一つの歴史世界とされるのは，中国による冊封システムの下，中国に起源を持つ漢字・儒教・律令制度・中国仏教といった文化要素が共通しているからであった。こうした文化要素は，中国から朝鮮や日本に移入され，当地の文化・社会との相克によって変容されていったと考えられる。したがって，これを当地の文化・社会のコンテキストにおくと，当該文化要素の受容およびその変容の歴史を叙述することになる。このような思考を，かりに「変容モデル」とすれば，これについて本共同研究は，少なくともつぎの二点の反省を共有している。

　第一に，「変容モデル」は，当地の内なる文化的な主体性を外からの文化要素およびその変容に解消して観察するものである点。これについて，一定程度の有効性を持つことを認められるとはいえ，内なる文化の内容をいかに総体的に理解するか，外なる文化との共通性のうちに当該文化の主体をどう見いだしていくか，を考察することも重要であると思われる。また同時に，外から「流入」したある文化要素そのものが持つ変容の可能性を考慮することも必要であろう。たとえば，儒教は朝鮮・日本社会に流入したわけだが，では儒教そのものが他の文化要素との接触によってどう変容する可能性を持つのか，という問題である。

第二に,「変容モデル」は,文化要素を受容する側の社会を単一でフラットなものと前提している点。ある文化要素が当該社会で受容され「土着化」するには,その社会の内におけるあるプロセスが必要である。少なくとも,当該地域における文化的エリート層と非エリート層における文化接触の問題を考慮する必要がある。たとえば朝鮮半島社会の場合,儒教(文化的エリート層)とシャーマニズム(非エリート層)との隔絶が顕著であると思われるが,その対立ないし補完の関係を検討せずに儒教の受容と変容を論じることはできないであろう。

これらを文化接触の問題として一般的に考えた場合,第一の点を地理的な移動を考慮した「横の文化接触」と見て,「孤立」「交流」「反撥・拒否」「流入」「吸収・包摂」「同化」とタイピングできるうちの「流入」の例として考察し,第二の点を同一地域の「縦の文化接触」と見て,階層的に考察することが可能であるように思われる。この点については,本共同研究のために試みられた,前川亨「文化接触の諸類型――「東アジア」地域を想定した理論的枠組みとして――」(『専修大学社会科学年報』第39号,2005年,111～136頁)があるので,そちらを参照していただきたい。

このような問題意識をもって,この共同研究はつぎのメンバーによる個別の研究と共同討議から始められた。

網野房子は,済州島社会を対象に,儒教受容による従来の巫仏習合の民俗宗教の変容および融合の歴史と実相を明らかにしようとした。

仲川裕里は,朝鮮の族譜を対象として,儒教的な宗族の関係がどのように発展・維持されていったか,その理念と実態を社会人類学的に調査・研究した。

厳基珠は,朝鮮における中国小説の受容の様相を,文学的な伝統と社会的な状況との双方から考察した。

前川亨は,中国の「孝」の身体性が持つ思想的問題を検討することから,東アジア世界における近代化の差異をどう解釈するかという問題への展望を考察した。

はしがき　　iii

　土屋昌明は，中国の道教・仏教・儒教の相互の接触論的研究およびそれら
が近代における西洋思想と接触した場合の変容を考察しようとした。

　また，各自の個別研究において，外部の講師をまねいて討論する機会を，
研究期間の第二年目と第三年目に可能な範囲で作った。これは，各自の専門
分野に立ちつつ，なるべく広い視野を維持したいという狙いと，研究を個別
に閉じ込めるのではなく，他の分野の研究者や学生にも公開して，その成果
を学内外に還元したいという狙いによる（後述）。

　こうした共同研究のプロセスにおいて，東アジア社会が共通して持つ文化
要素のなかでも，とくに儒教にスポットをあてていくのが共同研究として有
効であると認識された。儒教は東アジア社会で共通する文化要素のなかで，
人間の思想として社会の相違を超越する普遍的側面を備えていると同時に，
漢字や律令制度などと違って解釈の余地をたぶんに持っているため，東アジ
ア社会の共通要素であるとともに，多様性を示す要素でもあったからであ
る。こうして共同研究の後半から研究期間終了後の執筆期間には，各自の研
究において，儒教を軸とした研究論文の作成が進められた。以下，本書に編
まれた論文の梗概を示しておく。

　〈網野論文〉は，韓国社会にいまだ生きている「巫俗」とよばれる宗教を，
儒教との関連において検討する。

　韓国の巫俗とは，民間の宗教職能者たる巫者が中心となって，民衆によっ
て担われてきた土着的な民間信仰を基盤として，仏教・道教と習合しつつ，
儒教とも深い関係があると考えられる重層的な宗教現象である。従来，こ
の宗教現象を分析するにあたり，二つの側面における「二重構造」が指摘
されてきた。それは，女性／男性という二重性と巫俗／儒教という二重性で
ある。この二側面は，より重要で高次な構造として巫俗（女性）／儒教（男
性）の二重性と統合することができる。つまり，巫俗に儒教が影響すること
でジェンダー化がすすんだと考えられる。この図式は，実際の現地調査の結
果を分析する際にもかなりの的確性をもって運用可能であり，論者自身もこ

れまでこの図式に依拠してきた。しかし近年こうした理論が，巫俗と儒教の相互関係を無視し，現象のダイナミックな解釈を疎外しかねないことが反省されてきた。この反省に立って当該問題を考察するためには，二重構造の図式を放棄するのではなく，歴史学と社会人類学という双方からのアプローチによって二重構造論を検討し直さなければならない。つまり，一つには二重構造が形成・発展した歴史的なプロセスを文献実証的に解明すること，もう一つは，社会全体の中で宗教儀礼が持つ意味を解明すること，である。論者は，この実践として済州島における酺祭を考察する。酺祭とは，悪いものを祓って村の安寧を祈る儀礼であり，儒教式儀礼と見られてきた。また済州島の酺祭は通常，村の神域で行なわれる堂クッという儀礼とともに行なわれる。この堂クッは巫俗式儀礼と見られてきた。しかし，前述のようにこのような図式的な理解には欠点があるし，近年の調査の深化につれて，酺祭には必ずしも儒教的とは言えない特質が備わっていることも明らかになってきた。酺祭は巫俗儀礼と連続的にとらえるべきであり，酺祭が当地に導入された当初は儒教祭祀であったとしても，その形式をとりながら，定着の過程で巫俗との連続面をもって変容したと考えるべきである。この点を考察するために，儒教と巫俗の連続面にまたがる儀礼の要素として，祭場に備えられる豚に着目する。論者はまず近代における調査をもとに，儒教祭祀にも非儒教祭祀たる村落儀礼や雨乞い儀礼にも豚が使用されることを例示する。これを歴史的に考察すれば，豚の供犠の起源として，天地を祀る儒教儀礼である郊祀が，遅くとも高麗時代には朝鮮半島に実施されていたことと関連があると考えられる。一方，こうした古代における郊祀そのものも，東北アジアの基層信仰としての祭天および豚の供犠の発展と考えることもできる。それゆえ，巫俗における豚の供犠をその基層信仰との関連で考えることも可能である。もう一例，儒教と巫俗の連続面として豚の供犠とともに天神への信仰があげられる。天神への信仰は表面的には巫俗儀礼に表れていないように思われていたが，近年の研究によって，実は巫俗儀礼の中心に位置していたことが明らかになった。これは，儒教および仏教と巫俗が共有していたために，

天神という崇高な存在を巫俗と共有することを嫌った儒教が，これを巫俗から奪い取った結果であると考えられる。このような儒教と巫俗の習合と相克を，論者は近代以来の調査とみずからの現地調査にもとづきながら描くことにより，従来の儒教／巫俗の二重構造の限界を乗り越える可能性を探る。

　〈仲川論文〉は，歴史上の朝鮮・現代韓国の社会を理解するための重要な概念である「両班」と「儒教」について新たな視点を提出する。

　「両班」という語は高麗・朝鮮時代の官僚を指す限定的な用法から，現代の日常生活での用法まで，多義的な意味を持っており，それゆえに歴史学と人類学の研究においても定義が曖昧なまま運用されている。とくに，当該社会にみられる人々の上昇志向の諸現象を説明する際に使用される「両班化」という語は，複数の現象について混乱して使用されている。また両班に関わりの深い「儒教」についても，種々の側面を持つ語である。論者は，こうした研究上の混乱を糺して当該社会のより正確な理解に至るために，「両班化」という語で表現される諸現象に整理を加え，その諸現象における「儒教」の役割について再検討する。まず両班という語の多義性をふまえた上で，「両班」が朝鮮時代の支配階層を指す語として一般的になった原因を「士族」「士大夫」という語との関係から解明する。その結果，支配階層は「士族」という語を好み，「両班」という語は士族以外の人々が士族に対して使う他称であり，それが現代韓国社会に反映していることが判明する。そこで，現代韓国社会における両班の認知にはどのような条件があるかを検討し，個人的条件として五点，集団的条件として六点を抽出して，両条件の関連も考慮しつつ詳細に考察する。そして，このような条件は両班の行動規範となると同時に，儒教的行動規範と重なるのであるから，「両班」的行動規範と儒教との関連を考える前提として，朝鮮時代および現代韓国社会において儒教の原理や規範のどんな要素が社会に受容されたのか，あるいは時々の社会状況によって儒教はどう変容したのかについて検討を加える。この検討によって，当該社会における儒教が実に複雑多彩な意味をもっていることが明らかとなる。以上の考察を土台として，「両班化」と儒教の関わりを検討する。

まず論者は、「両班化」という語で歴史学者と人類学者がそれぞれに表わす現象を三つに分類することを提案する。そしてこの三分類を使って、現代韓国社会の「両班化」現象に考察を加える。これにより、いわゆる「両班化」の実相にはいくつかの局面があることがわかる。つづいてその諸局面において儒教がどのように変容しているかを検討することによって、より一層それら諸局面の特質を明らかにする。

〈厳論文〉は、東アジアの文学文献の比較研究において、相互間にどのような授受関係があったか、受容者側がどれだけ主体的に独創性を発揮したか、といった文献研究や文学研究の限界をこえて、受容者側の社会的・地域的な論理を考察する視点を提示する。

論者が研究素材としてとりあげる『剪燈新話』は、明の洪武年間の1378年の成書とされる小説だが、中国では明初の儒教士大夫である李時勉がこれを邪道・異端として批判、すぐに禁書に認定され、刊本も伝わらずに忘れ去られた。その後、朝鮮に受容された『剪燈新話』は、15世紀後半から16世紀にかけて知識層に読まれた。そして金時習によって1465年以後のある時に模倣されて『金鰲新話』が書かれた。また、1549年には林芑によって注釈書『剪燈新話句解』が書かれた。前者は後続作品を生まなかったが、後者は朝鮮において読み続けられた。日本へ伝わったのもこの『剪燈新話句解』であった。この二者について、なぜ中国で禁書になったものが朝鮮で歓迎されたのか、その原因を考察する。そして、前者については、『金鰲新話』の作者である金時習の経歴と思想の分析から、金時習が『剪燈新話』に読み取っていた士大夫としての態度を明らかにする。後者については、朝鮮の外交文書作成とその作成者に対する教育を考察することから、『剪燈新話』の朝鮮における必要性を明らかにする。つづいて目を日本に向け、まず日本における『剪燈新話』受容の様相をふまえたあと、『剪燈新話』の一部を受容した文学文献を考察する。それは、『剪燈新話』の翻訳を含んだものとして、1532年から1554年頃に作られた『奇異雑談集』と1648年から1651年に作られた『霊怪草』と1698年刊行の林羅山『怪談全書』、翻案としては

はしがき　vii

浅井了意が17世紀中頃に作った『伽婢子』、『剪燈新話』にもとづいた創作
としては上田秋成が1768年に作った『雨月物語』である。これらを原作お
よび朝鮮での受容と比較することで、日本での受容における読者大衆に対す
る商業的な目的を明らかにする。それとともにこの作業は、朝鮮での受容に
おける儒教士大夫的な理念性の強調傾向を浮き彫りにすることにもなる。か
くして、明初の儒教士大夫から批判された文学文献が、朝鮮の朱子学を信奉
する士人に受容され、また朱子学を官学とする江戸時代の知識層によって受
容された様相を考察することにより、東アジア諸地域で儒教を信奉する知識
層がそれぞれ持っている受容者側の論理を明確化する。

　〈前川論文〉は、宋代以降に登場した「二十四孝」関連の文献と最初期の
宝巻にみえる孝の実践形態を分析することから、「孝」という儒教倫理が内
在論理として持つ身体性の「弁証法的機制」を析出させた上で、それが宋代
以降の儒教倫理に組み込まれた論理的メカニズムを解明する。そして、これ
を日本儒教および朝鮮における孝のあり方と比較して、東アジアにおける近
代化が直面していた問題について新たな解釈を提示する。

　中国の孝の実践形態に対する従来の研究が精神分析の面に傾斜していたの
に対し、論者は孝の実践における身体性の問題をとりあげる。それは、儒教
で要請される孝の実践が、子の身体＝親の「遺体」と感覚される結果、自己
の身体の管理・保全として実現されるためである。ところが、より高次の孝
を実践しようとすると、自己の身体を毀損する行為が孝の実践と認識される
ようになる。つまり、伝統中国では不孝が法的に罪とされていたが、その大
罪を犯してまでも貴い孝を達成しようとする、そのような孝の本来と矛盾し
た宗教的な熱情が宋代以降に顕著になるのである。こうして高次の孝の実現
を図ろうとすることが孝の実践の「弁証法的機制」である。この点を論者は
76種あまりの「二十四孝」関連の文献を使って詳細に例証する。この部分
の論述は、いわゆる「二十四孝」に見える孝子伝の特徴と、そこにみえる身
体感覚としての孝の内在論理を明らかにする独立した論文とみなすことも可
能である。これに基づいて論者はさらに、最初期の宝巻にみえる孝の実践形

態の分析と，同時期の仏教思想・朱子学との対照を通して，孝の実践の「弁証法的機制」が，13世紀前半に仏教との内的連関を獲得したこと，また仏教思想の影響を受けることによって孝の実践形態に一層深刻な身体毀損の特徴をもたらしたこと，同時に登場した朱子学の理気論によって「弁証法的機制」が正当づけられたこと，などを解明する。そして，こうした点が「弁証法的機制」をより亢進させ，その受容者をエリート層とその周辺だけでなく，急速に社会の底辺にまで押し広げていったと論をすすめる。ここから眼を転じて，日本社会にはこの「弁証法的機制」が存在しなかったことを，江戸時代の朱子学者たる林羅山の言説を例にあげて指摘するとともに，そのことが井原西鶴の作品に中国の孝子伝とは全く異質なバリエーションをもたらしたことを論じる。それは身体感覚なき孝が江戸時代の知識階層だけでなく町人階層にまで広く共有されていたためであり，この点をさらに石田梅岩の石門心学の言説を分析することにより裏付ける。そして最後に朝鮮における「弁証法的機制」のあり方を瞥見しながら，中国・朝鮮・日本の各社会の底辺にまで至る「弁証法的機制」のあり方に相違があった点こそ，東アジアにおいて近代社会の原則（外的法規範と内的道徳の二元論）の受容に違いが生じた原因の核心であることを述べる。

　〈土屋論文〉は，儒教の近代化を論じた梁漱溟（1893～1987）が，文化大革命下の1967年に執筆を始めた『中国——理性之国』の分析を通して，社会主義・毛沢東思想と接触した梁漱溟の儒教がどのように変容したかを検討する。

　戦後の梁漱溟は，戦前において儒教を信奉し，中国共産党に批判的であった，などの種々の理由によって共産党からのきびしい批判に曝された。また70年代の儒教批判運動である「批林批孔」にも屈せずに，孔子・儒教を尊崇し続けた。こうしたことが，その特立独行の人となりとともに，特に中国外で高く評価されていた。しかし，文化大革命終結後しばらくして梁漱溟の戦後の著述が公開されるに及んで，彼がじつは儒教と社会主義・毛沢東思想とを折衷しようと努力していたことが明らかになった。これにより，それ

までのイメージとのギャップが生じ，彼のこうした努力はほとんど無視されることとなった。そこで論者は，まず『中国——理性之国』の概要を示したあと，その書における梁漱溟の儒教思想の特徴について，イデオロギーとしての儒教を否定すること，孔子の思想をとくに理性において高く評価すること，儒教の礼制度より孔子自身の人生態度・道徳的実践を重視すること，儒教による倫理本位社会の正の側面すなわち家族的な相互尊重をとりだそうとすること，古代の礼楽そのままではないにしても礼楽の精神を尊重すること，などにまとめる。つづいて，以上のような儒教の特徴を社会主義・毛沢東思想と接続するために梁漱溟がおこなった解釈について考察する。それにより梁漱溟は，中国革命軍の戦略に儒教的な精神が働いていたこと，それはレーニン・毛沢東思想と儒教が人間の自覚性を尊重するという点で共通であるばかりか，レーニンの思想には間接的に，毛沢東思想には直接的に儒教が影響していたからであること，それゆえ毛沢東が革命の目標とする境地は儒教が理想とした境地を現実化しようとするものであること，などと認識していたことがわかる。つぎに，こうした思想的努力は執筆当時の社会情勢とどう関わっていたのかを，梁漱溟の日記と同時代の政治・社会情勢とを対照させながら解明していく。かくして，新儒家としての梁漱溟の思想的営為の射程と，儒教そのものが持つ変容のあり方を考察する。

　さて，つぎに公開の研究会について紹介しておく。前述のように，各自の個別研究において，外部の講師をまねいて討論する機会を作った。以下に外部講師のお名前と題目などを記して謝意を表したい（肩書きは当時，以下同じ）。分科会「文化接触の個別相」（土屋担当）として，つぎのような公開研究会を開催した。

日時：2003 年 12 月 11 日（木）
報告者：王維坤氏（中国・西北大学教授）
題目：「日中古代文化交流の考古学的研究」

日時：2004 年 1 月 30 日（金）
報告者：森瑞枝氏（茨城大学講師）
題目：「神仏習合説の展開」

日時：2004 年 6 月 5 日（土）
報告者：加藤千恵氏（大阪市立大学講師）
題目：「身体をめぐる水と火 ── 吉田文庫『脩真九転丹道図』と中国内景
　　　図の比較」

日時：2004 年 7 月 3 日（土）
報告者：池平紀子氏（関西学院大学講師）
題目：「『究竟大悲経』の衆生観と太極」

日時：2004 年 11 月 26 日（金）
報告者：孟慶枢氏（中国・東北師範大学教授）
題目：「中国からみたロシア」

日時：2005 年 7 月 23 日（土）
報告者：前田年昭氏（編集者）
論題：「文化大革命の理想と日本 ── ドキュメンタリー『夜明けの国』」

日時：2005 年 11 月 6 日（日）
報告者：李松氏（中国・北京大学教授）
論題：「中国美術にみる道教と仏教の交渉」

　分科会「文学からみた東アジア世界の多様性と相関性」（前川担当）とし
て，つぎのような公開研究会を開催した。

日時：2004 年 6 月 21 日（月）

報告者：蘭明氏（実践女子大学助教授）

論題：「虚構の中を漂泊する東アジア——韓国モダニズム詩人李箱という
　　　鏡をとおしてみた 1930 年代」

日時：2004 年 7 月 5 日（月）

報告者：張渭涛氏（前橋国際大学専任講師）

論題：「従〈三国演義〉看中国人的時空観——以人物表象的中日比較為中
　　　心」

日時：2004 年 9 月 27 日（月）

報告者：下出鉄男氏（東京女子大学教授）

論題：「竹内好の〈アジア〉」

日時：2004 年 10 月 25 日（月）

報告者：前川亨

論題：「東アジアの中の日本浪曼派——モダニズムの後に来るもの」

日時：2004 年 11 月 29 日（月）

報告者：大久保明男氏（東京都立短期大学専任講師）

論題：「旧満州国の女性作家梅娘と日本との関わりについて」

日時：2004 年 12 月 20 日（月）

報告者：小川隆氏（駒澤大学助教授）

論題：「いま鈴木大拙をどう読むか」

本研究テーマは，社会科学研究の中ではペリフェラルな領域に関わると

考えられがちである。しかし，右のような研究会は，多様な領域に渉りつつも，文化（文学・造形芸術・宗教など）と東アジア社会との関連を扱っているのである。例えば，李箱に関する蘭明氏の発表（6月21日），梅娘に関する大久保明男氏の発表（11月29日）は，ともに近代日本の植民地支配と文学との関わりを扱い，竹内好に関する下出鉄男氏の発表（9月27日），日本浪曼派に関する前川の発表（10月25日）は，ともにナショナリズムと文学との関連を扱ったものである。

　右のような公開研究会は，限られた影響力ではあったが，相応の知的成果をあげ得たと自負している。共同研究の班員による内部の研究会，また聞き取り調査に協力いただいた方々を含めて，関係各位に感謝する次第である。こうした知的成果をうけて執筆された本書が，東アジア社会の諸相をいっそう明らかにし，この方面の研究に貢献することを切に願っている。

　本共同研究の成果が刊行にいたるまでに，多くの方々の御協力をいただいた。専修大学および社会科学研究所の執行部各位には，研究面でのご指導のみならず，出版の労をも賜った。編集・出版については専修大学出版局・笹岡五郎氏にお世話になった。記してお礼申し上げたい。

　　2007年7月

共同研究代表　土屋昌明

xiii

目　次

はしがき

第1章　豚と天神
——朝鮮半島の巫俗と儒教の習合をめぐる一考察——
……………………………………………………網野 房子　1

1. はじめに——「二重構造論」再考　1
2. 済州島の酺祭　5
3. 豚と天神と儀礼　13
   (1) 儒教と犠牲　13
   (2) 村落儀礼・雨乞い儀礼と豚　15
   (3) 豚の供犠儀礼の起源をめぐって　20
4. 一地域社会の豚と天神　27
5. 豚・天神と巫俗・儒教　31
6. おわりに　36

第2章　「両班化」の諸相と儒教
——イデオロギーの社会的上昇機能と限界——　……　仲川 裕里　53

1. はじめに　53
2. 「両班」とは何か　55
   (1) 「両班」の多義性　56
   (2) 朝鮮時代の「両班」　57
   (3) 韓国社会と「両班」　66

3. 儒教の受容と変容　75

　(1) 朝鮮王朝以前の儒教　75

　(2) 朝鮮時代の儒教　77

　(3) 近現代の儒教　82

4. 「両班化」の諸相と儒教　85

　(1) 「両班化」の多義性　86

　(2) 現代韓国社会の「両班化」　88

　(3) 「両班化」における儒教の役割　95

5. 結びにかえて　97

第3章　東アジア三国における『剪燈新話』の存在様相

　………………………………………………… 厳基珠　107

1. はじめに　107

2. 中国における『剪燈新話』の位置づけ　108

3. 朝鮮における『剪燈新話』の伝播のありさま　110

　(1) 『金鰲新話』　111

　(2) 『剪燈新話句解』　113

4. 日本における『剪燈新話』の伝播のありさま　121

　(1) 『奇異雑談集』　122

　(2) 『伽婢子』と『雨月物語』　123

5. おわりに　126

第4章　身体感覚としての孝

　——二十四孝と宝巻にみる孝の実践形態——　……… 前川　亨　133

1. 序論—孝は性的倒錯か—　133

2. 孝の身体性—孝と不孝の弁証法—　137

3. 二十四孝の分析　146

4. 宝巻にみえる孝　170

5. 身体感覚なき孝の世界　188

6. 結語　204

第5章　「理性の国」と文化大革命
——梁漱溟における儒教の変容——　土屋　昌明　217

1. はじめに　217

2. 『理性之国』の概要　221

3. 『理性之国』における儒教　227

　(1) イデオロギーとしての儒教の否定・宋明儒教の軽視　227

　(2) 孔子の理性に対する集中的な尊重　229

　(3) 孔子本人の態度・倫理的実践の重視　231

　(4) 儒教による倫理本位社会の正と負　232

　(5) 新たな礼楽の建設の必要性　233

4. 儒教と社会主義　234

　(1) 中国革命と儒教　236

　(2) レーニン・毛沢東と儒教の接続——自覚性　237

　(3) 社会主義の出自と儒教　241

　(4) 社会主義と儒教の目標「大同」　242

5. 梁漱溟と文革　244

6. 『理性之国』の狙いと毛沢東　256

7. 結語　260

第1章

豚と天神
──朝鮮半島の巫俗と儒教の習合をめぐる一考察──

網野　房子

1. はじめに──「二重構造論」再考

　巫者の担う民間の宗教現象全般を意味する巫俗という語は，日本の宗教研究においては定着しなかったが，朝鮮半島を対象とする宗教研究の場合，初期の巫俗研究者を代表する孫晋泰や李能和，赤松智城・秋葉隆などにより採用された〔孫 1948:296；李能和 1991；赤松・秋葉 1937, 1938〕ことを受けて，その後も多くの研究者により学術用語として用いられてきた〔玄 1985:24-25〕。そしてこの語は，韓国では一般的にも通用しているといってよい言葉である。

　興味深いと思うのは，この巫俗の語が，韓国の宗教研究において定着し，広く使用されているというその事実である。私には，このことと，韓国の巫者が未だ社会に息づいており，巫者を中心とする宗教が現在の韓国の生活世界において少なからず影響を与えていることとが，深く関わっているのではないかと思われてならない。

　このような，朝鮮半島の現代社会に根強く生き続けている巫者の力の源泉を探ることを課題に，これまでにも小さな考察を続けてきたが〔網野 1997a 他〕，本稿もまた，こうした一連の問題を考えるための一試論である。この稿では，以下のように巫俗の語を暫定的に定義して，巫俗の重層的な側面に焦点を合わせ考察してみたい。

巫俗を，ここではひとまず，民間の宗教的職能者，巫者が中心となり民衆によって担われてきた朝鮮半島において最も古い土着的な民間信仰を基盤に，仏教，道教と習合し，儒教とも深い影響関係をもつ宗教現象としてとらえてゆく[1]。これはまだ極めて不十分な定義であり，今後は，こうした儒教，仏教，道教との接触，混交により，いかに現在の巫俗のあり方が形成されたのかを実証的に明らかにすることにより，より精緻な巫俗の定義を試みなければならない。ただ少なくとも，このような定義によって，朝鮮半島の巫俗が，狭義のシャーマニズム[2]よりもはるかに広い現象を含み，かつ民間信仰の用語ではとらえきれない複雑で重層的な宗教・信仰現象であることを示すことは可能だろう。また，民俗宗教の概念によっても表現できるこの宗教現象をあえて巫俗と呼ぶのは，東アジアの比較も視野に入れつつ，「巫」（「舞楽で神を下ろして禱請する人」〔諸橋 1957:374〕）という漢字で表現されるこの宗教現象の中心的担い手を，前面に出すことにこだわるためである[3]。

本稿では，巫俗の重層性の実態について，済州島の一地域社会の調査事例をもとに，いくつかの指摘を試みようと思う。

こうした朝鮮半島の宗教の複合性や習合性のあり方，なかでも巫俗と儒教の関係については，二重構造論の考え方によって論じられてきたことはよく知られているが，その後，以下のような二重構造論に対する批判的な観点も示されている。

二重構造論とは，秋葉隆の提示した議論を通常さすが，厳密にいえば，秋葉隆は二重構造ではなく二重組織という語を使っている〔小倉 2002:220-222；崔 1984:300〕。秋葉は 1933 年の「村祭りの二重組織」の論文において，まず「資本主義，科学的文化，基督教，マルクシズムなどの多彩なる西洋文明に依って侵蝕されない姿に於ける朝鮮の社会は，大体に於て女性を中心とする巫覡的古文化の運載者と，男性本位の儒教的新文化の支持者との，二重組織に於て理解される」と述べ，この二重組織が村落レベルの「村祭」に認められることを指摘している〔秋葉 1933:5；1954:155-162（以下の

引用に際しては，現代漢字，現代仮名づかいによる表記に改めた）〕。そし
てその後 1954 年の『朝鮮民俗誌』で，二重組織は家族レベルの儀礼である
「家祭」にも見られるとして，論を展開させてゆく〔秋葉 1954:137-145〕。
これが後にいわれる「二重構造論」の出発点である。

　秋葉の二重構造論の主張は 2 つあり，1 つは「男 / 女の二重組織」であり，
もう 1 つが「儒教 / 巫俗の二重組織」であるという〔小倉 2002:221〕。前
者の要点は「儒教の伝統を男性社会に，巫俗の伝統を女性社会に結びつけ」
〔伊藤 1986:133〕た点にあるといえる。このような秋葉の観点に関連した
研究として，巫俗が女性を中心にした領域であることに目を向けた，重松真
由美〔重松 1980〕や依田千百子〔依田 1985〕の研究が挙げられる。なか
でも重松真由美の研究は，長期間の現地調査をもとに，社会人類学的な視点
から女性の社会関係と巫俗に着目して，巫俗が韓国父系社会における女性の
不安定性を安定化させる役割を果たしていることを見いだし注目された。

　崔吉城は，こうした重松の研究や，重松と同様に長期調査にもとづくケ
ンダルの研究に対し，社会関係に注目した点はこれまでの巫俗研究になかっ
た視点であるとして高く評価しながらも，「儒教と男性，巫俗と女性」の二
元的枠組みを前提にしている点については，「クッ（巫者の儀礼・巫儀：筆
者注）は女性だけの意識構造を表わすものではなく，男女共通の伝統的庶
民の意識や家族構造を反映しているものといえ」，「巫俗と女性を密着させ
た見方に関してはまだまだ問題点が多くあるように思われる」〔崔 1984:29
-30〕と述べて，男・女の二重構造を前提にしている点を批判している〔崔
1984:21-30〕。そして，「男性中心に主催するから男性中心であるとか，女
性がクッを主催するから女性中心であるというのではなく」，例えば儀礼の
「原理が女性的であるか，男性的であるかという分析をしなければならない」
とする重要な指摘を行っている〔崔 1984:302-303〕。崔は，巫俗の原理
は，一方の性に偏らない原理だと見ており，巫俗の両系原理に対して儒教の
父系原理を対置させている〔崔 1992:122-125〕。さらに，ある現象や儀礼
に働く原理や特質として，ジェンダーだけでなく，地縁 / 血縁，平等性 / 階

層性・序列性，宗教性・信仰性／合理性，世代原理と非世代原理，その他，形式性，理念性，政治性などのさまざまな側面に注目することによって分析を試みようとしており〔崔 1982:174-186；1984:316-323；1992:120-127〕，極めて重要な観点と思われる。

　以上のような男女の二重構造論への批判は，伊藤亜人による，二重構造はあくまで「モデルにすぎず実態と見誤ってはいけない」という指摘〔伊藤 1986:133-134〕とともに，儒教と巫俗の関係の理解にとって重要であろう。ここから確認しておくべきことは，単純に巫俗＝女性，儒教＝男性という図式を前提にすることから自由になる必要があるという点である。

　一方で崔は，秋葉のもう一つの論点としての，儒教と巫俗の二重構造については，韓国社会をみる見方として，男女の二重構造の見方よりふさわしいとしている〔崔 1984:322-323〕。韓国社会における巫俗の重要性を解明しようとする本稿の立場からも，儒教と巫俗の二重構造あるいは二重性の問題は，まさしく重要な課題であると思われる。また，男女の二重組織についても，「儒教化の過程において男女の社会的領域を区分する『分節化』がなされた」ことにより形成されたこと〔岡田 2001:51〕，つまり社会の儒教化により男女の二重組織は形成されたという観点からすれば，儒教化をめぐる問題が，まず問われなければならないのではないだろうか。

　ただし，儒教と巫俗の二重構造を考察する際には，岡田浩樹が的確に指摘しているように，単に分析対象に「二項対立的な静態モデルを適用」するだけでは，「両者の相互関係を無視し」，「現象の多様性を無視し」てしまい，「歴史的経過を含めた動態的側面が視野から抜け落ち」てしまうことになる〔岡田 1999:60-61〕。

　巫俗と儒教の出会いがもたらす現象の複雑さや多様性をとらえ，儒教領域と巫俗領域 [4] の相互関係を明らかにするためには，次節の醮祭をめぐる玄容駿の考察にみるように，二重性の形成の歴史的プロセスを実証的に解明する必要がある。また崔が，村落儀礼の起源をめぐり，例えば儒教式と巫俗式の村落儀礼のどちらが古い型なのかなどだけに注目する傾向（巫俗一元

論）を批判して〔崔 1984:111〕，「社会構造を反映する部落祭（村落儀礼のこと：筆者注）を，社会を離れて説明することは難しい」と述べているように〔崔 1982:150〕，何よりも宗教を社会の中で考察する社会人類学的な観点が重要であると思われる。神田より子も同様に，本稿の課題とする儒教儀礼・醮祭と巫俗儀礼のとらえ方をめぐり，一つの生活世界としての一社会全体の中で，儀礼の意味をつかむ必要を鋭く指摘している〔神田 1994:197-231〕。さらにその上で，儒教的・巫俗的習慣や規範が人々にとってどのような意味があるのかという点や，その価値付けの過程，すなわち「実践規範が生み出される過程」に注目する必要もある〔岡田 2001:50〕。

　付言しておけば，秋葉自身，儒教と巫俗の二重性については，早くから両者の相互関係，対立や補完的な共存関係，二重性の歴史的形成，巫的原理の重要性に注目して考察を試みているのである〔秋葉 1933:6-10；小倉 2002:221-222；崔 1984:302・322〕[5]。

　本稿では，以上の先行研究の諸見解に依拠しながら，済州島の醮祭という村落儀礼に注目し，醮祭に見いだせる儒教と巫俗の複合的な実態を明らかにすることにより，二重構造論への批判点を乗り越えることをめざし，少しでも新しい角度から巫俗のあり方を深めてゆきたい。

2. 済州島の醮祭

　本稿が考察の対象とする醮祭は，済州島の各村落で，現在，年に１回から数回，行われている村落儀礼である。この醮祭については，筆者自身，未だ参与観察する機会を得ていないため，本稿は，聞き書きと文献資料による今後の調査のための予備的試論にすぎないが，そのような段階でもあえてこの儀礼を取り上げる理由は，儒教と巫俗の習合の問題を考える上で興味深い考察対象だと考えるためである。

　筆者は，この醮祭という儀礼を，これまで儒教式の村落儀礼[6]としてとらえてきた。一方，済州島の一村落には，通常，醮祭とともに，シンバンと

6

呼ばれる巫者によって，村落の神域（堂[注]）において行われる，堂クッと呼ばれる儀礼がある。この儀礼は，現在は儀礼も小規模になり個人化しているが，元来，村落儀礼としての性格を有する儀礼であったといわれている〔玄1985:251-253〕。筆者は，酺祭を儒教式儀礼とし，それに対して，この堂クッを，巫俗式儀礼の語で表してきた〔網野 2003a:92-93〕。これはまさしく，秋葉の提唱した，民間の宗教儀礼をとらえる際の枠組みによる理解[8]に他ならず，筆者自身は，秋葉の儀礼の二重組織論の影響を受けてきたといわざるをえない。ただ，確かに現在の済州島の宗教儀礼のあり方をみると，酺祭が男性中心，堂クッは女性中心という男女の二重性も否定できないため，済州島の村落儀礼は，儒教＝男性／巫俗＝女性という秋葉の図式がぴたりとあてはまることになってしまう。

しかし，この私の理解は，特に実地の見聞をふまえ先行研究を十分に検討した上で出されたものではなく，単純な図式化・類型化であった。興味深いことに，酺祭に関する先行研究を検討してみると，酺祭を儒教式儀礼としてただ単に類型化するだけの研究は少なく，酺祭の習合性を具体的に指摘する見解が見いだされた。とりわけ韓国人研究者は，以下の玄の研究からもわかるように，先の二重構造論には縛られない，柔軟な見解を示していたことにも気づかされた[9]。さらに調査地での聞き取りをすすめてゆくと，酺祭には必ずしも儒教的とはいえない特質がみられることもわかってきた[10]。

ただ，序節でも，朝鮮半島の宗教現象の理解に際して，儒教的／巫俗的，儒教式／巫俗式，儒式／巫式の２つの枠組みは有効であると述べたように，酺祭を理解する際にも，この枠組みを手放すことはできない。問題は，酺祭＝儒教式儀礼／堂クッ＝巫俗式儀礼という，二項対立的把握によらず，どうしたら現象をより深く理解することができるのかという点なのだといえる。

しかしそのためにも知る必要のある，この２つの枠組みがそもそも具体的に何を意味するのかという点について，未だ十分に検討されてはいないのではないかと考えるようになった。これまでの拙稿でも，２つの枠組みについて明確な定義をしないまま，安易にこの類型に依拠してきたといえる。何

よりも，醮祭の実態自体に関して，明らかにされてはいない点がまだ多いと思われるのである。

　こうした前提をふまえ，最初に，これまでの醮祭に関する諸事実を，先行研究にもとづきながら整理してみたい。

　醮祭は，現在では，済州島とソウルでのみ行われている儀礼のようだが〔李承烈 1991:564〕，桑野英治によれば，本来は，朝鮮王朝（1392-1910年）の初期に，国家祭祀として全国的に導入された儒教儀礼であった。醮祭は，高麗時代（918-1392年）には存在しない儀礼であり，成宗 5（1474）年に編纂された『国朝五礼儀』において，国家祭祀の小祀[11]として新たに設けられたという。祭場は馬歩壇といい王都に置かれた。また，現在の済州島の醮祭は，広く村落の安寧を祈る村落儀礼の形で行われているが，国家祭祀として導入された当初の醮祭は，蝗を駆除するために，蝗害が発生すると挙行される臨時祭としての性格をもっており，中国の北宋における醮祭を導入したものという。醮祭は王都だけでなく州県においても執行され，朝鮮王朝初期の導入の後にも，各地で挙行されていることが『朝鮮王朝実録』に記録されているという〔桑野 1993:134-137〕。

　では，このいわば原型としての醮祭は，済州島においては，どのような形で導入されたのだろうか。そして，醮祭の導入後，そこにはどのような変容が起こり，現在のような村落儀礼の形に至ったのだろうか。また，現在の醮祭とはどのような儀礼なのだろうか。これらの諸点をめぐり，まず醮祭についての先行研究[12]のうち，近代以降の醮祭に関する政岡伸洋や玄の研究に注目してみよう。

　例えば政岡は，済州島の醮祭を儒教式儀礼として理解しているが，従来の醮祭を扱う研究の関心が起源論や形成史に偏っていることを批判して，醮祭が「今日まで地域社会にとってどのように位置付けられ」「現在どのような意味をもって執り行われているのか」という現在の社会的な意味を追究する視点から，醮祭の詳細な現地調査をふまえ，醮祭を儒教的な儀礼であると理解しており〔政岡 1999:32〕，秋葉の図式の単純な踏襲とはいえない貴重な

研究である。政岡による醺祭の記録を参考にしながら，現在の醺祭の具体的
様相を垣間見てみよう。

　政岡が参与観察を行ったのは，1996年の旧正月，済州島南済州郡城山邑
水山2里で行われた醺祭である。この村落の醺祭の神名は，「醺神之霊」で
ある。儀礼の目的は「悪いものを祓い，村の安寧と平和を祈願する」こと
で，「これをしないと凶作や若い人が死んだり，現在の主たる産業であるミ
カンの収穫が減るなど，不幸なことが続くといわれて」〔政岡1999:33〕お
り，祝文には「百果登豊」「六蓄蕃殖」とあり，地域の漁業・農業・牧畜な
どの産業を祈る儀礼である〔政岡1999:44・48〕。

　この村では，儀礼の祭日は旧正月の丁または亥の日と決まっており，集落
からはずれた丘の上にある醺祭壇がその祭場であった。儀礼の準備は1カ
月以上前から祭官の選定が行われ，1週間前からは祭物の準備が始まる。祭
官は，里の各門中から偏りのないように選定される。両班以外の常民は祭官
にはなれないという。13人の祭官は，初献官，亜献官，終献官，執礼，大
祝，典祀官，賛者，謁者，奉香，奉炉，奉爵，奠爵，司爵で全て男性であ
る。祭官達は，儀礼の3日前から，祭庁に設定された個人宅に注連縄をは
り，そこで一歩も外へ出ることなく斎戒しつつ籠もりながら，用意周到なる
儀礼準備を行う。外へ出ることを禁じられるのは，死や出産といった事態に
遭遇して身をケガレとしないためであり，祭庁に選ばれる家では，不幸が
あった場合は勿論のこと30～40歳代の生理になる主婦がいる家も避ける
という。さらに，主要な祭官の寝起きする部屋には他の成員は一歩も入れな
いなど，厳重にケガレとの接触を避けている。

　こうして緊張した忌み籠もりの生活を送り，祭物の準備，笏記（式次第を
記したもの）や祝文（神への祈願を記したもの）の読み上げを念入りに練習
して儀礼の日を迎える。祭物は列挙すると次の通りである。祭物について
は，より詳しい玄の記述を参照した。

　稲，粱，黍，稷のメ（祭祀で位牌の前に供えるご飯）各1（今は米の2器，
粟2器で代用），牲・幣（犠牲は豚。幣帛は白木類と白紙），鹿脯（牛肉で

第1章　豚と天神　　9

代用。脯は薄く切った牛肉を味付けして乾したもの），魚脯（魚を乾したもの），魚醢（塩辛），菁菹（大根），芹菹，五果，清酒，醴酒（甘酒），玄酒（清水）などであり，これは済州島全島共通であるという〔玄 2002:386〕。

　こうして，全ての祭物を準備して，深夜の儀礼を迎える。昔は歩いて行ったという里から離れた山頂の酺祭堂へ，今は乗用車で向かう。祭物はトラックで運ぶ。そして，午前0時，供物を祭壇に供え，祭官は，笏記を読み，祝文を読み上げ供え，献酒し，丸ごと一頭の豚を供える。そして祭場で生の豚の肝や酒を飲福する。それが終わると退場し，祭庁に戻る。「ポジェの行なわれるポジェダンは集落からかなり離れた小高い丘のうえにあり，かすかな提灯の明かりだけの暗闇の静寂のなかで，執礼の読み上げるホルギ（笏記：筆者注）の声だけが響き，独特の雰囲気のなかで行なわれていた」と政岡は記す。最後に，祭庁では，豚を料理し，肉を祭官と年長者のために14人分に分配し，飲福して，儀礼は終了する〔政岡 1999:34-45〕。

　政岡が注目する酺祭の儒教性とは，この村では酺祭の祭官は「両班」が務めるものとされ「常民」はなれなかったとされている点である。社会階層と儀礼の問題は極めて重要な観点であるが[13)]，政岡のいう両班と常民の村落における構成の実態が明らかではないため，説得的とはいえない。この点が明らかにされれば，酺祭の儒教性はより明確になってくると思われる。また政岡の調査した村落が「儒教が最も浸透したとされる」内陸部であることと，祭官の社会階層の問題が関わっていることも考えられ，酺祭の問題は，済州島の地域性も考慮にいれて考察していかなければならない。

　しかし，ここでは，酺祭に関する確かな実態についてのみ考察の対象にしたい。その上で指摘できることは，以上の政岡による酺祭の記述にみられる男性のみの祭官の選定，祭官の名称や役割，祭物の種類，物忌み（斎戒）などの諸特徴は，儒教儀礼の要素と形式であるという点である。それは次節で取り上げる，代表的な儒教儀礼の釈奠と共通しているのである。酺祭はこうした諸特徴を以て，儒教式儀礼といわれてきたのであり，酺祭のみならず朝鮮半島全土にみられる村落儀礼全般も「儒教式儀礼」と称される場合，上記

と同様の特徴に注目されてきたのではないかと思われる。

　しかし一方，玄は，済州島各地域の酺祭を，祭名，祭神の性格と神名，祭日，祭儀管理，祭官，祭物，祭次（祭りの式次第），祭壇について比較検討した結果 [14]，酺祭にも，地域ごとに差異がみられ，地域によっては，巫俗式儀礼と深く結びついた形態も少なくなく，必ずしも儒教式儀礼とはいえないことを指摘している。

　例えば，酺祭でまつられる神名には，主として「酺神」や「土地神」などが多く，五穀豊穣や六畜繁盛などを祈る農業神や村落を守護する村落守護神の性格を示すが，こうした主神以外に，怨魂や病疫神などの非儒教的，土俗的性格を明確に示す神格をともにまつり，酺神や土地神の主神に対しては上壇祭，これらの非儒教的な諸神に対しては下壇祭という形で儀礼を行っているという〔玄 2002:381-384〕。

　また，北済州郡朝天面北村里の酺祭の場合，祭官や祭次は儒教式であるが，酺祭の最初に儀礼を行うのは，本郷堂という巫者の管轄する聖地においてであり，酺祭の儀礼場の酺祭壇で儀礼を行うのはその後である。また酺祭壇での儀礼後にも，諸々の神々をまつる儀礼場で，怨魂や病疫神といった儒教では通常まつられない死霊に対して儀礼を執り行っている。その際の祭物は，先述の儒教式祭物ではなく，シルトック（餅），鮑，若布などの通常巫俗儀礼で使う祭物であるという〔玄 2002:386・389-390〕。

　さらに北済州郡涯月面涯月里の場合，酺祭が終わると，酺祭の儀礼と同じ内容の儀礼が，巫俗の神域の海神堂において巫者によって行われ，祭物は酺祭と同じものを使うという〔玄 2002:388〕。

　つまり，玄によれば祭次や祭官，祭物などの儒教儀礼の要素は，各地域の酺祭にほぼ共通して見られるが，儀礼対象である神は，明らかに通常は儒教儀礼では対象とされない巫俗の対象とする死霊や諸神を含み込むこと，酺祭の一連の儀礼において，巫俗の聖地（堂）が重視されていること（北村里，涯月里），巫俗式儀礼が酺祭の儀礼の中に含み込まれていること（北村里），供えられた祭物が儒教式祭物ではないこと（北村里），巫者が関わる酺祭は

現在はみられないものの，巫者が酺祭と同様の形式で巫俗の聖地で儀礼を行うこと（涯月里）などがわかるのである。

このように，酺祭は，巫者の巫俗儀礼と重なり連続しているといえ，済州島の村落儀礼の酺祭と巫俗との融合は明らかであろう。玄の示した諸事例は，酺祭が，導入された当初の形は儒教形式でありその後も儀式の主要な形式は儒教形式をとりながら，定着の過程で巫俗と習合し変容してゆくことを示唆しているといえる。

では，なぜ，始めに儒教儀礼として受容された酺祭が，巫俗と融合していくのであろうか。またそれはどのようなプロセスをたどるのだろうか。以下，この点を，済州島の村落儀礼の歴史的変容のプロセスについても考察している先の玄の論考に注目しながら考えてみたい。この玄の論考は，儒教と巫俗の二重組織あるいは二重性の歴史的形成の問題を地域の実態に即して明らかにした，稀少かつ重要な研究としても注目される [15]。

玄によれば，『新増東国輿地勝覧』『東国歳時記』『耽羅誌』などの記録から，済州島の村落儀礼は本来，男女混合，巫者による巫式儀礼であったことがわかるという。そして，「このような男女共祀の巫俗堂神が高麗時代に至り，国家的に公認され，官管理の巫祭が朝鮮朝の末まで存続した」と，村落儀礼が国家の管理下に入ることを史料をもとに述べている。また，その儀礼の形式については，「少なくとも高麗時代には巫式であった公算は大きい」という。さらに，史料からは，儒教化が強まる「朝鮮時代に入っても，儒巫習合として巫神堂が認定されていたことを理解できる」という。だが，一方，「朝鮮時代に至ると，儒教国是に従い，文廟が建てられ，郷校が設置され，男性達にその教育が普及した。済州郷校が設置され教授官が置かれたのは太祖3年（1394年：筆者注），大静郷校が設置されたのは太宗16年（1415年：筆者注）であった。この時から儒学が発達し，釈奠祭と漢挐山神祭（漢挐山は済州島の中央にある標高1950メートルの山：筆者注）が官行の致祭として行われるようになった。今，部落ごとに挙行される酺祭もこの時から官行儒式祭として始められたのだろう」という〔玄2002:402-

404〕。

　ここで玄は，済州島の村落儀礼は本来巫俗式で男女により行われていたが，高麗時代以降国家の管轄に入り朝鮮王朝期には徐々に儒教化されてゆくこと，醮祭はこのようなより古い形式である巫俗的村落儀礼とは別個に，新たに朝鮮王朝時代の初期に官行儒式祭として導入されたことを指摘している。男女の巫俗式村落儀礼と醮祭は，朝鮮時代になり，並行的に存在したわけである。

　しかし上記の諸事実以外の，醮祭の導入以後の朝鮮王朝期から現代にかけての，醮祭の儀礼内容の歴史的実態の詳細については，未解明といわざるをえず，前述した桑野による指摘の通り，もともと蝗害に際しての臨時の儒教儀礼として受容された醮祭が，現在，村落儀礼の位置にあることを知るのみである。あくまで推測にすぎないが，おそらく醮祭は，原型としての蝗被害の臨時祭から，より広い農神としての性格を帯びるようになり，さらに村落全体の守護神，村落儀礼の位置につくようになったと思われる。

　それにしても，定期的に行われる村落儀礼とは別個の，臨時祭にすぎなかった醮祭が，本来，巫俗儀礼だけで行われていた年中行事の村落儀礼の場所を占めるようになり，今や巫俗儀礼以上の意味づけがなされている現状から考えれば，始まりの儒教儀礼としての醮祭から現在の村落儀礼まで，そこに至る過程において，醮祭にはさまざまな変容が起こったはずである。そしてこの醮祭の変容は，社会の儒教化以前には村落儀礼の中心の位置を占めていた巫俗儀礼との接触とともに，それによる巫俗自体の変容をも伴いながら，進行したであろうことも見過ごせない。

　玄が明らかにした，現在の醮祭にみる非儒教的要素は，導入の当初は儒教儀礼であった醮祭に，その定着の過程で混入した地域の土着的，巫俗的な要素であるといえよう。民間社会に古く長く根づいてきた村落儀礼の巫俗的な特質は，村落儀礼の基本的特質として，社会の儒教化の過程でも根強く生き続け，醮祭を完全な儒教儀礼の形では定着させない要因として働いたのではないかと考えられる。

第1章　豚と天神　13

　本稿では，以上のような，酺祭導入と社会全般の儒教化の傾向の中で，済州島の村落儀礼のあり方をめぐり酺祭と巫俗式村落儀礼双方におこった変容を，さらに追究してみたい。そのために，以下注目するのは，現在の酺祭の要素の一つである豚と，豚につながる天神である。

3. 豚と天神と儀礼

(1) 儒教と犠牲

　現在の酺祭における最も重要な祭物は，屠殺したばかりの生の豚である。真っ暗闇の祭場で豚を神に供え，その祭場で豚の生肝を食する。酺祭の写真には，暗闇の中に，大きくどっしりと横たわる丸ごとの豚が，艶やかに映し出されている〔秦 1991:563〕。本稿の主題はこの豚と，豚に注目するうちにたどりつく天神である。そして，ここで豚と天神の要素に目を向けるのは，豚も天神も，儒教的要素か巫俗的要素かの，どちらか一方に類別できない，儒教と巫俗の2つの領域に関わる要素ではないかと考えるからである。

　まず問題にしたいのは，酺祭の豚が，本来の「始まりの酺祭」の儒教儀礼に由来するものなのか，それとも，儒教以前の村落儀礼における祭物と関わりがあるのかという点である。

　本節の最初に，豚と儀礼について考察したい。豚は，済州島のみならず朝鮮半島の日常の生活世界に極めて深く関わる動物だが〔최(崔)1995；高2004〕[16]，以下に示されるように，宗教的儀礼においても，豚は重要な動物であることがわかるのである。しかし，豚と儀礼との関わりについては，任章赫〔任 2001〕や田中通彦〔田中 1982〕，崔来沃〔최(崔)1995〕の論考以外には，それほど関心を集めてはこなかったようである。

　では，豚は儒教儀礼に由来する供物といえるのだろうか。

　確かに，儒教の儀礼において，牛・羊・豚が三牲，3種の犠牲の祭物として使用されてきており，豚の要素を儒教的要素としてとらえることは可能で

ある。

　例えば，文廟（孔子廟）の儀礼である釈奠（孔子をまつる儀礼）における祭物は，前章の酺祭の祭物と全く同一である[17]。その中で注目する酺祭の主役の豚は，このうちの３種の犠牲動物として，牛と羊とともに，儒教儀礼において，「牲」として使用されているのである。

　また，村山智順による釈奠の記録には，「牲は毛だけを抜きて皮を剝がず，（牛・羊・豚の：筆者注）頭三つを俎に載せて正位（孔子：筆者注）に供え，（牛・羊・豚の：筆者注）足３本ずつを配位〔四聖〔顔子・子思・會子・孟子：筆者注〕〕に供し，其の余は羹となして正・配・従享各位（従位として，十哲・六賢・孔門諸子・支那諸賢：筆者注）に供えるのであり，且つ配位以外は牲なくただ脯（乾肉：筆者注）を供するのみである」〔村山 1972b:12〕という記述もある。また，儀礼の大小により犠牲の種類が異なり，成均館（儒教教育の最高機関）の文廟における釈奠は，三俎（牛・羊・豚）だが，地方の郷校の文廟における釈奠は，二俎（牛と羊），さらに東西従享では一俎（豚）となっている〔村山 1972:10〕。

　酺祭が朝鮮王朝の初期に，国家祭祀として小祀に位置づけられていたことは，前節で示した通りである。したがって，酺祭も釈奠と同様の儒教儀礼方式で行われていたと仮定すれば，酺祭の豚が，儒教儀礼に由来することも大いに考えられる。この点については，導入した当時の酺祭の詳細な儀礼内容について，『朝鮮王朝実録』の検討などが未着手のため，今後の課題として明らかにしていかなければならないが，しかし，本稿では，酺祭の豚を儒教伝来の中国的文化であるとしてすぐに結論づける前に，これまで関心の対象にされてこなかった朝鮮半島の儀礼と豚の関わりを追究することにより，豚を儒教儀礼以外の多様な儀礼の拡がりの中に位置づけてみたいのである。

　これに関連して，金宅圭は，東海岸の村落儀礼に関する論考で，村落神に捧げる豚について，「そのまま儒教式祭儀の節次として包括してしまうことはできない」〔金 1985:365〕と述べ，豚の犠牲が儒教的な要素とは必ずしもとらえられないという，本稿に直接関わる指摘をしている。さらに，牛を

供犠し共食する村落儀礼である洞祭の一事例を挙げて，東北アジアの熊祭などとともに，動物をめぐる文化の問題として広く東アジア世界のなかで考えるべきであるとする観点を示しており〔金 1985:370-371〕，以下でも取り上げる崔来沃，任，田中とも共有する，貴重な論点だと思われる。

(2) 村落儀礼・雨乞い儀礼と豚

これらの先行研究に示唆を与えられて，豚に関するさまざまな資料を見直してみると，醮祭だけではなく朝鮮半島全土の村落儀礼において，豚は犠牲動物として実にさかんに使われていることが改めてわかってくる。地域によっては牛を使う場合もあり，高価な牛の替わりに豚を使うことになったという地域もあるが，豚が最もよく使用される動物のようである。そして，以下のように，牛や豚は儀礼において屠られ犠牲として神に供されるため，動物供犠と表現できる。

朝鮮半島において動物供犠のさかんなことは，従来の村落儀礼の研究では特に強調されてこなかったが，朝鮮半島独自の文化的特質ととらえられ，日本列島の本土と比較したとき，そこにみる動物観や肉食のあり方の違いは際だっていることが注目される[18]

例えば，村山は次のような，忠清南道青陽の村落儀礼である山神祭を報告している。

「祭官は祝官（祝文を読む者）献官（祭物を献ずる者）及び食番（祭物の調達調理をする者）の三人であり，清浄な部落民中生気福徳の盛んな者を選ぶ。祭官の致斎は二週間朝夕冷水浴を行い別室に独り籠って外出せず，人と接触せず，五日過ぎて後は家の掃除をなし〆縄を張り赤土を撒きて不浄者の出入を厳禁し，一層謹慎して身心の清浄に努める。部落民の致斎も大体之に準じ祭日一週間前から各戸とも大掃除を行い〆縄を張り赤土を撒き，部落外に出づること部落内にて屠殺することは禁ぜられる。若し止むを得ざる事情で他部落に外出し，その途中不浄を見たる者は祭日が経過する迄帰宅し得ない慣しもある。神域は祭日五日前に清掃し，〆縄を張り赤土を撒いて置

く。祭物の牛は祭の当日部落の有司が屠場に行き屠殺するが，皮を剥いだ後四脚・両脇・頂等と一躯を七つに切り分け，内臓はその内容汚物を去り何れも絶対に湯水で洗うことなく生のままで供する。神酒は麹子を入れずに食番の家で醸造し，飯は祭場にて食番自ら炊ぎ，湯（汁）は食番の宅でつくって供える。祭がすめば，牛肉は部落民に平均分配し，その他のものは祭場で祭官及び有司達（四人）が飲福会食する。祭式中の焼紙は読祝後かねて全部落戸主の姓名を記載せる控書を朗読しながら各一人に対し一枚ずつ焼き上げるのである。祭日は正月 14 日，時刻は午後 9 時より始め部落内の初鶏鳴を聞きたる後祭場を引上げる慣習である。祭費は貧富を問わず平等に負担し，一回の負担額は牛の時価に依って定まるが一戸一円内外を普通とする」〔村山 1972a:24-25〕。

　この事例は，朝鮮半島の一般的な村落儀礼の特徴をよく示したものであることと，豚の事例ではないものの，犠牲の肉の処理の詳細を記述しているため，代表的な事例として紹介したが，村山が記録した近代以降の朝鮮半島の村落儀礼全般を見てゆくと，豚または牛を儀礼における犠牲の供物とする極めて多くの事例が記録されていることがわかるのである。

　しかも，豚や牛の動物の犠牲を伴う儀礼は，村落儀礼だけではない。村山の『釋奠・祈雨・安宅』〔村山 1972b (1938)〕や，任の『祈雨祭――雨乞い儀礼の韓日比較民俗学的研究』〔任 2001〕によれば，朝鮮半島の雨乞い儀礼において，動物供犠は非常に重視されており，村山の記録した雨乞い儀礼のほとんどの事例に，豚や牛，犬の動物供犠が伴っていることがわかる。

　任によれば，朝鮮半島においては，古来，敬天思想から，旱魃は「天の譴告」（罪を告げいましめること）であり旱魃を発生させるのは天であると考えられてきており，国家が旱魃などの自然災害に対して，さかんに祈雨儀礼を行ってきた。また，王の死の直前に必ず旱魃の記録があるのは，王権と自然災害との関わりが深く，旱魃が「王の罪による天の罰」だと考えられていたからではないかという。「天災が起きることは，王の天候を調整する能力」「天候を予知するシャーマン的機能」の衰えを示し，天の懲罰による王権の

力の弱まりとしてとらえていたのである。日本の場合，天皇自ら祈雨を行った記録は稀で，朝鮮半島の王権の特質は日本には見られないとも指摘されている〔任 2001:26-42〕。また，興味深いことに，祈雨儀礼に巫女が関わる記録は，高麗時代からその記録が見え始めるようである〔任 2001:50-52〕。

　こうした祈雨儀礼に，豚や牛や犬の供犠がいかに欠かせないものであったかを，村山の事例を挙げて示してみよう。

　例えば慶尚南道昌原地方の祈雨祭は，巫女と盲人の読経僧により行われ，「祭物は豚一頭・飯（その場で炊く）・果物・酒等を以てし，祭りがすめば，豚の頭部は祭場の土中に埋め，他のものはその場において祭官等が飲福して，決して持ち帰るようなことはしない」〔村山 1972b:80〕。

　慶尚南道の馬山地方では，祈雨祭の祭物は「豚一頭・鮮魚・穀物（米・黍等）これは全部生もの・果物（これもその季節に供え得る凡ての種類，土地になければ，どんなに遠方にでも探して求め来る）。薪十把位。豚は四足を縛して海水中に置き，祭り終るや穀類と一緒に海中に投ずる。果物は祭官及参列者が頂戴する。（この海中に投じた豚は海神龍王にささげる意味であるが，あとで猪島民がひろって食する由）」〔村山 1972b:81-82〕

　江原道蔚珍地方では，「牲は従来豚一頭を生きたまま水中に投じたものであったが，昭和2年夏の祈雨には豚一頭を水中に投じ，別に薪を川辺に積んで，之を焚きながら祝文を読んだ。祈りの対象は天神，水神である」〔村山 1972b:95〕。

　江原道高城地方では，「旱の続く時は外金剛の九龍淵，九仙峯，及び海金剛の三カ所で祈雨祭をする。お祭をする者は住民の代表者たる郡守又は面長で祝祭文を読み，牲を供えて雨を祈るのである。牲には犬を殺してその生血を祭場の巌上に塗り，屍体を其処に遺棄する」〔村山 1972b:96-97〕という。

　江原道寧越地方では，「雨祈は郡守の行うべきもので，一郡に四五ヶ所の祈り場所があるのが普通である。牲は之を山神に祈る場合には豚の頭，龍神に祈る場合には犬を以てする」〔村山 1972b:100〕。

以上，紹介したのは，村山の示した事例のごく一部である。こうして，村山の紹介した朝鮮半島全域の祈雨儀礼の記録からおよそわかることは，儀礼前に参加者は厳格な斎戒を守ること，村の中から選ばれた祭官あるいは村落民全員参加で儀礼を行うこと，儀礼終了後は参加者あるいは村落民全体で飲福すること，祭場は，高い山頂，名山大川，谷，淵，池，沼，海などであり，そこに臨時に祭壇をつくり，ある場合には焚き火をして雨を祈ること，祈る対象は天神，天神に等しい山神，水神，龍神であり，この神への供物は豚や牛，犬などの動物を必須とすること，生であることを原則とする事例や，一頭を丸ごと捧げる場合，豚や犬の頭部を捧げたり，水中，海水に豚を一頭，あるいは頭部を投入する事例，血を祭場に撒布することを重視する事例，市場で祈雨を行う事例があることなどである。また，任によれば，雨乞いにおける動物供犠は巫女が介在する場合がほとんどであるという〔任2001:143〕。

　以上の事実に加えてここで注目したいのは，任による動物供犠のとらえ方であり，それは，雨乞い儀礼の目的について，「不浄化」という従来の解釈を批判検討している部分に明瞭に示されている。

　朝鮮半島の雨乞い儀礼の目的を「不浄化」と解釈したのは，村山であった。村山は，雨乞い儀礼の中で最も広く行われるのは「不浄化の行事」であるとして，不浄化とは祈雨を行う祭場や龍神の棲むと信じられている清浄なる所に「最も不潔獣と云われる豚・犬などを屠殺してその生血を注ぎかけ，神聖地を汚すこと」によって降雨を求めることであるという〔村山1972b:142〕。その実例として，1．山上の祈雨祭場付近に豚または犬の血を流しかける，2．祈雨祭壇に豚または牛の頭を埋める，3．日光のよく当たる岩石などに犬・豚の血をふりかける，4．深淵河中などに豚・犬の生首を投げ入れる，5．深淵滝壺などの水中にて箕を洗うなどを挙げている。そして，不浄化の行為とは，「天神の冥罰を受くるとも」民衆があえてその汚れにより，不浄物を嫌う神々を刺激し，神々の神力の発動すなわち降雨による浄化を得ようとする手段であるという〔村山1972b:142-143〕。

また村山は，上述した江原道蔚珍地方の，祈雨の対象である天神・水神への祝文を紹介し，「蔚珍郡守何某は斎戒沐浴してここに天神水神に祈る。只今旱が続いて作物が出来ないため，郡民は将に塗炭に苦しまんとして居る。天は人を育するを以て旨とする。吾は郡民の長としてこの苦痛を見るに忍びない。だから敢て天神に祈って生民を安んずるの配慮を乞う。牲は汚ないものであるが，至誠に出づるものであるから受けて貰いたい。以て饗す郡民代表」〔村山 1972b:96〕と記している。この祝文には，牲としての豚を「汚ないもの」とする住民の認識を見いだすことができるというわけである。

　このように，村山が豚や犬を「最も不潔獣」「不浄物」「汚物」ととらえるのに対して，任は，村山の考えを否定する。不浄化説については，「汚して雨を降らせる」観念は確かに焼畑民に認められるというが，これは本来の焼畑民系統の認識というよりも，稲作民や漁民と接して認識が変化した結果，元の意味がなくなり行為だけが残り，稲作民の認識などが加わった結果の観念だととらえている。そして，人々にとって畏怖する対象である山の神に対して「不浄による雨乞いは考えられない」と任はいい，本来，「血を撒き散らすことは」不浄化ではなく「それが持つ清浄力を期待することであり，骨や頭は再生力を頼むため」であり，肉は神を慰めるための供物なのだと主張している〔任 2001:106-112・115-116・128-129・142-143〕。

　以上をふまえて改めてここで確認しておきたいことは，豚を雨乞いで供犠するのは不浄化という目的のためではないこと，そして豚は決して不浄な動物とはいえないという点である。豚は，村落儀礼や雨乞い儀礼においては，祈る対象である神への最も重要な供物なのであり，汚れた動物と認識していたなら，豚を神への供物に選ぶはずはないのである。この極めて当然のことを，任の研究に示唆を与えられながら，あえてここで強調しておきたい。また，村山の理解が象徴的に示す動物への低い価値付けが，村山一人のものではなかったとすれば，そのことと，従来の研究において豚をはじめ動物をめぐる文化に対する関心が希薄であったこととは，無関係ではないともいえるのかもしれない。

(3) 豚の供犠儀礼の起源をめぐって

　以上のように見てきた村落儀礼や祈雨儀礼の事例は，豚を犠牲にする儀礼の近代以降のあり方を示しているといえよう。

　では，上述した村落儀礼や祈雨儀礼の豚もまた，醋祭について可能性の一つとして考え得たのと同様に，儒教儀礼に由来するといえるのだろうか，あるいは任のいうように動物供犠は巫俗と関係が深いのだろうか。村落儀礼や祈雨儀礼の豚は，どのような歴史をたどって，現在に至ったのだろうか。

　このような問題，つまり近代以前の村落儀礼や祈雨儀礼のあり方に関しては，史料の検討など筆者の専門を越えているため，それに今すぐ応える力は全くもたないといわざるをえない。しかし，朝鮮半島の儀礼における動物供犠の起源について，今後考えてゆくための手がかりを得るために，以下に述べることは極めて不十分な指摘にすぎないことをあらかじめ断りつつ，豚が関わる近代以前の儀礼について若干の言及を試みたい。

　例えば，現在の村落儀礼の起源としてよく取り上げられるのは，中国の晋の陳寿により3世紀後半に編纂された『三国志』東夷伝に記録された祭天儀礼である〔井上他 1974:356〕。高句麗の東盟〔井上他 1974:116〕，夫余の迎鼓〔井上他 1974:51〕，濊の舞天〔井上他 1974:98〕，馬韓の祭天儀礼〔井上他 1974:206〕がそれである。『三国志』の記録からは，古代，朝鮮半島の各地域では，「天をまつる」儀礼が地域の民衆によって「国中大会」という大規模な形で行われていたこと，それは特に男子に限定されないおそらく男女混合の民衆の儀礼であったこと，人々はこの機会に大いに「歌舞飲食」したこと，などを読み取ることができるといわれている〔崔 1980:119-123；柳 1975:47-48〕。またこれらの民衆の儀礼は，熱狂的祝祭的な性格とともに静粛で秘儀的な性格の両面を有していたとの指摘もある〔崔 1980:123；金 1985:364-366〕。以上のように，古代の村落儀礼の姿を彷彿とさせる，男女混在の民衆による儀礼が，天に対する儀礼であることに，ここでは注目しよう。

第1章　豚と天神　　21

　ではこうした3世紀後半の朝鮮半島の祭天儀礼は動物供犠を伴っていたのだろうか。まず，豚を犠牲として供えていたという記事は全く見いだせないが，『三国志』に，豚が朝鮮半島において，生活に深く関わる動物であったとする記録がみられることは重要であろう〔崔来沃 1995:98-100〕。また，例えば，夫余では，戦争に際して，天をまつる儀礼が行われ，この時，牛を殺して吉凶を祈ったといい〔井上他 1974:52-53〕，高句麗にも同様な記録があるという〔田中 1982:738〕。従って，夫余の村落儀礼の迎鼓には供犠のことは記されていないが，金は迎鼓における牛の供犠の可能性を示唆している〔金 1985:367〕。さらに村落儀礼の秘儀的場面はこれを記録した外国の使節の目には触れなかったとすれば，醋祭においてみたような秘儀性の強い動物供犠は記録されなかったのではないか，という金の指摘も興味深い。確かに金も述べているように，現在でも，村落儀礼は外部者の観察や記録を強く拒む性格をもっているのである〔金 1985:366〕。

　とはいえ，崔吉城もいうように〔崔 1980:123〕，古代の村落儀礼を解明することは，以上のような史料だけでは難しいといわなければならないだろう。

　豚が儀礼，しかも天をまつる祭天儀礼において，供犠動物とされていた可能性を想像させる貴重な史料は，1145年に成立した官撰の史書『三国史記』に見いだすことができる。『三国史記』には，高句麗の時代のこととして，王と「郊豕」に関連する記事が3カ所存在するが，この記事において「郊豕」と記されている豚は「祭天之牲」，つまり天をまつる際の犠牲動物として表現されているのである〔井上 1983:15〕。豚は天神への供犠だったのだろうか。

　ただし，これらの記事については解釈の仕方が分かれているようである。問題になるのは「郊豕」の語であり，「郊祀に用いる豕」ともとれることから，この豚が，古代中国に由来する儀礼「郊祀」の犠牲動物なのか否かをめぐって，異なるいくつかの見解が存在していることに気づかされる。

　郊祀とは，中国古代において，皇帝が都の郊外で行った天と地の祭祀であ

る。漢代に入り，都の南の郊外（祭場は円丘の祭壇）で天（昊天上帝）を，北の郊外（祭場は方丘の祭壇）で地をそれぞれまつる儒教的祭祀として確立し，以後の王朝では，皇帝の特権として清朝まで行われ続け，さまざまな理論化もなされてきた〔溝口ほか 2001:272-274〕。

　こうした郊祀の朝鮮半島における受容という難題にも関わるこの史料について，まず，田中や崔来沃による詳細な解説を参照しつつ要約すると，以下の通りである〔田中 1982:729；최(崔)1995:100-105；井上 1983〕。この3つの史料は，いずれも「郊豕の逃亡」という出来事が関わっており，3つの資料の全てにおいて「郊豕の逃亡」が王の遷都につながること，③の「郊豕の逃亡」では王が跡継ぎの男子を得る契機になること，①と③の「郊豕」は，天の儀礼や天神と深い関わりを示していることなどがわかる。

　①琉璃王 19（紀元前 1）年秋 8 月の条には，郊豕が逃げ，王の使い二人が行方を追ったが，長屋沢というところで捕まえて，刀で郊豕の脚の筋を切断した。このことを知った王は怒って「天をまつる牲をどうして傷つけてよいだろうか」といい，使いの二人を殺してしまった。後に王は病気になり，巫女の占いにより，王の病はこの使いの殺害が原因であると告げられ，二人をまつる儀礼を行った結果王は回復した〔井上 1983:15〕。

　②同 21（紀元 2）年春 3 月。郊豕が逃げて，犠牲を担当する者が王に命じられてその後を追って行くと，国内の尉那巌に至り見つけることができた。豚は国内の人に養われていた。帰って王に「豚を追って，国内の尉那巌まで行きましたが，そこは五穀に適し，トナカイ，鹿，魚，スッポンなども多くとれます。もし王がそこに都を移すなら，国民も豊かになり，戦争の心配もなくなるでしょう」と報告した。同 22 年冬 10 月，王は都を国内に移し，尉那巌城を築いた〔井上 1983:15-16〕。

　③山上王 7（203）年春 3 月。王には子がなかったため，山川に子が授かるよう祈った。同じ月の 15 日に夢に天神が現れて，「おまえの小后に男子を産ませるので，心配ない」といった。王は近臣に「こういう夢を見たが，

小后のない私はどうすればよいか」と相談すると,「天命は測りがたいものだから,王は待ちなさい」といった。

　山上王 12（208）年冬 11 月。また郊豕が逃げた。豚の管轄人が追いかけると酒桶村に至り,その村の二十歳ばかりの美しい女が捕まえてくれた。そのことを王に伝えると,王は不思議に思い,その女に会いにひそかに女の家に行った。そして女と一夜をともにした。13 年春 3 月,王后は,酒桶村の女が王の寵愛を受けたことを知り,妬んで兵を遣わし女を殺そうとした。しかし女が,自分のお腹の中に子がいて紛れもなく王の子であることを告げたため,兵士は女を殺すことができなかった。これを伝えられた王后は怒って必ず殺してやるという。これを知った王は,女の家に行き,自分の子であることを確認して,王は手厚く贈り物をした。そして,王后にもそれを告げたため,王后もついに殺害を果たせなかった。秋になり 9 月,女は男の子を産んだ。王は「これは天が与えてくれた世継ぎだ。郊豕のことから始まって,この子の母を寵愛することができた」と喜んだ。こうしてその子を郊彘（彘は豚の意味）と名付けた。その母は小后とした。そして,冬 10 月には都を丸都に移した。17 年の春正月には,郊彘を,王子にした〔井上1983:84-87〕。

　この史料をめぐる異なる解釈のうちの一つとして,史料的価値は全く認められないという立場がある。田中は,『三国史記』の上記の諸史料は興味深い宗教的観念を含む貴重な記録であるにもかかわらず,これまでまともに取り上げられてこなかったが,唯一,これを検討したのが,津田左右吉であったと指摘している [19]〔田中 1982:727〕。その津田は,高句麗には中国の「郊祀」のような国家祭祀を模倣,導入していた明確な証拠はないこと,郊祀を行っていたのは後代の高麗王朝であること,後の高麗時代には,郊祀において豚を犠牲獣として使用している形跡があるため（後出）,この史料は後に高麗人が作為したものであり,史料的価値は全く認められないことなどを主張していた〔田中 1982:729-730；津田 1964:440-443〕。

このように高句麗の豚と天をめぐる史料は，そもそも事実としてはとらえられないという立場がある一方で，これを中国に由来する郊祀の実在を示す史料だととらえているのは，琴章泰である。

　琴は，この記事の豚は，郊祀に使う豚であり，「高句麗初期に犠牲を捧げる祭天儀礼を定期的に挙行した事実を確認できる」〔琴 1994:98〕という。さらに，犠牲を逃した時期が祭天の時期の数カ月前であると考えられることから，この儀礼は「犠牲を一定の期間，檻に閉じこめ飼う方途を備え」ているという。そして，「相当な部分で儒教的郊祭と共通性があり，儒教的影響を受けたとみられる」と述べている〔琴 1994:98〕。

　このように琴は，郊祀は高句麗において実態として行われていたと考え，この『三国史記』に記録される天への祭物としての豚は，中国から受容した儒教儀礼の祭天儀礼に由来すると理解しているのである。

　果たして，高句麗にはすでに中国より郊祀が伝来しており，豚を儒教的郊祀の祭物としていたのだろうか。先述の『三国志』の高句麗の東盟は，天をまつる儀礼であったが，郊祀との関わりは不明のようである[20]。新羅においては，桑野によれば，「対外的に唐に対して諸侯としての名分を重んじ，本来，中国の皇帝のみが行ないうる祀天礼の制度化を避け」「新羅の祀典（国家祭祀儀礼の規範・規定：筆者注）に円丘壇祭祀はなかった」という〔桑野 1996:2〕。百済の場合，『三国史記』に記録された祭天儀礼において，百済国王自らが犠牲を割いた記録もあり，中国的な郊祀の祭天儀礼が行われていた可能性はあるという〔林 1974:47-51；井上 1978:134〕。

　しかしより確実な朝鮮半島における郊祀の実在は，『高麗史』に記録されていた。そこには 19 例の円丘における祭天儀礼が記録されているが，実際は「常時」開設され，高麗王権にとって重要な祭祀の一つとして認識されていたという〔奥村 1987:147-148；桑野 1996:4-5〕。ただし高麗時代の円丘祭祀は，皇帝（天子）が冬至に最高神たる天神（昊天上帝）や日・月など天界の諸神など全宇宙の諸神をまつる中国的な祀天礼とは異質であり，実質的に豊作を祈願する祈雨・祈穀儀礼の役割を果たしていたという〔奥村

1987:149-157；桑野 1996:4-7〕。

　続く朝鮮時代になると，中国皇帝に対する朝鮮の従属的な立場から，議論の末，皇帝と同じ祭天儀礼は行い得ないということから円丘祭祀は廃止されるが（1897 年，高宗の皇帝即位時に復活）〔桑野 1996:8-21〕，円丘祭祀が前代以来もっていた天への祈雨・祈穀という現実的機能は継承される必要があり，雩祀が，祈雨儀礼の機能をもった祭天儀礼として，円丘の廃止後，整備され（太宗 14〔1413〕年），その後の朝鮮王朝では一貫して行われてきた〔桑野 1996:22-34〕。祭神は，朝鮮王朝の中国への従属的立場により，「祭神の格下げ」をして，昊天上帝・五方帝・五帝を避けて，それ以下の五祀・后稷をまつった〔桑野 1996:23-25〕。

　そして，ここで問題となっている郊豕すなわち郊祀の豚は，先の『高麗史』に記録されているのである。それは，先述した津田が依拠し〔津田 1964:442〕田中も指摘している事例〔田中 1982:751〕で，円丘における祭天儀礼において豚が犠牲動物とされている記録である。この円丘祭祀における三牲の一つとして，牛・羊とともに，よりランクの低い豚が，役人が王の代行として行う（摂事）円丘祭祀において，主神の下位に配享された五方帝（陰陽五行思想に基づく天の五方に置かれた神）に対して用いられている。

　これは，豚が郊祀の祭天儀礼の犠牲動物であった根拠となる史料だが，しかし上述の通り，その後の朝鮮王朝においては，郊祀自体が廃止されており，朝鮮王朝の国家的祈雨儀礼であった雩祭における犠牲に関する史料も未検討なため，豚と郊祀や儒教的祭天儀礼との関係についてこれ以上述べることはできず，今後の課題といわなければならない。

　以上のような，儒教儀礼である郊祀の犠牲として豚をとらえる琴に対して，田中自身は，「『郊豕』という言葉自体は，後人による中国的表現を借用したものであり，厳密な意味での『郊祀』は存在しなかった」が，「なんらかの天の祭祀は存在したのではないか」と述べ〔田中 1982:730〕，祭天の儀礼を「東北アジア諸民族，特に遊牧，狩猟系の諸民族にいわば普遍的に

存在する宗教的儀礼」であり，より基層的な文化としてとらえている〔田中1982:728〕。そして『三国史記』の「郊豕」は，中国由来の祭天儀礼としての郊祀の犠牲獣というよりも，東北アジア社会の基層文化としての祭天儀礼において，供犠獣とされた豚として見なし得る可能性もあるという〔田中1982:727-731〕。

　例えば，田中は，沿アムール，沿海州，中国東北部，朝鮮半島北部，東日本の諸地域から発見された豚を模した土製品や，先史時代の沿アムール，沿海州地域の考古学的研究が明らかにした豚に対する儀礼などの考古学的資料に注目している。また，北東アジアに居住した「古代の挹婁，勿吉，靺鞨の諸族，後代の女真族，満州族の諸文化のなかでの豚の文化的位相は相当に高い」ことを指摘し，「現在のソ連邦内の沿海州に居住するツングース系の狩猟・漁撈民の宗教的祭儀の際にも供犠獣としての豚が使用されている事例」に言及している。さらに何よりも朝鮮半島について，高句麗における豚の聖獣としての位置づけ（前出史料），高麗王朝の創始伝承にみる豚の特異な位置，現在の朝鮮半島の部落祭，巫俗の祭儀での豚の供犠慣習のさかんなこと，などから，「豚の聖獣視，吉獣視する文化的伝統は，連綿として底流して」いるという。以上をふまえ「東北アジア文化の一要素としての豚を聖獣視する文化的伝統」が，はるか先史時代から現在に至るまで存在しており，「高句麗族において豚を犠牲獣とした崇天の儀礼が，その絶対的年代は確定し得ないまでも，過去のある時点において行われていた可能性を一応認定することができよう」と述べるのである〔田中1982:728〕。

　この田中の研究とともに，崔来沃も，ほぼ田中と同じ観点からとらえているとみてよいと思う。崔もまた，『三国史記』の「逃げた豚」の記事を，朝鮮半島の独自な豚文化を探ることのできる史料の一つとして注視しているからである〔최(崔)1995:100-105〕。

　以上が，『三国史記』に記された高句麗の「逃げた豚」に関連する史料をめぐる３つの解釈であるが，２つめの琴の見解は天神への豚を儒教儀礼の犠牲とみる立場，最後の見解は，天への信仰と豚の供犠を広く東北アジアの基

層信仰としてとらえる立場といえる。

　豚の問題をおいかけるうちに浮上した天神との関わりについて，上述してきたことは，あくまで先行研究の紹介にすぎず，ここで豚と天神の問題が何ら実証されたわけではないことはいうまでもない。その上で，本節で述べたかったことは，近代以降の村落儀礼や祈雨儀礼，そして醮祭に見られる豚が何に由来するのかという問題が，近代の儀礼について儒教と巫俗の両面から接近できるように，近代以前についても，儒教領域と巫俗領域の双方の観点から，追究していく必要があるのではないかという点であった。

　また，豚と天神の関わりという問題が荒唐無稽のテーマではないとしたら，それを考えていくとき，一方では儒教的祭天儀礼と豚との関わり，他方では儒教以前の固有の祭天儀礼と豚との関連性という二つの観点がありうるのではないだろうか。そうした見通しから，今後の問題として気になる点をあえて述べるとすれば，儒教領域と豚・天神については，祭天の円丘祭祀の儀礼に関する高麗・朝鮮王朝の実態を検討すること，朝鮮王朝の国家的祈雨儀礼である雩祀の実態の究明，巫俗領域との関連については，ほとんど未解明といえる高麗・朝鮮王朝の巫覡や盲僧の関わる祈雨儀礼の実態を明らかにすることなどが，挙げられるだろう。

　そして，序節の冒頭でもふれたように，後者の，土着的な巫俗の領域に強い関心をおく本稿の立場として，巫俗領域における天神への豚の供犠の存在を，完全には否定できないと考えている[21]。

　次節ではこうした関心から，朝鮮半島の土着的天神への豚の供犠という，田中や崔来沃のとらえ方につながり，しかも，醮祭そのものの本質にも関わる可能性のある事例を，筆者の現地調査から紹介してみたい。

4.　一地域社会の豚と天神

　以下に取り上げるのは，あくまで一つの調査地における一事例にすぎないが，しかし，済州島の醮祭における豚と天神の関連性を推測させ，さらに儒

教と巫俗の重層的な習合の側面を示す興味深い事例である。

　このことを述べる前に，まず酺祭が一地域社会においてどのように位置づけられており，いかなる意味をもっているのかを，調査地であるA村[22]の宗教的儀礼を概観して考えておきたい。

　2. で述べたように，済州島には，男性中心の儒教的とされる村落儀礼，酺祭が存在する一方で，女性が中心となり巫者が管轄し行う堂の儀礼，堂クッがある。

　筆者の調査地，A村においても，酺祭は，男性の祭官を中心に，旧暦の正月最初の丁亥の日に行われる村落儀礼である。特にA村では，酺祭は新しい年が明けた年頭に全ての儀礼に先駆けて行う，村落最大の，最も重要な儀礼と考えられている。

　しかし他方で，A村には，堂という巫者が管轄する宗教的空間があり，ここは村落の人々を古くから守護してきた神々の領域である。堂は，日本の神社や沖縄の御嶽などの宗教的領域との比較も可能な空間であると思われ，表の①～④はA村の主要な堂を示している。そして，この堂を管轄するのは，地域社会の土着的信仰（巫俗）を担う男女の宗教的職能者であり，済州島でシンバンといわれる民間巫者なのである。

　ここで何よりも関心をひくことは，A村落の1年間の主要な儀礼を表した表1が示す通り，酺祭以外は全て巫者が執行する儀礼であることである。

　そのA村の巫者の儀礼を概観してみると，大きく村落レベルの儀礼と個人儀礼に分けられ，村落儀礼としては，表1のように，①，②の堂では1年間に1月，7月，9月の3回，③の堂では，現在，村落全体をまきこむ最も大規模な海女儀礼を含めて年4回の儀礼が，シンバンによって行われている。

　そうした堂の儀礼の機会には，巫俗を信仰する女性達が堂に集まり，かつてはシンバンによる大規模な儀礼が行われた。現在，堂の儀礼は海女儀礼以外は小規模な祈願の形に縮小しているが，堂のもつ「聖なる」意味は未だ村落にとって大きいといえる。

第1章　豚と天神　29

表1　A村の1年間の主な儀礼（仏教寺院の儀礼，キリスト教関連の儀礼は除く）

	旧暦1月	旧暦2月	旧暦3月	旧暦4月	旧暦5月	旧暦6月	旧暦7月	旧暦8月	旧暦9月	旧暦10月	旧暦11月	旧暦12月	巫者関与	儀礼主体	領域
酺祭堂の儀礼	酺祭												×	村落民	非ケガレ
巫俗の堂①の儀礼	○						○		○				○	村落民	非ケガレ
巫俗の堂②の儀礼	○						○		○				○	村落民	非ケガレ
巫俗の堂③の儀礼	○		海女儀礼				○		○				○	村落民	非ケガレ
巫俗の堂④の儀礼					3年に一度，時期は不定期								○	個人	非ケガレ
豚祭（3年に一度）	←——→				(夏は豚が傷むため行わない)				←——→						
竈王祭	←——→												○	個人	非ケガレ
竜王の儀礼	←—————————————————————————→												○ or ×	個人	非ケガレ
クィヤンプリ	←—————————————————————————→												○	個人	ケガレ

　その他に個人宅で行われる儀礼として重視されているのは，竈神の儀礼（竈王祭），竜王の儀礼（竜王迎え），豚祭，クィヤンプリなどである。クィヤンプリは儒教式の葬儀後に行われる，シンバンによる死霊の口寄せを中心とした巫儀である〔網野2003b〕。

　ここからわかることは，村落の信仰において，巫者が非常に重要な役割を果たしている点であり，巫者の活動は民間社会に根づき，その社会的力を失っていないことである。また，こうした村落の重要な神域が巫者の管轄領域としての性格をもつことは，朝鮮半島部においては今ではもはや見いだせず，これは済州島独自の特質ともいえるものなのである〔李・張・李1977:154〕。従って，酺祭をとりまく儀礼状況を一言で述べれば，活発な巫俗信仰を特徴としているといえるのである。あるシンバンの認識によれば，巫俗儀礼に関わるA村の人々の割合として，およそ堂に関わる村人は70％，竈王祭は60％，豚祭は70％，クィヤンプリは50％という（2006年現在）[23]。

　しかも，先に酺祭はシンバンが関わらない唯一の儀礼だと述べたが，A村

のあるシンバンの見解によれば，この醮祭も，巫俗と無関係ではないことが
わかってきた。

　醮祭は，新年最初の儀礼である。既に 2. で述べた他の地域の醮祭と同様
に，村落全体から選ばれた祭官は男子のみであり，儀礼前の数日間，厳格に
ケガレを避けて儀礼に臨む。そしていうまでもなく，この儀礼の最大の供物
は，本稿のテーマである屠ったばかりの豚一頭である。

　この醮祭を無事に行うことが，新たに始まる 1 年間の村落の安寧につな
がるとされ，失敗は許されない，村落の行事の中で最も重要な儀礼といわれ
ている。さらに，醮祭が村落全体をまきこむ儀礼であるともいえるのは，行
政区域としての A 里の長である里長と，里を区分した 8 つの行政単位から
選出された担当者が中心となり，漁村契，婦女会，老人会が協力して行われ
る点からである。

　こうした醮祭について，シンバンが関わらないこと，儀礼の祭官として女
性は排除されること，儒教祭祀にならい儒教形式で行われることなどの点か
ら，私は儒教式儀礼としてとらえてきたことは先述した通りである。

　しかし，A 村のシンバンである一巫女は，2006 年 5 月，極めて特異な醮
祭のとらえ方を教示してくれた。彼女は「醮祭はクッ法（巫俗の法：筆者
注）に深く関わる」という。そして，この儀礼の執行日の，正月最初の丁亥
の日は，済州島巫俗では，「天地王が 1 年に一度だけ天の門をあける日」と
され，豚はその天地王にささげる供物だというのだった。

　天地王とは，巫俗においては天の神で，この世の創造に関わる重要な神
である。天地王の由来を語る神話，天地王ボンプリには，天地王の息子，大
星神，小星神の兄弟神がそれぞれあの世の法とこの世の法をつくったとあ
り，さらに，この兄弟神が，父である天地王に会うために，天地王のすむ天
へ上ったのが，天の門のあく正月最初の丁亥日であるという〔玄 1985:14-
23, 張 1974:76-80〕。

　シンバンは，この天地王の神話である天地王ボンプリを根拠に，A 村の醮
祭は，1 年に一度天の門を天地王があける儀礼であり，豚は，天地王へささ

げる供物だというのである。済州島の多くの酺祭が通常，行われるべきとされる丁亥の日も，天地王が門をあける日であり，天地王ボンプリがその根拠を示しているのだとの説明であった。

これらはあくまでも A 村の一人の巫女による認識であり，今はまだ極めて特異なとらえ方といわざるを得ず，酺祭も未調査の段階であるためこれ以上推論を重ねることはできないが，少なくとも，儒教式儀礼といわれてきた酺祭も，巫俗世界と決して無関係とはいえないことを指摘しておきたい。

そしてさらに，この一地域社会の酺祭にまつわる一事例は，酺祭と天神と豚との浅からぬ関係を示していると考えてみたい。

5. 豚・天神と巫俗・儒教

この節では，上記の一調査地の一事例から，具体的に何を読み取ることができるのかについて考察してみたい。

私はこの事例を，先に玄が指摘したような，儒教以前の巫俗的要素と酺祭との習合を示す一事例とみる見方だけでは不十分と考え，以下のような観点から，儒教と巫俗の関係をめぐるより大きな問題を示す事例として考えてみたいと思う。

そうした観点において，黄縷詩の研究は，巫俗の天神信仰について極めて重要な示唆を与えてくれる。黄は論文「巫俗の天神儀礼に関する研究」において，今日，巫者が行う儀礼（クッ）における，天神や天神系統の神をまつる儀礼の実情とその意味を明らかにしている。

黄によれば，これまでの巫俗研究において，天神儀礼の問題は本格的に議論されたことがなかったという。これは，巫者の儀礼には天神儀礼がないという見解が支配的であったためで，こうした見解は，「天神クッ」「天神コリ」といった天神の名称をもつ儀礼が存在しないことを根拠にしていた。だから，たとえ日月神などの天界の神の存在が認められても，儀礼に対する研究は行われてこなかったのだという。しかし黄は，儀礼名称には天神を付さ

なくとも，内容的に天神をまつることが明らかな儀礼が，全国的に確かに存在していることを明らかにした〔黄2002:37-38〕。そうした天神をまつる巫儀の例として，ソウルの財数クッの中の仏事クッ，京畿道の堂クッのシルマリ，東海岸の別神クッの日月コリ，黄海道の日月星辰マジ（迎え），平安北道の日月ノリプニョムなどが挙げられている。また，天神の来歴を物語る神話には，済州島の天地王ボンプリや京畿道のシルマルがあり，その済州島の天地王ボンプリこそ，先述した醮祭の巫俗的由来を語る神話である。

　そして，黄はこれらの天神儀礼を検討し，以下のようにさまざまな側面から天神儀礼の特質を明らかにしつつ，結果として，巫俗儀礼にとって天神とは最も重要な神格であると主張するのである。

　まず，あらゆる自然現象に神を見る多神教的な巫俗において，その中でも最も重要な天界の神がないとするのは難しく，巫俗研究者が天神信仰を否定する立場を否定する。そして，上記したように内容として天神儀礼とみられる儀礼が，咸鏡道から済州島に全国的に分布しているという。ただ，天神クッというような名称をもたないため，内容を通じてでないと明らかにするのは簡単ではない。また日月コリと日月星辰マジは名称上は日，月，星をつけているが，実際に重要視されている神は太陽神であり，そのことは，儀礼が太陽の昇る明け方に行われ，太陽の生気を迎え入れることに比重が置かれていることからわかるという〔黄2002:54〕。仏教や道教など外来宗教との習合も少なからず起こっており，日光菩薩，天宮菩薩，日月帝釈などの仏教的名称，玉皇上帝，七星，参星神などの道教的性格をもつ名称がみられるという〔黄2002:40〕。

　天神儀礼の位置づけだが，天神儀礼は，クッの最初の部分に行う最も重要な性格をもつ儀礼だという。たいてい天神儀礼は不浄クッの次に位置づけられているが，不浄クッはクッをするにさきだち祭場を浄化する儀礼として行われ本格的なクッということはできないため，「天神儀礼がまさにクッの最初の祭次だ」といえる。ソウルの財数クッでは，黄が天神儀礼ではないかと推測する（後述）仏事クッを不浄コリの次に行う。京畿道烏山地域のシルマ

ルもまた，不浄コリの次に行うクッである。また，京畿道都堂クッでは，天
神儀礼が村の守護神を迎え入れた後に行われ順序が替わっているのは天神儀
礼の性格が弱化したことを意味する。黄海道チョルムリのクッでは，日月
星辰マジは不浄クッに続いて行う最初の祭次で，平安道でも不浄を祓った
後，七星クッをする。東海岸別神クッの日月マジは，祭の期間，毎朝，太陽
が昇る時ごとに繰り返し行う点で一般的な祭次と区別されるが，太陽神を
迎え入れる原初的な形態の儀礼であることを推測できる。以上から天神儀礼
が最も重要な祭次として想念されていることがわかり，まず最初に天をま
つった後，多くの神々を招請するのがクッの基本構造であるといえる〔黄
2002:54-55〕。

　祭儀空間が必ず室内ではなく天空が見える野外であることも，天神儀礼の
共通する特徴であるという。例えばソウルの財数クッにおいては，基本的に
は室内の板の間でクッをする。しかし，その中の仏事クッが必ず庭で別に膳
を整えて行われるのは，天を迎える儀礼であるためだ。もし仏事クッが外面
的姿のまま仏教的性格のクッであるなら，あえて無理に外にでる理由がない
からである。黄海道の日月星辰マジも，やはり天を仰ぎ見ることのできる場
所で行った。済州島の日月マジも，庭で日月橋を敷いて行う。このように祭
場が天を仰ぎ見ることのできる野外へ移動することに，天神儀礼の性格をみ
ることができる〔黄2002:55〕。

　また，天神儀礼の目的が，一般的なクッとは違い具体的ではないのは，天
が万物の根源であることと関わるという〔黄2002:58〕。

　以上のように，黄は，天神儀礼が巫俗に存在しないどころか，各地の巫俗
儀礼における中心的儀礼であるという巫俗の理解にとって重大な問題を実証
的に明らかにしたのである。そしてこの黄の論文は，本稿の考察にとってさ
らに非常に重要な指摘を行っている。天神儀礼には仏教や儒教のような外来
宗教との習合が強くみられると述べた点がそれである。

　例えば，巫俗の天神と仏教との習合については，ソウルの財数クッを例に
挙げている。すなわち財数クッの冒頭部分の仏事クッは，その名の通り仏教

との習合性が強く，巫女は僧侶の衣装をつけて儀礼を行い，巫歌にも経文の影響が強く，従来これが天神儀礼の性格をもつことは気づかれてはこなかったという。しかし仏事クッにおいて，仏事という仏教的潤色の強い神とともに天宮という神が招かれるが，これは明らかに天神で，先にも述べたように，仏事クッが庭にでて行われ，「巫女が四方から天に向かい神を招請する」所作からみても，財数クッの冒頭の仏事クッは天神を迎える儀礼なのだという〔黄 2002:56〕。

　そして，本稿の醮祭と天神に直接関連する観点として，天神儀礼と儒教との習合に関して，巫者による村落儀礼（マウルクッ［マウル：村］）においては，天神儀礼が，儒教的祭祀や仏教儀礼に代置されることが多かったという事実を発見している。

　その例として，ソウル地域の村落の儀礼として行う巫俗儀礼（例えばマウルクッのプグンダンクッや都堂クッ）では，本来は天宮マジをするべき祭次に，儒教式祭祀が入ったが，これは，朝鮮時代に入り，天をまつる巫俗儀礼が「儒教的祭祀に代置された可能性を示唆している」という。「しかし，このような倒置は統治権の直接的な影響下にあった村単位のクッでだけ起こり，家単位の財数クッでは，起こらなかった」という。つまり，先ほど言及したソウルの財数クッのあり方は，儒教でなく仏教との習合事例という違いはあるがこの議論にも関わっており，財数クッは個人儀礼であるため，天宮を迎える儀礼部分は仏教化を経ていて仏事クッという形となり見えにくくなっているが，仏教に完全にとって替わられることなく存続できたというのである〔黄 2002:56〕。

　では，なぜ，儒教儀礼や仏教儀礼は，村落儀礼の天神儀礼に替わりその場所を占めるようになったのだろうか。

　その説明として，黄は，高句麗や百済では，支配層に統治理念として受容された仏教，朝鮮時代には仏教に替わりその位置に入った儒教が，それ以前より存在した巫俗より優位にあったこと，そうした外来宗教が，巫俗で最も重要な天神儀礼の場所を占有したことを指摘している〔黄 2002:56〕。

第1章　豚と天神　　35

つまり，儒教にとっても仏教にとっても，天神は崇高なる存在として，巫俗と同様に極めて重要だったことからこそ，下位にあるべき巫俗には，天神の信仰を容認することはできず，他ならぬ巫俗の中核にあった天神の位置をこそ奪おうとしたのではないだろうか。

そして，この黄の見解に依拠して，A村の酺祭と巫俗の関係についての私見をつけ加えれば，まず，済州島の村落儀礼が，2.の玄の指摘の通り，元来，巫者の担っていた男女の民衆による巫俗儀礼だったと仮定して，酺祭が入る以前の，まだ儒教化される以前の民衆の村落儀礼においては，天神を最も重要な神としてまつり，そこに豚をささげまつっていたと考えてみたい。それは，ちょうど，『三国志』の東盟や迎鼓などにおける「国中大会」の祭天儀礼のような儀礼だったのではないだろうか。また，その天への儀礼は，『三国志』の記述に示された祝祭的な側面とともに，現在の酺祭にみられる，静粛で厳粛なる忌み籠もりや秘儀的な側面も含んでいたと考えられる。豚の供犠は，秘儀的な行為であった。しかし，酺祭の導入以降，済州島の酺祭は徐々に，最も重要な巫俗による天神をまつる村落儀礼の位置に入ったのではないかとしてみよう。そうなれば，巫俗儀礼の天神は，多くの地域では消えてゆくしかないだろう。ただ，A村のように，酺祭以前の天神の要素を記憶する事例もあった。A村だけでなく，他の一部の地域にも酺祭と天神信仰の関わりを示す事例が存在しており [24]，酺祭以前の巫俗の天神の要素が消されずに残される場合もあったと考えることもできるのではないだろうか。

朝鮮王朝の初期に国家祭祀の儒教儀礼として導入された酺祭は，臨時の蝗害に対応した儀礼であったが，次第に，村落儀礼の位置を占めるようになった。その時，それまで村落儀礼の中核にあった巫俗の天神の位置を奪った酺祭ではあるが，導入された原型のままの姿を維持して現在に至ったとも思えない。原型としての酺祭の明確な像をここで描くことはできないが，現在の酺祭のもつ特徴は，必ずしも導入された本来の儒教儀礼そのものとはいえないのではないだろうか。なぜならば，酺祭の厳粛性・物忌み（斎戒）・秘儀性・動物供犠は，確かに儒教儀礼の特質であるが，同時に，土着的な巫

俗の有した特質とみなすこともできるからである〔金 1985:364-371；崔 1980:123；1984:302〕[25]。儒教儀礼としての原型の酺祭は巫俗儀礼を変質 させ消滅させもしたが，巫俗領域も容易には後退せず，酺祭のなかに自らの 痕跡を残していった，そのように今は考えておきたい。

　なお本稿では，動物供犠について，巫俗と儒教の両面の要素として取り 上げてみたが，斎戒などその他の特質についても，儒教と巫俗の両面から具 体的に追究してゆかなければならないし，巫俗の領域のあり方（儒教との 習合・対立・抵抗など）は，朝鮮半島部とは異なる済州島の地域性にも関連 し，さらに政岡の注目した儒教化の強い地域とＡ村のように巫俗的天神の 主張の残る地域とではまた異質であろうことから，済州島内の各地域の社会 的特質にも注意を向ける必要があるだろう。

6. おわりに

　巫俗の習合性という問題は，巫俗がなぜ，現在も，韓国社会でその社会的 影響力を保ち続けているのかを考える上で重要なテーマであると私は考えて いる。本稿では，それを探るために，済州島の酺祭という村落儀礼に注目し てみた。2.では，酺祭に関する先行研究にあたり，酺祭に関する諸事実を 確認した。その上で，済州島という小さな地域社会の一儀礼といえる酺祭 ではあるが，まだまださまざまな角度から考察する余地があると考え，3. 以降は，この儀礼の供物としての豚に焦点をあてた。酺祭は，屠ったばかり の生の豚を神にささげる儀礼なのである。そして，その豚を追いかけてゆく と，天神の問題にも突き当たってしまった。古来，朝鮮半島の民衆は，見上 げる天空のかなたに，人間を超えた大きな存在を感じながら，そこに祈りを 込めて生きてきたに違いない。儒教の様式であれ，巫俗の様式であれ，豚と いう動物の生命力とともに天空に向かい人間の時空間を切りひらいてゆこう とする。そのような祈りの痕跡を，古代の天神の記録に，そして，近代以 降の各地の村落儀礼や雨乞い儀礼に見いだすことができるのではないか。し

かしその天神と豚とが，歴史的にどのように関わりをもっていたのかについて，本稿で問おうとしたものの，論点が定まらず，問題の所在についても漠然とした指摘に終わってしまった。膨大な先行研究が蓄積された郊祀や円丘祭祀，皇帝祭祀といった筆者の能力の全く及ばない領域に踏み入ってしまい，貧しい理解力のためほとんど何も明らかにできなかった。誤解や錯誤も数多いことと思う。先行研究の検討も極めて不十分であったため，まずここから改めて取り組んでゆきたい。

　ただ，4.で紹介した，一宗教的職能者の語る醮祭の豚には，民衆による天神への動物供犠を探る手がかりを見ることができたかもしれない。そして，その語りだけでなく，他の民俗事例の醮祭の神にも天神の特質が垣間見られることから，醮祭と天神の関わりは，個人的記憶にはとどまらない，儒教と巫俗の関わりの重要な側面を示しているのではないかと考えをめぐらせた。その仮説は，前節の終わりにまとめた通りだが，あくまで筆者の仮説にすぎず，今後は，他地域の調査により実証的に追究したいと思う。最後に，序節で掲げた二重構造論の諸問題については，玄の研究に依拠しつつ醮祭の歴史的変容を推論的に再構成することにとどまり，今後に多くの課題を残したが，崔や岡田，神田の提言に対しては，現地調査をすすめるなかでこたえたい。

　いみじくも2007年の丁亥の年，まとめることになったこの豚と天神をめぐる拙稿は，未熟極まりないものという以外ないが，私にとって，豚が天神，巫俗と儒教，供犠やケガレの問題[26]と関わる大きなテーマであることを知ることができたことは貴重な経験であった。そのような機会を与えて下さった共同研究のまとめ役である土屋昌明氏や共同研究の皆様にこの場をお借りして衷心より感謝を申しあげたい。

【注】

1) 加地伸行は，孔子以前にあった原儒の時代，「それはシャーマニズムを基礎としており，孝という考えかたがあったのを，孔子が登場，生命論として自覚して統合してゆくなかで，儒教が成立してゆく」〔加地 1990:77〕という考え方を打ち出しており，これまで大きな示唆を得てきた。三尾裕子も加地の説をふまえ「つまり儒教は，民間で行われていたシャーマニスティックな宗教実践のうち，超自然的な観念をできるだけ排除し，たとえば祖先祭祀においては，祖先をまつる事についての道徳倫理思想を抽出し，それを体現する儀礼を整備したのである」と述べている。また，中国における儒教の国教化以後，「儒教と民間信仰とが確然と分離した」わけではない点についても，地方の儀礼を司る地方官が，国家祭祀の対象以外の民衆の奉祀する廟をも祈願の対象にしたり民衆に厚く信仰された神を祀典（国家が公認する祭祀の規定書）に書き入れたことなどの例を挙げ，儒教と民間信仰の習合について興味深い指摘を行っている〔三尾 2004:141-142〕。一方，7世紀初めには伝来していた朝鮮道教は，車柱環の『朝鮮の道教』によれば，国家宗教としての性格（災いを祓い寿福を祈る斎醮を主とする「科儀的宗教」）と，民衆宗教の性格をもつという。後者については日本にも伝わる庚申待ちの信仰，北斗七星を中心とした星の信仰などが民間に広まり，死者をその上に横たえる七星板（北斗七星の配置に七つの孔を板にあけたもの）の慣習，竈神信仰などが有名である〔車 1990:16-18・59-88〕。民間道教の儒教・仏教・巫俗との習合性は強いが，「現代の韓国で道教的痕跡に出会うのはそれほど容易なことではない」のは，「道教が儒・仏二教をはじめ固有信仰や習俗の養分になって吸収されたからであろう」〔車 1990:397〕という指摘もある。最後に朝鮮半島の仏教だが，その習合の問題は研究蓄積のある大問題であり他日を期して論じたい。天の問題と深く関わる道教と仏教の影響についても本稿で触れる力がなかったため今後の課題である。

2) 佐々木宏幹は「シャーマニズムとは，通常トランスのような異常心理状態において，超自然的存在（神，精霊，死霊など）と直接接触・交流し，この過程で予言，託宣，卜占，治病行為などの役割を果たす人物（シャーマン）を中心とする呪術-宗教的形態である」と定義している〔佐々木 1980:41〕。

3) 朝鮮半島の巫俗の活動を担う職能者には一般的な呼称としてムーダン，地方の固有の呼称として，朝鮮半島中北部地方のマンシン（万神），南部地方のタンゴル，済州島のシンバン（神房）等があり，その他チョムジェンイ（占匠），菩薩も含められる。本稿では巫俗の担い手を，巫者（済州島のシンバンに多い男性を含める場合）・巫女の用語，巫者の儀礼を巫儀あるいは朝鮮語のクッの用語で表す。なお，これまでの拙稿では，巫者を，他に民間巫者〔網野 2006〕，巫俗的職能者〔網野 2005b〕などの用語も用いて考察してきた。さらに，こうした宗教的職能者を，赤堀雅幸〔赤堀 2005:7・24-34〕や伊藤幹治〔伊藤 1995:149-153〕の研究に教えられ，地域社会の宗教的世界あるいは非日常的世界への媒介者としてとらえてゆこうと現在考えている。そして非日常的世界・事象を「広義の意味の聖」ととらえ，赤堀が多様な宗教圏の「聖」者のあり方や「聖」

の意味内容の比較検討の必要性を指摘しているように、「聖」を担う宗教的職能者を人類学的に研究していきたい。彼らのあり方を問うことは、地域社会の非日常的世界の構成や構図を明らかにすることにつながるであろうと考えるためであり、またこうした問題は、世界の他の宗教世界との比較を通じて、地域ごとに実証的に浮き彫りにしてゆく必要があると思うからである〔網野 2005b〕。

4) 岡田は、二重構造の用法は「二項対立的なモデルをイメージしがちである」ため、「より動態的な概念『領域』を解釈の枠組みとして用いる」ことを提唱している。「大伝統＝儒教儀礼＝両班＝男性」と「小伝統＝民間信仰＝常民＝女性」の「二つの領域はそれぞれ異なるモメントを持つが、両者の境界は状況に応じて変化し、連続性を持つもの」で、「二つの領域が交錯し、そのせめぎ合う現象」をこそとらえたいとする立場を示しており〔岡田 2001:51-53〕、二重構造論への批判点を乗り越える上で重要な提言だと思う。

5) 例えば「朝鮮の村祭に於ける儒礼風の洞祭と巫覡によって祭られる골메기とが、如何に相離相合する姿を取るかの概要を述べた積りであるが、玆に吾々が儒礼風の洞祭と称するものも亦、仔細に之を吟味する時は、それが一層古い巫的文化を根底とせる、又は古文化の一部を僅かに破壊してそこに儒礼の形式を導入せるものに過ぎないことを見るであろう」と述べている〔秋葉 1933:54〕。小倉の論考はこうした秋葉の議論の展開に注目しており示唆に富むが、崔吉城が秋葉の議論を「男／女の二重構造論」としてのみとらえていたとする小倉の理解〔小倉 2002:220-221〕は誤解ではないかと思う。

6) 村落レベルの儀礼について、おおよそ明らかになっているのは、村落儀礼は、地域毎に山神・城隍神・堂山等多様な名称で呼ばれる村の神をまつり、神木や岩石等を神体とする村落の聖地(堂)において行われるものであること(注7参照)、現在、韓国本土では、儒教式村落儀礼と巫俗式村落儀礼の両形式が共存していること、前者は洞祭・堂祭・山神祭、後者は別神クッ・都堂クッなどと呼ばれ地域的に名称は異なることなどである〔崔 1980:46-108;1984:108-136〕。また崔吉城は秋葉隆・李杜鉉などの見解に依拠して「より原初的な村祭りは巫俗的なものであり、男女混性的なものであった」と述べている〔崔 1984:301〕

7) 済州島の村落の聖地は総称して堂といい、各村落には中心となる堂(本郷堂)を始め一つ以上存在すること、村落固有の由来をもつさまざまな堂の神をまつること、通常、数名の巫者が数カ所の堂を分担して管轄し、堂での儀礼を司っていること、醋祭を行う祭場である醋祭壇は新しいもので、村落の歴史に関わるより本来の聖地は巫者・巫儀と結びついた堂であることなどがわかっている〔玄 2002:393-395〕。

8) 秋葉は、二重組織の論文で、朝鮮半島の民間宗教儀礼には、儒教と巫俗の二重性が表れていると述べている。そして、民間の宗教儀礼は、村落レベルの儀礼と家庭で行う個人レベルの儀礼に二分されるため、その両レベルにおいて二重組織が形成されているというのである。より具体的には、個人レベルの家祭は、男性中心の儒教式祖先祭祀と、一家の主婦が管轄する、巫俗の領域に属する諸信仰(例えば竈王、家の神)に二分され

て一家に共存しており，それと同様に，村落レベルの儀礼も，儒式儀礼と巫式儀礼とが共存しているととらえた〔秋葉 1954:137-145・155-162〕。しかし，こうした儒教式儀礼と巫俗式儀礼の2つの類型は，あくまで分析のためのシンプルな枠組みであり，さらに細かい実態を秋葉自身も指摘しているように〔秋葉 1933:6-10〕（注5参照），儒教式儀礼と巫俗式儀礼の共存の仕方はさまざまである。例えば，一村落に時期を異にして儒教式の儀礼と巫俗式の儀礼を行う地域があれば，儒教式儀礼と巫俗式儀礼の両儀礼を組み合わせて一つの村落儀礼として行う地域もある。また，2つの方式の共存のあり方も，地域的に異なり，全羅道地方では，村落祭は儒教式・男性中心の特徴をもち巫俗式の村落祭は見られなくなっているのに対し，東海岸地方では巫者による巫俗式村落祭がかつてはさかんに行われており，儒教式は毎年，巫俗式は隔年，3年に一度あるいはそれ以上の頻度で行われてきたという具合である。ただしさかんだった東海岸の巫俗式村落祭も次第に衰退しており，儒教式村落祭祀に重点が置かれているのが現状である〔崔1980:46-108〕。

9) 二重構造論の影響はよく指摘され〔岡田 2001:46-53〕，例えば儒教と巫俗の2つの分野に研究が分化し両方にまたがる研究がないこと〔岡田 2001:49-50〕などはその影響といえるが，二重構造論の影響の実態を詳しく検討したのは，崔吉城〔崔 1984:24-30・299-303・316-323〕以外にはないのではないだろうか。また神田より子は，張籌根の研究を儒教と巫俗の二重構造論としてとらえ批判するが，確かに張は醮祭について「儒教の合理性のために本解もないし，個性もない」〔李・張・李 1977:153〕，「六千枚ほどの部落祭調査の質問紙を収合してみたが，これほど形式ばった部落祭は本土には一カ所もなかった」〔張 1974:93〕と述べ醮祭を顕著に儒教的特質を示す儀礼だととらえているが，張は著作の後半で醮祭の巫俗との習合性についても言及しており〔張1974:232-233〕，簡単には二重構造論の立場とはいいきれない。

10) 醮祭については，実際に醮祭を参与観察した原尻英樹から口頭にて，豚を供物とすることを教えられ深い関心を持った。それは，かねてから済州島の生活世界や宗教的世界で重要な役割を果たす豚へ関心を抱いていた筆者にとって，この拙稿を書く大きなきっかけとなった。また原尻の，「アニミズム的な神々の世界を年次更新させること」に醮祭の本来の意味を見いだす観点は鋭く重要であり〔原尻 2006:153・159〕，神田の，非儒教的特質を示す醮祭の調査事例からも大いに教えられた〔神田 1994〕。

11) 国家的行事としての祭祀を大祀・中祀・小祀に分類するようになったのは中国の随が最初であり，国家・皇帝にとっての祭祀の重要度による分類という〔金子 1976:14-15〕。

12) 本稿では紹介しきれなかったが済州島の醮祭と巫俗の堂に関する重要な資料として『南済州郡の文化遺跡』と『北済州郡の文化遺跡Ⅱ』があり，別稿にて詳細な検討を行いたい。

13) 金宅圭〔金 1993〕は，儀礼の儒教化と社会階層の問題を論じている。

14) 醮祭の概要は，玄の論文によれば以下の通りである（なお神田も玄の論文の概要を簡

単に紹介している〔神田 1994:228-229〕）。酺祭は村落により実に多様であることが明らかである。【祭名】1. 酺祭（最も代表的で一般的な名称），農酺祭。2. 里社祭（一般的名称），洞社祭（一般的名称）。3. 郷祭，マウル（村）祭，トンネ（洞内）祭（婦女が使用）。4. コリ祭，街祭，別祭。神位は「巷衢之神位」。5. 致誠祭，建第祭など。4 について，まつる神は「コリ鬼神」といい，非業の死をとげた霊魂や，子孫をもたず死んだため祖先祭祀を受けることのできない死霊であり，道端でうろついているいわば怨魂である（表善面城邑里）。その祭式は，かつて巫式だったという伝承もある（旧左面北村里）〔玄 2002:381-382〕。【まつる神の種類と神名と祭神の性格】1. 酺神，土地神，巷衢神，里社神，洞社神などの名をもつ神を1つまつる。酺神之位，土地之神位，巷衢之神位，里社之神位，洞社之神位と紙榜に書く。この神は，村落全住民の生業・疾病などの一切の守護をしてくれる村落守護神として住民により観念されている。2. 土地神（土地之神位）と酺神（酺神之位）の両神をまつる場合もあり「土地之神位」は村落守護神，「酺神之神位」は農業の神（五穀豊穣と六畜繁盛を祈願する）であり，酺神が上位であることが多い。3. 村落守護神としての酺神之位とともに，怨魂である無祀鬼神（無祀鬼神之位）と諸神（諸神之位）をまつる場合。酺神の祭壇は上壇。無祀鬼神の祭壇は下壇。祭儀も上壇祭と下壇祭といい上壇祭を先に行う。4. 村落守護神である酺神への上壇祭と怨魂である諸神への下壇祭を行った後，さらに巫式部落祭神である都庁神と本郷堂神へ祭儀をもう一度行う場合。都庁之神祭は昔は巫式部落祭（クッ）として行ったが，今は儒式で行う。5. 酺神以外の病疫神，牧畜神，その他の諸事象を管掌する神に祭儀を行う場合。以上から，酺神，土地神など村落守護神以外の農神，牧畜神，怨魂，巫神，疫病神などの複数の神を対象にする村落がかなり多い。〔玄 2002:382-384〕。【祭日】1. 1年に1度の場合。正月上丁日の子時に行うのを原則とし，この日に村落に不浄なことが起こると，中丁日あるいは亥日に延期する。これを「或丁或亥」という語で表現する。2. 1年に2回行う場合で，正月と7月に行う。3. 儒式・巫式で1回ずつ行う場合。正月に巫式で行い，7月に儒式で行う（涯月面や済州市海安里など，かなり多くの事例がある）〔玄 2002:384-385〕。【祭儀管理】通常，男性が行う。祭儀の管理は，1. 旧共同体組織管理，2. 過渡的組織の管理，3. 行政組織の管理の3つの方式がみられる。1. 旧共同体組織とは，郷長または洞首（洞の長）-公員（補佐役）-総務（経理，庶務役）-次知（連絡と事務補佐）-助事（連絡役）の組織として，年末になると，この任員を議論するため郷会（または洞会）を召集する。この会議で，前年度の決算を報告して，新年度の祭の費用の調達方法，祭庁（祭官達が合宿し斎戒する家）など祭儀準備について議論し，祭官を選出する。2. 郷長-里長-班長の組織体系で，1と3の中間の形態。郷長は，年長者で里代表として象徴的権威をもち，実質的執行は里長が行う。まず里長が郷長と議論して，班長を通して郷会を召集し，祭儀のさまざまな準備について討議する。3. 新しい行政組織では，郷長制は廃止され，里長-班長の組織において，里民会を召集して祭りの準備をする〔玄 2002:385〕。【祭官】祭官は，郷会で選出した祭官いわゆる12祭官で，小執事を減らして6祭官のところもあるし，都予差（予備役祭官）を含め13名の所もある。祭官のう

ち三献官は年老いた有志を選んだ場合と生気のさかんな年齢の人から決める場合とがある。祭官は郷校式と同じで，初献官，亜献官，終献官，執礼，大祝，謁者，賛者，奉香，奉廬，奉爵，奠爵，司樽，典司官である。祭官達は祭日の5日前，あるいは3日前に祭庁に集まり合宿斎戒して，村落の出入り口および祭壇，飲料水などに注連縄をはり，不浄な人の出入を禁じ，祭壇の掃除などをする。この間，死体を見てはならず，性行為を禁止し，豚肉・鰯の塩辛を食すことや飲酒を禁じる場合もある〔玄 2002:385-386〕。【祭物】祭日の前日に祭物の準備をする。祭物は2種類。1.儒教的祭物。これは郷校の釈奠祭の時にささげる祭物と同じ。飯以外は生で具えるところに特徴がある。祭物は注17参照。2.儒祭的祭物と巫祭的祭物の複合。儒祭的祭物以外の巫祭でよく使われる祭物を兼用する地域もあり，朝天面北村では，鮑，若布，シルトク・ピョン（巫祭式の餅）などを兼用し，各3つずつ準備するのも巫式である。以上は上壇祭の祭物で，下壇祭や都庁祭になると，豚の犠牲は鶏に替わり，本郷堂神祭になると鶏の犠牲もなく卵に代置される。特別な理由というより節約からである。〔玄 2002:386-387〕。【祭次（祭りの式次第）】については，1.本祭だけを行う地域，2.本祭と本郷神祭を行う地域，3.本祭と本郷神祭，農・牧畜祭を行う地域，4.上壇祭（本祭）と下壇祭を行う地域，5.上壇祭（本祭）と下壇祭と巫神祭を行う地域などに分けられる。1.祭次としては，献官以下各古式の祭服にて威儀を正して所定の位置に就き，執礼の読み上げる笏記（式次書）に従って，迎神，奠幣礼（神前に幣帛を献ずる礼），初献礼（初献官による初献礼），読祝，亜献礼（亜献官による亜献礼），終献礼（終献官による終献礼），飲福（初献官が神酒をいただく礼），撤饌，焚幣を行う。郷校の祭儀と同一である。2.本祭の後，本郷堂（巫俗の神域）へ行き簡単な祭儀を行う場合。涯月面下貴里では，「洞社之神」にて子時に祭を行ったあと，初献官と大祝，執事一名が祭物をもって本郷堂へ行き，陳設して，単献単爵型式で，田穀豊穣や家畜繁殖を祈る。また涯月面涯月里の場合，酺神と土地神に祭を行った後この2神へ犠牲としてささげた豚を茹で，その頭と他の祭物を海神堂（巫俗の神域）へ持ってゆき，海神堂でその日その祭物でシンバンにより堂クッが行われる。3.馬羅島の場合。1のような本祭のあと，本郷堂神，牧畜神・帝釈神（農神）の神がまつられた場所へ行き供物をささげ祈願する。4.上壇祭の神は酺神。下壇祭の神は土俗的神格。旧左面月汀里の場合，無祀鬼神，諸神など。表善面城邑里の場合「疾病之神，牧童之神，諸首任之神」など。祭官は上壇祭の大祝と村落の「下人」。祭官は，拝礼，焚香，献爵，読祝する。読祝21回は，民間仏教者（経ジェンイ）の読経方式に似ている。祭物を少しずつ土に埋める。5.上壇祭と下壇祭と巫神祭。朝天面北村里の場合，酺神へ行く前に，暗いうちに祭物を準備して，飯，餅（シルトク），卵，果実などの祭物を各3つずつ持って本郷堂へ行く。祭物を陳設して単献，単爵で簡単に祭儀を終えたら，祭官は酺祭堂をめざし，夜道をのぼる。1キロの狭い道，子時が近くなると，上壇（祭神は酺神之位）へ祭物を陳設。祭物は鮑，餅（シルトク）などの巫俗的祭物を兼用する。子時になると12祭官の笏記にしたがって正規の儒式祭儀を行う。次に下壇（祭神は怨魂の諸神之位）へ行き豚のかわりに鶏に代えてその他は上壇と同じ祭物を供える。1つの器に3つの酒杯の形

式は巫式。祭儀が終わると供物を土へ埋める。下壇祭が終わると犠牲の豚をゆでて飲福。村へ降りる頃には世もしらじらと明けているが、郷舎へ行き祭物を陳設し、鶏とメ、シルトクなどの祭物を「都庁之神」へささげる。過去にはここで巫式の都庁祭というクッを行った。ここでも、酺祭の祭官、上壇祭の終献官と大祝、執事が担当するが、下壇祭と同じ土俗的性格が見いだせる。これでこの村の酺祭は終了となる。以上の1〜5をまとめると、純儒式、儒式＋読経式、儒式＋巫式となる。【祭壇】酺祭壇は、巫神堂や巫俗の堂のように、年代が古くなく神聖性も希薄。巫神堂では石や木を動かしたり切ったりすると罰を受け、神が憑くと観念される。神の常住観念が巫神壇にはあるが、酺祭壇にはない〔玄 2002:393-395〕。

15）こうした巫俗と儒教の二重性が歴史的に形成されたものであり、その形成の背景には、朝鮮王朝の儒教化による巫俗の禁圧により、巫俗領域が大いに変容してゆく歴史が関わっていることは知られているが〔秋葉 1933；伊藤亜人 1986；小倉 2002〕、この歴史的な側面を地域の実態に即して明らかにした研究は少なく、そうした現状のなかで玄の済州島の研究が注目されるのである。なお巫俗と儒教の関係を簡単に整理しておけば、朝鮮王朝の儒教化以前において、朝鮮半島の巫俗は、張籌根〔張 1974〕、柳東植〔柳 1975〕、李能和〔李能和 1991〕が明らかにしているように、古代より、国家にとって極めて重要な存在であった。新羅の二代王の名、南解次次雄は、巫の称号であるといわれ（『三国史記』）、新羅の金冠は「シベリア系シャーマンの冠を祖型にした巫王冠」とされており〔張 1974:113・117〕、高麗時代までは、巫俗と仏教と習合した八関会を巫者が大規模に行うなど、国家宗教的な特質をもっていた。むろん高麗時代には科挙制度が導入され、儒教の影響が強まるが、まだこの時代には、祈雨のため巫者を召集して儀礼を行わせる「聚巫禱雨」の記録が頻繁に見えており、その規模も、巫者250人、300人に及ぶ大規模なものだったのであり、巫者たちの活動は活発だった。また、彼らは国家の官署（東西大悲院や星宿庁）に所属しており、医巫の側面をもつ存在でもあったこともわかる。このような巫俗への抑圧は、次代の朝鮮王朝に入り本格化し、巫俗は高麗時代に国家仏教の位置にあった仏教とともに社会の中で次第に卑賤視されるようになるといわれている。国家的祭儀も廃止されてゆくが、巫者の所属は高麗時代の東西大悲院を引き次いだ東西活人院、東西活人署の官署であり、巫女の祈雨は相変わらず記録されており、巫俗はなお根強く朝鮮半島社会に生き続けてゆくことになるのである〔網野 2007:85-87〕。済州島でも、巫俗と儒教は同様な歴史をたどる。玄は、こうした背景のもとで、村落儀礼がどのような変容をとげてゆくのかを、儒教と巫俗の2つの領域から探っている。

16）崔来沃の論文「豚文化解釈論試考――その生態と文献を中心に」は、太古より人間と共生してきた豚をめぐり、その生態を含めて、人間との関わりにより生み出された「豚文化」そのものに光をあてた貴重な研究である。それを筆者なりに要約すると以下のようになる。豚は朝鮮半島において「家用」「食用」として長い歴史をもち、かつ全土に分布した「生口」である。生口とは、「その家で食口として扱われる家畜をいう」。食口

とは，韓国語で，血縁でなくても同じ家に住み寝食を共にしているメンバーを家族とし
てとらえる語であり，豚も家族の一員なのである。長い歴史の中で，人間は猪を飼い豚
にし，「豚についての人間の認識とそれを表出する行動」すなわち「豚文化」を発達さ
せてきた。豚文化にどのような意味がこめられ，作動し，今も作動しているのかを分析
する豚文化解釈学をめざしたい。まず豚の固有語としては，돝，도야지，되지，漢字語
としては，猪，豕，亥，豲等がある。ユンノリの5つの得点は5つの家畜を表している
といい，最初の1点は도であり돝から来ており，개は犬，걸は羊という説があり，윷は
牛，마は馬だという。犬の子は動物の子の意味の아지を加え，가어지が강아지になるが，
豚の子は돝아지→도아지→도야지→돼지で，돼지は本来豚の子の意味で，돝が母豚，成
豚の意味であったが，돝を使わなくなった関係で，돼지の語で母豚，成豚も，子豚も両
用するようになった。標準語は돼지，だが，地方では도야지，되아지，되지などさまざ
まな発音がなされている。豚の種類としては，野生豚（멧돼지）と，家畜豚（집돼지）
に区分できる。野生豚は豚の口先が長く，口先に骨があって攻撃者の急所を瞬間的につ
く。長い口先はまるで鋤のように強く，穀物の畑を貫き掘り返し穀物をだめにする。飼
い豚は在来種が1960年までに伝わったが，口先が長く毛が多くおとなしく動作が素早
い。体質は強く，疾病によく耐える。昔は子供にわざと賤しい名前をつけて無病長寿で
健康を願う時，よく「豚」とつけた。福をたくさん受け，富者として生きろという意味で，
この豚はもちろん在来種の豚を前提としている。ことわざや日常対話にでる豚も在来種
だ。豚には口先が長く太っていない単一種（홀돼지）と，交合豚（겹돼지）に分かれる。
豚文化の実態を把握する時の主体は，最近どこでも見ることのできる西洋からきた外来
種ではなく，口先が長く，体が細くやせて見える在来種である。在来の土着種が消滅す
れば，豚を飼う方法，利用する方法などの文化も消えてしまうことに注意しなければな
らない〔최（崔）1995:87-91〕。

　また豚の生態に関する現状については，40余年間養豚家として生きた著者の父への
聞き取りをふまえ以下のような諸点を紹介している。すなわち，豚は暑さに弱いこと（汗
腺がなく，汗を流すことができない），よく豚は汚いとか豚小屋は汚いというが間違い
であること（排泄場を定めると必ずそこで排泄をする），何でもよく食べること（牛は
選り分けて食べるが豚はしない），豚と相克するのは蛇と小エビの塩辛，子をはらんだ
豚は屠らない慣習があること，豚の妊娠期間は115日か116日，豚の乳は左右に各5
つ計10或いは各6計12で，子供の数は7，8匹が普通だが，乳よりも多い14匹産む
と死ぬ場合が多いこと，豚は多産の象徴になること，出産後，豚小屋に〆縄を張るのは，
喪主や妊婦などの外部人の出入を禁じ外部人の病菌から虚弱で抵抗力が落ちる出産豚や
子豚を守る意味や隣人への出産の知らせの意味があること，豚を呼ぶ時や追う時の語は
地方ごとに異なり全羅北道南原辺りではトルトルトル，嶺南南部ではドレドレドレ，忠
清道ではオレオレオレ，京畿道ではクルクルクルであり，牛や豚に関する方言研究は今
後の課題として重要であること，出産を経た牝豚は牡豚の所在を人間以上に上手に，時
には洪水の川を泳いでまで正確に探し当てるなど豚は決して愚鈍な獣ではないこと，豚

足は栄養価が高く，産母の乳を出しやすくする食品として認識されたことなどが，豚の生態として指摘されている。以上，豚の生態をみつめると，数千年数万年を人間と一つの家で同居した面で「人間とほとんど同じだ」といえ，仮に肉食用に使うといえども生きている間は生口といい一つの家族として対し，情をよせ，相互交感したのである，とまとめている〔최(崔)1995:91-98〕。その他，豚をめぐる文献について，『三国志』，3.で注目した『三国史記』の高句麗の史料，『三国遺事』の史料を紹介している〔최(崔)1995:98-114〕。

17) 釈奠の禮饌は，成均館の五聖位の場合，以下の通りである。籩(祭器の一)に盛る12種：①榛子（榛の実）②菱仁（菱）③芡仁（鬼蓮の実）④鹿脯（鹿の乾し肉，牛肉で代用）⑤栗黄（色艶の良い生の栗）⑥乾棗（乾したナツメ）⑦魚鱐（干し魚）⑧形鹽（乾燥した塩）⑨白餅（白粉〔米粉〕で作った餅）⑩黒餅（蕎麦粉で作った餅）⑪糗餌（乾燥した粳米の粉をどぶろくを入れた水でこねた後，一晩おいて熟した餅）⑫粉餈（米で搗いた餅にアズキ餡を入れた餅）。豆（木製のふた付き祭器）に盛る12種：①芹菹（生の芹）②兎醢（兎の肉を乾かした後，薄く切って麹と塩水を混ぜそれに浸して甕に入れて100日発酵させて作る）③筍菹（生の筍）④魚醢（魚の塩辛）⑤韭菹（生のニラ）⑥醓醢（牛肉を醤油で煮て作る，豚肉で代用）⑦菁菹（生の大根）⑧鹿醢（鹿の肉で⑥と同様に作る）⑨脾析（牛の葉胃，センマイ）⑩豚拍（豚のあばら骨）⑪酏食（米の粉を水で捏ねて細かく切り丸めて粉をまぶす）⑫糝食（牛・羊・豚の肉三種を同じように切って米の粉であえて餅のように作り油で焼いたもの）。簠（祭器の一）に盛る2種：①稲（米で代用）②梁（粟）。簋（祭器の一）に盛る2種：①黍②稷（高黍）。俎（牲をのせる祭器）に盛る犠牲3種：①牛腥（牛の生肉）②羊腥（羊の7部位＝両肩，両あばら骨，両後ろ足の尻，脊椎）③豕腥（豚の7部位＝両肩，両あばら骨，両後ろ足の尻，脊椎）。鐙（高坏，祭器の一種）に盛るもの：大羹（味をつけずに肉を煮たもの）。鉶（鼎の一種，羹を盛る両耳三足の祭器）に盛るもの：和羹（五味を混ぜて肉を煮たもの）。酒：①醴齊②盎齊③清酒。親享（王自ら祭祀を行う）の時にだけ使う火を通した肉：①牛熟腸胃肺（牛の内臓を煮たもの）②羊熟腸胃肺（羊の内臓を煮たもの）③豕熟膚（豕の皮を煮たもの）。幣帛（白い苧麻）〔權2004:269-277〕。

18) 原田信男は次のように，日本列島と朝鮮半島の動物食の問題を論じている。要約すれば以下のようである。日本列島の場合，縄文時代において肉は最も重要な食料の一部を構成しており，弥生時代も稲作を中心とした農業社会とはいえ，漁労や狩猟も重要で，肉食の禁忌は存在しておらず，米と肉とは互いに補完し合う食物であった〔原田1993:40-43〕。その後，古代国家の成立過程の初期に，最も主要な食糧として米を選択したが，肉に対する特別な禁忌は働いておらず，天皇も肉食を平然と行っており，狩猟がさかんで狩猟と農耕はごく自然な補完的関係にあった。天武天皇4年の肉食禁止令の「真の目的は，稲作を中心とする農耕の推進にあった」という〔原田1993:37-76〕。しかし，「天武・持統朝という律令国家の体制的確立期には，肉を否定して米を重視するという政策を選択し，水田への志向を顕著に示し」「米を国家的な食料として選択し

た」。そして農耕との関係から殺生禁断と放生を通じて狩猟・漁労を禁じようとし，狩猟・漁労による動物食は国家的な理念のレベルで，食膳からの後退を余儀なくされた。これと並行して歴史書や地理書を編纂して（『日本書紀』『古事記』『風土記』など），神話の体系化を試み，大嘗祭などの祭祀の整備や仏教の体制化を通じて，観念的・宗教的な支配秩序の創出にも力を注いだ〔原田 1993:76-88〕。以上のような古代律令国家の国家的理念や政策は，確実に実を結び「肉食の否定は，社会の上層から下層へと，祭祀や服喪という非日常の場から日常の場へと，中世を通じて徐々に進行し，特に室町・戦国期にはかなりの社会的浸透をみた」。こうした社会的な肉食の否定に宗教的な背景を与えたのが，仏教と神道であり，「仏教における殺生禁断の罪の意識と，神道における触穢思想の展開による穢れの観念とに主導され」，「殺生の罪と肉食の穢れが，一つの価値観として定着し」てゆく。その中で，狩猟は衰退し，狩猟の代わりに漁業が発展を遂げるようになる〔原田 1993:91-129〕。さらに，肉食の穢れとともに死穢，産穢などの穢れ観念が社会的に浸透する状況のなかで，差別意識の展開が進み，「農業に有益な牛馬の処理に関わり，耕作に従事せずに牛馬の肉を食する穢多が，農耕を基本とする中世社会において，最も厳しい賤視を受けるようになった」〔原田 1993:173-192〕。ただし以上の記述は日本列島の北と南，北海道と沖縄には該当せず，「両地域には，肉食をタブーとする思想がまったくと言ってよいほど根付か」ず，両地域は，それ以外の地の「米の世界」に対して「肉の世界」だといえる〔原田 1993:215-239〕。朝鮮半島の肉食や差別についても，原田は李盛雨，林鐘国，今村鞆を参照しながら，重要な指摘を行っている。原田は，「日本と朝鮮では，中国に範を求めて良賤制を伴った律令国家を成立させ，しかも農耕が本格化してから余り時間のたたない初期の段階で，大乗系の仏教を取り入れて農耕のために殺生禁断を発布した」という点で共通しているという。もともと朝鮮半島では肉食を行っていたが，高句麗に仏教が入り，百済では日本と同じように殺生禁断令も出され，高麗時代には農耕との関連から，特に牛の食用が禁じられたという。しかし一方で，日本との違いに関し，高麗時代においても，狗肉は庶民の間で食用とされたらしく，さらに高麗末期に蒙古の支配を受けると牛肉食が復活し，朝鮮王朝の崇儒廃仏政策によって肉食が定着したことを指摘する。屠殺を業とする白丁への朝鮮王朝の賤視の問題についても，「朝鮮においても，初期には農耕と仏教との組合せが重要な意味を有し，高度に発達した国家は，早くから賤民制度を確立させていた。しかし日本におけるような米への収斂と肉の禁忌が成立せず，肉食が広く一般的でことさら米に執着しなかったため，死穢と殺生のみを差別の基本的枠組みとしたものと思われる」とし「牛以外の動物については一般の庶民が屠殺に携わることもあり，朝鮮では肉食が差別の原理とはならなかったことは明らかである」と述べている〔原田 1993:239-251〕。動物供犠については，日本では古代のある時期まで行われていたが，肉食禁忌・殺生禁忌・穢観念の肥大化とともに後退していく。また，周知のように朝鮮では宦官は内侍といい発達するが，日本では宦官が存在せず，郊祀も8・9世紀の桓武・文徳天皇の時代に行われたが定着しなかった〔奥村 1987:145-146〕ことなども，両地域の肉食や動物供犠

第1章　豚と天神　　47

のあり方と関わる問題であろう。これらの点の検討も今後に残す課題である。

19) 田中が，津田以外にはこの記録をまともに取り上げた者がなかったとしたのはおそらく日本の先行研究についてであり，今後は韓国の研究を含めて先行研究を検討する作業が必要である。

20) 林陸朗は，東盟を「中国風のいわゆる郊祀祭天の儀礼とはかなり異質のものであった」としている〔林1974:46〕。

21) 琴は，朝鮮半島の儒教化を重視するため，朝鮮王朝から現代までの宗教の歴史的概観をする際，巫俗に関する史料は一切含めないという極端な記述を行っており，朝鮮半島の土着的天神信仰についても，三国時代（4〜7世紀，新羅・高句麗・百済の三国の鼎立した時代）には儒教化されてゆくととらえ，儒教の社会的影響力を大きくとらえる立場をとる〔琴1994:93-115・22-69〕。これに対して柳東植は，天神信仰への巫俗的な影響を強く見ている。琴との考え方の違いが現れるのは，祈雨儀礼の取り上げ方においてで，琴は高麗時代には天神儀礼はほぼ儒教化されていると考えるため，巫覡（巫女の場合が多い）による祈雨儀礼の記録に関しても天神信仰とは無関係だとするのに対し，巫俗を重視する柳は，高麗，朝鮮時代の巫覡の活動の祈雨儀礼を天神信仰と関連させて丁寧に記述しており〔柳1975:126-128・177-179〕，琴と対照的である。巫覡を集団で召集して行ったという祈雨儀礼に関しては，高麗時代から朝鮮時代前半にかけて少なからず記録がみられるものの（高麗時代には300余件〔琴1994:16〕），一体どのような儀礼が行われていたのか，儀礼の方法や，祈雨を祈る対象の神についてなどの詳細は不明だが，後の祈雨儀礼から類推して，祈雨の対象神は天神や水神，竜神であろうことから，この国家的に挙行される巫女による祈雨儀礼を天神信仰と全く無関係と考えることは難しく，琴のように，こうした史料を除外して天神信仰が完全に儒教化されていたととらえる点は再検討の余地があるだろう。その他動物供犠と巫覡の関係を深く見る任〔2001:143-144〕の研究にも示唆を与えられた。天神信仰の変遷を，儒教・仏教・道教の外来思想と在来の信仰との両面から探る研究もある〔平木1986〕。

22) 調査地A村（A里）は，韓国済州島北東部旧左邑の海岸部に位置する村落。1146世帯，人口3295人（2003年現在）。現地調査資料は1998年から現在まで継続している現地調査にもとづいている。

23) その他が仏教寺院のみに通う者，キリスト教信者である。しかし，仏教信者と巫俗信仰者は重なることがあり，巫俗信仰者の中には仏教信者もいる。A村のシンバンは4名，択日師（チョンシ）は2名である。仏教寺院は2カ所，教会は2カ所ある。

24) 神田によれば，済州島城山面新陽里では酺祭を天祭とも呼び，「この酺祭では，村の守護のためにいつも天にいるとされる『局神之霊位』という神に，村に悪いことがないように，平安が来るように，商売繁盛，旅の安全などすべてのことを祈る」といい〔神田1994:222-223〕，民衆にとって今も身近な天神が酺祭の祭神であることがわかる。『韓国民族文化大百科事典』の酺祭の別名にも「天祭」とあり〔秦1991:563〕，北済州郡下道里でも，1966年の調査資料には酺祭は天祭，酺祭壇は天祭壇と呼んでおり，1999年

調査段階で酺祭と酺祭壇の名称に代わったという〔み(姜)1999:154〕。

25) 秘儀性については3.の(3)で簡単に言及。儒教儀礼に規定された斎戒と,儒教の規範に由来しない民間の社会的規範としての物忌み(ケガレ忌避),いわば儒教的ケガレと社会的ケガレについては稿を改め論じたいが,後者については拙稿〔2007〕で論じた。前者については,例えば釈奠においては,祭官は必ず散斎を2日,致斎を1日の斎戒を行うが,散斎とは外的な慎みを意味し,1.沐浴し着替えした後祭庁で寝る,2.酒や大蒜を避ける,3.病気見舞いや弔問をしない,4.音楽を聴かない,5.刑罰に関連した事を管掌しない,6.粗暴なことをしない。致斎はおもに内的な面で心を統一させ祭祀をささげる神のことだけを考え謹慎し祭礼の執行にあたることをいう〔權2004:89-90〕。また筆者は儒教的ケガレと社会的ケガレは結びついて形成されると考えている。例えば日本の『延喜式』の穢規定は,唐の祀令を模した神祇令の「斎」の規定を元にしながら,独自な社会的規範(肉食と失火のケガレ)とも結びついて生まれた規定だという〔原田1993:99-103;三橋1989:40-47〕。

26) 注25参照。豚と供犠・ケガレの問題については,日本文化人類学会第40回研究大会(2006年6月)にて「豚と貨幣——韓国済州島のケガレをめぐって」と題して行った発表をもとに別稿を準備している。

【参照文献】

赤堀雅幸　2005「聖者信仰研究の最前線——人類学を中心に」『イスラーム地域研究叢書7　イスラームの神秘主義と聖者信仰』赤堀雅幸・東長靖・堀川徹編,東京大学出版会,24-34頁。

赤松智城・秋葉隆　1937・1938『朝鮮巫俗の研究』上・下,大阪屋號書店。

秋葉　隆　1933「村祭の二重組織」『朝鮮民俗』2,朝鮮民俗学会,京城,5-10頁。

———　1954『朝鮮民俗誌』六三書院。

網野房子　1997a「韓国一巫女の神観念——天然痘の神ソンニムをめぐって」『人文学報』280,東京都立大学人文学部,43-66頁。

———　1997b「韓国一巫女の宗教的世界——全羅南道珍島の調査から」『民族学研究』62-3,273-293頁。

———　1998a「韓国一巫女の生命観をめぐる覚え書き——全羅南道珍島調査ノートから」『人文学報』290,東京都立大学人文学部,137-153頁。

———　1998b「檀那場とタンゴルムーダン」『社会と象徴——人類学的アプローチ(村武精一教授古稀記念論文集)』大胡欽一ほか編,岩田書院,41-55頁。

———　1999a「済州島の宗教的職能者シンバンをめぐる覚書」『現文研』75,2-12頁,専修大学現代文化研究会。

———　1999b「『異者』としてのタンゴル」『東アジアにおける文化の多中心性』三尾裕子・本田洋編,東京外国語大学アジア・アフリカ言語文化研究所(2001年風響社より再刊),177-192頁。

―――― 2003a「『もの』に宿る神――済州島の巫具をめぐって」『「もの」から見た朝鮮民俗文化』朝倉敏夫編，新幹社，91-110頁。

―――― 2003b「巫女と死霊・あの世の使者・クィヤン――韓国済州島の死霊儀礼の調査から」『東北学』9，赤坂憲雄編，東北芸術工科大学東北文化研究センター，197-208頁。

―――― 2005a「生駒の朝鮮寺ノート」『現文研』81，専修大学現代文化研究会，107-118頁。

―――― 2005b「『宗教的交易』としての巫女と地域社会間関係――韓国の事例から」『専修大学人文科学研究所月報』220，専修大学人文科学研究所，5-22頁。

―――― 2006「日韓民衆宗教の比較に向けた予備的ノート――桜井徳太郎の民間巫者研究をめぐって」『現文研』82，専修大学現代文化研究会，93-105頁。

―――― 2007「巫女とケガレ――韓国済州島と珍島の調査から」『辺縁のアジア――〈ケガレ〉が問いかけるもの』阿部年晴・綾部真雄・新屋重彦編，明石書店，82-134頁。

李　承烈　1991「포제단 (酺祭檀)」『한국민족문화대백과사전 (韓國民族文化大百科事典)』23，한국정신문화연구원 (韓國精神文化研究院)，564頁。

伊藤亜人　1986「正統性と土着性――朝鮮民族文化と現代韓国におけるシンクレティズムの様相」『文化人類学』3，アカデミア出版会，131-147頁。

伊藤幹治　1995『贈与交換の人類学』筑摩書房。

李杜鉉・張籌根・李光奎　1977『韓国民俗学概説』崔吉城訳，学生社。

井上秀雄　1978『古代朝鮮史序説――王者と宗教』寧楽社。

井上秀雄他訳注　1974『東アジア民族史1――正史東夷伝』平凡社。

井上秀雄訳注　1983『三国史記2』平凡社。

李　能和　1991 (1927)『朝鮮巫俗考』李在崑訳，東文選書店，韓国。

任　章赫　2001『祈雨祭――雨乞い儀礼の韓日比較民俗学的研究』岩田書院。

岡田浩樹　1999「沈黙する多数派――韓国仏教の「過去」に関する試論」『東アジアにおける文化の多中心性』三尾裕子・本田洋編，東京外国語大学アジア・アフリカ言語文化研究所 (2001年風響社より再刊)，45-83頁。

―――― 2001『両班――変容する韓国社会の文化人類学的研究』風響社。

奥村周司　1987「高麗の圓丘祀天礼について」『早稲田実業学校研究紀要』21，145-159頁。

小倉紀蔵　2002「文化の二重構造」『韓国学のすべて』古田博司・小倉紀蔵編，新書館，220-223頁。

加地伸行　1990『儒教とは何か』中央公論社。

金子修一　1976「唐代の大祀・中祀・小祀について」『高知大学学術研究報告』25，人文科学2，13-19頁。

강　정식 (姜晶植)　1999「〈現地調査〉하도마을 (ハドマウル)――信仰民俗」『濟州學』4，제주학연구소 (濟州學研究所)，153-169頁。

神田より子　1994「済州島の巫俗儀礼と儒教式儀礼――三多の島の男と女」『東アジアの

シャーマニズムと民俗』宮家準・鈴木正崇編，勁草書房，197-231頁。

金 宅圭 1985『韓國農耕歲時의 研究（韓国農耕歳時の研究）──農耕儀禮의 文化人類學的研究（農耕儀礼の文化人類学的研究）』嶺南大學校出版部，韓国。

──── 1993「礼俗と民俗の変容に関わる一試論──東海岸一農漁村における民俗祭儀の班礼化現象」『比較民俗學』10，77-119頁，比較民俗學会，韓国。

權 五興 2004『儒教와 釋奠（儒教と釈奠）』成均館，韓国。

琴 章泰 1994『儒教思想과 宗教文化（儒教思想と宗教文化）』ソウル大學校出版部，韓国。

桑野栄治 1993「李朝初期における国家祭祀──『国朝五礼儀』吉礼の特性」『史淵』130，九州大学文学部，121-149頁。

──── 1996「高麗から李朝初期における円丘壇祭祀の受容と変容──祈雨祭としての機能を中心に」『朝鮮学報』161，1-50頁。

──── 2003「朝鮮時代の国家祭祀と儒教──王権の創造と演出」『アジア遊学』50，勉誠出版，36-48頁。

高 光敏 2004「豚舎・便所・堆肥」『季刊東北学』1，東北芸術工科大学東北文化研究センター，150-163頁。

濟州大學校博物館編 1996『南濟州郡의 文化遺跡（南済州郡の文化遺跡）』南濟州郡，韓国。

──────── 1998『北濟州郡의 文化遺跡（北済州郡の文化遺跡）Ⅱ』北濟州郡，韓国。

佐々木宏幹 1980『シャーマニズム』中央公論社。

重松真由美 1980「賽神にみられる女性の社会関係──韓国京畿道楊州郡における巫俗の一考察」『民族学研究』45-2，93-110頁。

孫 晉泰 1948『조선 민족 문화의 연구 : 조선 급 중국의 민속 연구 논집（朝鮮 民族文化의 研究──朝鮮 及 中國의 民俗 研究 論集）』乙酉文化社，韓国。

田中通彦 1982「高句麗の信仰と祭祀──特に東北アジアの豚聖獣視をめぐって」『酒井忠夫先生古稀記念論集──歴史における民衆と文化』国書刊行会，727-755頁。

崔 吉城 1980『朝鮮の祭りと巫俗』第一書房。

──── 1982「部落祭」『韓國民俗大観 第3巻〈民間信仰・宗教〉』高麗大學校民族文化研究所出版部，130-204頁，韓国。

──── 1984『韓国のシャーマニズム』弘文堂。

──── 1992『韓国の祖先崇拝』重松真由美訳，お茶の水書房。

최 래옥（崔来沃）1995「돼지 文化 解釈論 試考──그 生態와 文献을 중심으로（豚文化解釈論試考──その生態と文献を中心に）」『比較民俗學』12，比較民俗學会，87-116頁，韓国。

車 柱環 1990『朝鮮の道教』三浦國雄・野崎充彦訳，人文書院。

張 籌根 1974『韓国の民間信仰論考篇』金花舍。

秦 聖麒　1991「포제（酺祭）」『한국민족문화대백화사전（韓國民族文化大百科事典）』23，한국정신문화연구원（韓國精神文化研究院），563-564頁，韓国。

津田左右吉　1964（1923）「三国史記高句麗本紀の批判」『津田左右吉全集』12，392-466頁。

林　陸朗　1974「朝鮮の郊祀円丘」『古代文化』26-1，43-51頁。

原尻英樹　2006「済州島（韓国）と壱岐島（日本）との宗教観念の比較――海域におけるコミュニケーション可能な文化」『アジア遊学』92，勉誠出版，148-159頁。

原田信男　1993『歴史のなかの米と肉――食物と天皇・差別』平凡社。

玄　容駿　1985『済州島巫俗の研究』第一書房。

―――　2002〔1971〕「濟州島의 儒式部落祭（済州島の儒式部落祭）」『濟州島 巫俗과 그 周邊（済州島巫俗とその周辺）』集文堂，379-407頁。

平木　實　1986「韓国における天神（祭天）信仰について――親神・神の翻訳語と関連して」『天理大学学報』151，39-65頁。

黄　縷詩　2002「巫俗의 天神儀礼에 관한 研究（巫俗の天神儀礼に関する研究）」『比較民俗學』22，比較民俗學会，37-62頁，韓国。

政岡伸洋　1999「韓国済州島のマウル祭祀――南済州郡城山邑水山２里の事例から」『佛教大学総合研究所紀要』6，31-51頁。

三尾裕子　2004「祈る」『宗教人類学入門』関一敏・大塚和夫編，弘文堂，136-148頁。

溝口雄三・丸山松幸・池田知久編　2001『中国思想文化事典』東京大学出版会。

三橋　正　1989「『延喜式』穢規定と穢意識」『延喜式研究』2，延喜式研究会，40-75頁。

村山智順　1972a（1937）『部落祭』朝鮮総督府編，国書刊行会。

―――　1972b（1938）『釋奠・祈雨・安宅』朝鮮総督府編，国書刊行会。

諸橋轍次　1957『大漢和辞典』大修館書店。

柳　東植　1975『韓國巫教의 歴史와 構造（韓国巫教の歴史と構造）』延世大學校出版部，韓国。

依田千百子　1985『朝鮮民俗文化の研究』瑠璃書房。

第2章

「両班化」の諸相と儒教

──イデオロギーの社会的上昇機能と限界──

仲川　裕里

1. はじめに

　朝鮮・韓国社会[1]を理解するための重要な概念として「両班」と「儒教」
の2つがあげられる。「両班」は極めて多義的な語であるが，一般的には朝
鮮（李朝）時代に支配階層であった人々を指す言葉として理解されており，
現代の韓国社会においても，その人々の末裔を指す言葉として使われてい
る。

　朝鮮王朝は儒教（より正確には朱子学）を国家統治の基本理念としてい
たため，当然のことながら支配層の「両班」は儒教の中心的な担い手であっ
た。したがって，「両班」と「儒教」は密接に結びついており，この2つを
切り離して朝鮮・韓国社会を説明することはできない。「両班」が論じられ
るときには，「両班」の拠りどころとなるイデオロギーとしての「儒教」に
触れないわけにはいかないし，また，朝鮮・韓国における儒教の社会的側面
を考える場合に，儒教の中心的担い手である「両班」の存在を無視すること
はできない。

　「両班」と「儒教」という相互に関連しあった概念が，伝統的朝鮮社会だ
けでなく現代韓国社会の理解においても必要不可欠な概念であるということ
は，歴史学のみならず人類学においても「両班」や「儒教」を対象とする研
究が行なわれていることから明らかである。しかしその一方で，この2つ

の概念が韓国・朝鮮社会の理解を妨げている側面があることも否定できない。

「両班」は前述のように多義的な語で，高麗・朝鮮時代の官僚を指すごく限定された用法から，現代の日常生活の中で一般人に対して使われる敬称，さらに揶揄・哀れみ・罵りの気持ちをこめた呼称に至る，幅広い意味・用法をもつ。「両班」という語のさまざまな意味・用法のなかで，最も代表的なものとされる「朝鮮時代の支配階層」という意味での「両班」も，一義的に概念化することは困難である。500年間もの長きにわたって続いた朝鮮時代のなかで，支配階層を指す「両班」という言葉も，社会の変動とともにその意味を変えていったからである。さらに近年の歴史学では「両班」という語を用いることに対して疑問が投げかけられ〔吉田 2002a〕，少なくとも近世（朝鮮後期）史研究においては「両班」という語は用いないのが趨勢となりつつある〔ibid.:23〕。一方，フィールドワークを主たる研究方法とする人類学では，インフォーマントが通常使用する「両班」という語を用いて「両班」論を展開してきている。

儒教もさまざまな局面をもつ「総合システム」〔古田 2003:26〕で，人によってそのイメージや概念は異なっている〔加地 1990:46〕。なおかつ儒教は，その時々の社会において，読みかえられ，変容を遂げてきている。したがって「儒教規範」や「儒教的価値観」がどういったことを指すのかについても，さまざまな解釈が可能である。同様に「儒教社会」という概念についても明確な定義があるわけではない。儒教のどのような要素が，どの階層にどの程度まで浸透していれば「儒教社会」といえるのかということを示す基準は存在しない[2]。

このように，ともに一義的に理解することが困難な2つの概念は，互いに組み合わさることによって，いっそう朝鮮・韓国社会の理解を難しいものとしている。にもかかわらず，現実のディスコースにおいては，「両班」も「儒教」も，そのステレオタイプ的な側面のみが強調され，朝鮮・韓国社会は何かにつけてそうした画一的なイメージで捉えられ，説明されがちであ

る。

　朝鮮・韓国社会に見られる社会上昇志向ないし社会上昇現象を概念化した
「両班化（ヤンバナイゼーション）」(yangbanization) という概念と，「両
班化」における儒教の役割を考える際にも同じようなことがいえる。「両班
化」という概念はもともと人類学者が提示し，主として現代韓国社会の分
析に用いている概念であるが〔全京秀 1984, Lee Kwang-kyu 1986, 末成
1987, Asakura 1998, Watson 1998, Lett 1998:212-215, 岡田 2001〕，
歴史学者がある特定の歴史上の事象について「両班化」という表現を使用
する場合もある〔李泰鎮 2000a [1993]:185・191, 宮嶋 1995:34, 吉田
1998:232〕[3]。人類学に限定した場合でも，本来区別されるべきいくつかの
異なった現象に対して同じ「両班化」という語が使われている。これは，本
田が論文の中で従来の「両班」論に言及した際に，逐一「誰それの用いる意
味での両班化」という説明を付けていたことからも見てとれる〔2004:61〕。
「両班」という概念自体がもともと多義的であるうえに，「～化」という接尾
辞には異なった意味が含まれているため，この２つを組み合わせた「両班
化」という語もいろいろな解釈を許す多義的なものとなっていることから生
じる問題だろう。「両班化」と呼ばれる現象のなかにもさまざまなものがあ
り，それぞれにおける儒教の役割は異なっているため，「両班化」と儒教の
関係を見るにあたっては別個に検討する必要がある。

　本稿では「両班化」という語で表されている複数の現象を整理し，それぞ
れの現象における儒教の役割の再検討を試み，さらに社会的上昇とイデオロ
ギーの関係について検討を行なうことを目的としている。

2. 「両班」とは何か

　「両班化」の問題を論ずる前に，まず，「両班」とは何かということを
明らかにする必要があるが，「両班」という概念を定義することの難しさ
は，既に多くの研究者の指摘するところである〔宋俊浩 1987a:37, 宮嶋

1995:17，岡田 2001:30，秀村 2003:133 など〕。この節では，「両班」とい
う語がもつ多様な意味を検討し，さらに，社会階層としての「両班」が，歴
史学と人類学で，それぞれどのように定義されているかを見ていく。

（1）「両班」の多義性

「両班」を定義するにあたっては，まず，辞書が手がかりとされることが
多い〔末成 1987:46，宮嶋 1995:18，尹学準 2000:10，岡田 2001:30 な
ど〕。そこで『民衆엣센스（エッセンス）韓日辞典』〔安田・孫共編 1992〕，
『国語大辞典』〔李熙昇編 1987〕，『朝鮮語辞典』〔朝鮮民主主義人民共和国
科学院編 1964〔1962〕〕にある「両班」の語義を照らし合わせて整理する
と次のようにまとめることができる。

① 朝鮮時代の支配身分層，もしくはその階層に属する人
② 儒教的官僚制度における東班（文班）と西班（武班）
③ 品位があって，礼儀正しく，善良な人
④ 第三者に対して自分の夫を指して言う語
⑤ 男性に対する尊称
⑥ そこつ者

これらの語義のうち，①と②は歴史用語であるのに対して[4]，③～⑥は普
通名詞として使われている。
　普通名詞としての用法を先に見ていくと，まず③は「あの人はほんとうに
両班だ（＝品があって，礼儀正しい）ねえ」というような使われ方をする。
既婚女性が第三者に「うちの両班」と言えば④の用法に，第三者が既婚女性
に「パッカッ（外）両班はいらっしゃいますか」と言えば「ご主人様はい
らっしゃいますか」という意味であり，⑤の用法となる。また，何かあわて
て失敗をした人に「やれやれ，この両班ときたら」と言えば，⑥の意味にな
る。こうした普通名詞としての用法は日常広く使われている[5]。

①と②はともに歴史用語であるが，②の語義の方が古く，「両班」という言葉の語源といえるものである。②の意味で使われる「両班」の班とは班列，すなわち列のことで，東班と西班は東の列と西の列ということになる。高麗時代前期に採用された儒教的官僚制度では，その構成員である官僚は文官と武官に二分されており，朝廷で儀式などが行なわれる際，参内を許されている官僚のうち，文官は東側に，武官は西側に並んだ。この東（文班）と西（武班）の2つの班の総称が「両班」である。したがって「両班」とはもとは科挙に合格し宮中に参内を許された文・武の現職官僚を指す用語であった〔宮嶋 1995:18-19〕。朝鮮王朝になってもこの儒教的官僚制度は継承され，官僚を指す語としての「両班」も存続したが，「両班」という語は官僚だけでなく，官僚を輩出する支配階層を指す語としても使われるようになってくる。この点については後で詳しく見ていくことにする。

　さらに，辞書的な語義の中には出てこないが，「両班」は現代の韓国社会においても，朝鮮時代に士族または両班といわれる階層に属していた人々の末裔，または，現在の韓国社会で彼らが構成員となっている社会階層を指す語としても実際に使用されているし，漠然と社会の上層という意味で使われることもある。

　このように非常に多義的な「両班」の語義のうち，本稿で重要になってくるのは，朝鮮時代の支配階層としての「両班」と近現代の韓国社会における社会階層としての「両班」である。したがって，まず，この2つの概念を定義する必要があるのだが，既に述べたように，それぞれの概念ないし範囲を明確に規定することは難しい。さらに，近年，歴史学からはこの2つの概念の連続性について疑問が付されているため〔吉田 2002a〕，それはかなり錯綜した困難な作業となるが，次項では，朝鮮時代の支配階層の変遷とその支配階層を指す名称について検討していく。

(2) 朝鮮時代の「両班」

朝鮮時代の「両班」を検討するにあたって，朝鮮時代の支配階層を指す語

は「両班」以外にも多数あり，そのなかで「両班」が当時最も普遍的に使われていたわけではない〔金炫栄 1999:38-39〕ということに留意する必要がある。したがって，朝鮮時代の支配階層を指す他の語と「両班」という語の関係について調べるとともに，なぜ，現在，朝鮮時代の支配階層を指す語として「両班」が最も一般的な語として広まっているのかを検討しなくてはならない。

　また，朝鮮時代と一口に言っても，それは 500 年以上にわたる長い時代であり，その間に，社会もその社会を構成する階層も特定の階層を指す用語も，さまざまな変化を遂げていったということを常に意識しなくてはならない。同じ呼称や用語が使われていても，その呼称で呼ばれているものや，その用語のもつ意味が，朝鮮時代 500 年間を通して，まったく同じというわけではないからである。ここにも朝鮮時代の支配階層としての「両班」を定義する難しさがある。

　まず，朝鮮時代の支配階層を指す一連の用語を見ていくことにする。金炫栄〔1999:38〕によると朝鮮時代の支配階層を指す語として「両班」「貴族」「士族」「士大夫」「士夫」「品官」「土族」「郷族」「儒郷」等が使われていた。このうち，支配階層を指す一般的用語としては「両班」「貴族」「士族」「士大夫」「士夫」「品官」が使われることが多く，「土族」「郷族」「儒郷」は地方の支配階層を指す語として使われていた[6]。そして，当時，支配層を指す語として普遍的に使われていたのは「両班」よりむしろ「士族」だったと金炫栄は指摘する。

　　（前略）当時，両班という用語は世間では一般的に多く使われたが，知識層は両班という用語よりはむしろ士族という用語を多く使用した。士族以外に当時の支配層を指す用語として士大夫，士夫，または貴族，品官が使われ，地方の両班を指すときは郷班，郷族，儒郷という用語もよく使われた。士大夫，貴族，品官，郷族，儒郷等，当時の支配層を包括する用語としては，士族という用語がもっとも普遍的に使われたのであ

り，以下で見るように士族は朝鮮前期に法制的に規定された用語であるので[7]，当時の支配層を通称する用語としては士族という用語が最も的確だと考える〔1999:39〕。

実際，歴史学の論文で提示される朝鮮時代の史料において，支配層を指す語として頻繁に出てくるのは「士族」ないし「士大夫」という語である〔吉田 2002a:16・23〕。

「士大夫」とは，読書人を意味する「士」と，官僚を意味する「大夫」の合成語で，学問的教養をそなえた官僚を指すという説明〔李泰鎮 2000a[1993]:181〕，四品[8]以上の官僚を指す「大夫」と五品以下の官僚を指す「士」を合わせた言葉であるという説明〔韓永愚 1997a[1977]:15，吉田 1998:218〕，さらに文班四品以上を指す「大夫」と五品以下を指す「士（郎官）」からきたもので文班官僚だけを指す名称といえるが，文班だけでなく武班までも包括した官制上の文武両班の意味で使われたという説明〔李成茂 1980:15〕がある[9]。おそらくいずれの意味でも使われたのだろうが，その後，「士族」あるいは政治勢力化した在地士族を指す「士林」という用語が広く使われるようになったことを考えると，「士」は読書人・知識人という意味として好んで用いられたようである。いずれにしても「士大夫」が官僚を指す用語であったことは，すべての説明に共通しているので，ここで朝鮮時代の官僚制度に触れる必要があるだろう。

高麗時代の光宗9年（958年）に科挙の制度が開始され，中央集権的な官僚制度が成立し，前述の文武の官僚を総称する「両班」という名称が生まれた。高麗時代の科挙制度には，高級官僚の子弟は科挙に合格しなくても官職に就くことができる蔭叙（門蔭）という優遇制度があったため，高麗時代の両班官僚は官僚的性格よりも貴族的性格が強く，思想的にも儒教より仏教に傾倒する傾向があった〔李泰鎮 2000a[1993]:179〕。儒教を国家の統治理念とした朝鮮王朝は引き続き科挙を実施したが，中央集権的な官僚制度がさらに強化され，蔭叙の範囲は大幅に縮小されるようになったため[10]，蔭

叙によって登用された一部の官僚を除き，原則として科挙に合格した者だけが官僚となることができた。朝鮮時代の科挙は，通常，式年試といって3年に一度行なわれていたが，この他に増広試・別試といった国家に慶事がある時に実施される臨時試験があり，時代が下がるにつれて臨時試験が頻繁に行なわれるようになっていった。

科挙は小科・文科・武科・雑科に分かれており，小科と文科は文官を，武科は武官を，雑科は技術官僚を選抜した。科挙に合格し，官僚になることができても，文官，武官，技術官ではその地位に大きな差があった。朝鮮王朝初年の太祖元年に制定された文・武散階では，武官の位階の上限は正三品堂上官[11] であり，正一品まである文官との間にはこの時点ですでに明白な差別があった[12]。文治主義を中心とする儒教政治の影響により，両班官職の中でも政治権力と密着した要職のほとんどは文官が占めていた〔李成茂 1980:77・83〕。技術官は15世紀前半までは技術職に従事する文班官僚として，それほど大きな差別を受けていなかったが，15世紀後半より徐々に差別的な待遇を受けるようになり，成宗24年（1493）には，王命によって技術官を文・武官と区別しなくてはならないという規定が作られた〔李成茂 1980:83・94-96）。

そのため文官採用試験である小科と文科（大科），特に中級以上の文官を採用する文科は最もレベルが高く競争の激しい難関となった。初級文官採用試験に該当する小科（司馬試）は，儒教経典の知識を問う生員試（明経科）と詩・賦・表・箋・策問[13] の能力を問う進士（製述科）に分かれていた。3年に一度行なわれる式年試では，初試・覆試の2度の試験を通過した各100名が生員あるいは進士の称号とともに初級文官として任用される資格を得たが，小科は初級文官採用の試験であると同時に，官立の最高学府である成均館の入学試験も兼ねていたため，合格者は初級官僚になるより，そのまま成均館に進んで，さらに2～3年学んだ後，文科を受験する方が一般的であった〔六反田 2003:83-84〕。

中級以上の文官の採用試験である文科は高級官僚の登竜門で，初試・覆

試・殿試の3つに分けられていた。初試では各道の人口に比例して240名を選抜し、覆試では地域に関係なく成績順に33名を選抜した。最終試験の殿試では甲科3名、乙科7名、丙科23名に等級づけし、甲科の六品から丙科の九品までの官職を与えた。3年に一度の試験で、1万名以上の志願者の中から合格できるのはわずか33名という非常に狭き門であった〔韓永愚2003［1997］:255〕。

　このように熾烈な科挙に合格するためには、そのための教育を受ける必要があり、それを可能にする経済力のある層が科挙合格者を輩出する母体を形成するようになっていく。その中心となったのが、朝鮮前期における農業技術の発展により経済力を高めていった地方の中小地主ないし郷吏層であり〔宮嶋1995、韓永愚2003［1997］:251-252〕、このような階層を指す言葉として「士族」が使われるようになった。

　「士族」という語は、前出の金炫栄の引用のなかにあるように、朝鮮前期に法制的に規定された用語である。「士族」は、もともとは士大夫の族属、すなわち官僚ないし官僚の一族を意味したが、次第に官僚の輩出母体となる社会階層を相対的に概念化した用語として普遍化され、一般的に使われるようになってきた〔李成茂1980:16; 金炫栄1999:40〕。ところが、16世紀初期に士族の範囲を法制的に規定する必要が生じてきた。北方の平安・咸鏡地方の防備を固めるための政策の一環として罪人とその家族全員をこの地方に入居させる政策を採るにあたって、士族はその対象から外されることになったからである〔宋俊浩1987b［1986］:250-251〕。中宗20年（1525）に政府は、全家入居から除外される士族の範囲をこの規定で以下のように法制化した。

　　成宗朝以上　士族無全家實邊者　嘉靖四年　承傳　作罪入居抄出人内
　　　文武科出身人員子孫　及両邊四祖倶有顯官者（東西正職五品以上　六曹
　　　郎官　監察守令部将宣傳官）當身生員進士者　並除全家入居　以之次律
　　　定配　立法至爲詳密　申明擧行　永爲定法（嘉靖庚戌承傳）」（1930年

朝鮮総督府中樞院刊『受教輯録』)[14]

　この規定によると，士族の範囲は，①自身が生員・進士である者，②両辺
（内・外族）の四祖に顕官がいる者，③文・武科の及第者およびその子と孫，
となる。

　内外四祖の定義については，戸主の父・祖父・曽祖父・外祖父（母の父）
の４人とする説明〔李成茂 1980:40, 李泰鎮 2000a ［1993］:183, 吉田
1998:218〕と，それに妻の父・祖父・曽祖父・外祖父を加えた８人とする
説明〔宋俊浩 1987b ［1986］:256-257〕がある。『受教輯録』の記述だけ
では，どちらの説明が妥当かわからないが，科挙の合格者名簿である榜目
には父・祖父・曽祖父・外祖父の四祖が必ず記録されるようになっていたと
いうことから〔李成茂 1980:40〕，四祖に該当するのは父・祖父・曽祖父・
外祖父の４人と思われる。また金炫栄は②の定義を「内外（父系親族と母
方の親族）に顕官がいる者とその子孫（子と孫）」としているが〔1999:42,
括弧内は筆者による補足〕，これは『受教輯録』の記述よりも広い範囲にな
る。

　また，顕官の範囲について，李泰鎮〔2000a ［1993］:195〕は，李成茂
〔1980:40〕の顕官の定義に倣い「九品以上の両班正職」としているが，金
炫栄〔1999:41〕は，当時「ここでまた顕官の範囲が問題となり，東西班
（両班）の正職５品以上，監察，６曹郎官，部将，宣傳官，縣官までを顕官
と規定することになった」と述べている。

　士族の法制的な範囲の解釈でこのようなズレが生じてくるのは，金炫栄が
指摘するように，郷村社会においてこのような法制的規定が士族か否かを決
定する直接的な基準にはなり得なかった〔1999:42〕，すなわち郷村社会に
おける士族の範囲がこの法で定められた範囲とは一致していなかったからだ
と考えられる。これは，18世紀以降，科挙合格者が特定の門閥に限定され
る傾向が強まり，在地士族から官僚となる者はごく少数となったにもかかわ
らず，郷村社会における士族の支配が維持されていたということからも明ら

かである〔六反田 2005:1037〕。上記の①〜③の法制的基準は，政府の北方防備政策の運用上定められた士族の範囲であって，実際の郷村社会においては，必ずしもこの基準を満たしていない者でも，儒学者や官僚の父系子孫であれば，他の在地士族との通婚や学縁を通した交際，儒教教養の修得とその日常的実践といった社会的基準を満たすことで，士族として認知されていたと考えられる。

　しかし，現在，朝鮮時代の支配階層を指す代表的な語としては「士族」よりも「両班」の方が一般的に知られている。もともとは文・武両班の官僚を指す語であった「両班」を支配階層という意味にも使う例はすでに高麗時代末期に出てきているが，それよりも「士大夫」「士族」という名称が多く使われていた。李泰鎮〔2000a［1993］:180-181〕の説明によると，この時期にこれらの名称が好んで使われたのは，高麗後期の政界・官界において，新儒学（朱子学）の思想と理念を身につけた者が政治勢力化していたためであった。彼らは単なる官僚ないし官僚だった人という意味の「両班」という名称よりも，儒教の学問的教養をそなえた官僚という意味の「士大夫」という名称を好んだのである。

　李成茂は朝鮮時代初期から中期にかけて「両班」という語が支配身分階層という意味で使われている例をいくつかあげているが〔1980:16〕，前出の金炫栄の引用にもあるように〔1999:39〕，朝鮮時代においても，支配身分階層を表す語としては「両班」よりも「士族」の方が多く使われていたようである。官僚という意味での「両班」には文官も武官も，そして少なくとも15世紀前半までは技術官さえも，すべて含まれたため，「両班」というと武官も技術官も連想されるが，「士族」は，技術や武業を避け，純粋に人文教養を主として行なう文人・知識人層を指す言葉だったからだと思われる〔韓永愚 1997b［1982］:54〕。朝鮮時代後期になると，「両班」は士族の尊称あるいは俗称として使われるようになるが，士族自身は自分たちを「両班」と自称することはほとんどなかったようである〔吉田 1998:217,2002a:17〕。つまり「両班」は士族以外の人々が士族に対して使う他称で

あった。現代韓国社会ではほとんどの韓国人が「両班」の末裔を主張しているが，実際には士族と非士族の割合は後者が圧倒的に多かったため，彼らが使った「両班」という語がこの時代の支配階層を指す最も一般的な語として定着していったと思われる。

歴史学でも，一般に使われる「両班」という語が「士族」に代わって広く用いられてきたが，これまでの歴史学の研究では，朝鮮時代の「両班」は国家主導の下に法制的な手続きによって制定された階層ではなく，社会現象として形成された階層であるため，境界が不明確であり，その概念を定義するのは困難であると説明されてきた〔宋俊浩 1987a［1980］:37, Deuchler 1992:12, 宮嶋 1995:25〕。両班と非両班を分ける成文化された客観的な基準はなかったため，両班でないものが両班の行動様式をまねることによって両班身分に上昇することも可能であったと考えられ，それが後述する四方博〔1976［1938］〕の朝鮮時代後期の身分変動論や人類学で提示された近現代の韓国社会の「両班化」の概念へとつながっていく。

しかし，近年，歴史学ではこのような「両班」という語の用法ないし概念に批判が出てきている〔吉田 2002a〕。近世にも存在するとされていた輪郭線の不明確な「両班」は，近現代に行なわれた人類学や社会学の現地調査において研究者が出会った「両班」の末裔を自称する人々が語る「両班」（もしくは「両班」のイメージ）[15] の投影に過ぎず，実際の近世在地社会における「士族」は学縁と血縁によって結合する確固とした実体を備えた階層であった。しかし，これまでの歴史学の先行研究においては，史料に出てくる「士族」という語は「両班」と読みかえられ，輪郭線が不明確な「両班」の議論が展開されてきた〔吉田 2002a:16-18〕。吉田は，歴史学者にこのような強引な読みかえを可能にさせたのは，主として人類学者・社会学者が行なう現地調査で出会う「士族」「士大夫」の末裔たちが「両班」を自称しているという現代の事実であるとし，互いの「時間」の感覚の亀裂に無自覚な「歴史学研究と文化人類学・社会学とが共犯関係を結んだと言わざるを得ない」と述べている〔吉田 2002a:17〕。朝鮮時代後期になると「両班」と

いう語は現職官僚という狭義の意味から離れて「士族」「士大夫」の一族の「尊称」あるいは「俗称」となっていくが，その際の「士族」はあいまいな存在ではない〔吉田 2002a:17‑18〕。吉田によると，近年，近世史研究では近世史料に基づいて「両班」ではなく「士族」という表現が増加しており，そう遠くない将来，朝鮮時代の支配階層を指す用語は「両班」から「士族」「士大夫」に移行されることが予測される〔吉田 2002a:23〕。

　しかし，現代の韓国社会では士族の末裔を指す語として用いられているのは，自称にせよ他称にせよ，「両班」である。さらに現代の「両班」が一義的にその範囲を定めることができないというのは，ある意味で正しいが，誤解を招きやすい表現である。宋俊浩は朝鮮時代の両班と非両班との限界の基準が相対的で主観的なものであったとしながらも，

　　（前略）それが曖昧模糊としたものであったと考えるならば，それは誤りである。実際においては至極明確な基準があった。ただその基準は成文化された，そしていつ，どこででも適用されうる客観的なものではなく，与えられた状況により異なって設定される，すなわち，ある特定の地域の特定の状況の下で，関係者たちの意識構造上に設定される，主観的かつ相対的な基準であった〔1987a［1980］:37〕。

と述べている。一見矛盾しているように感じられるこの説明は，現代の地域社会に当てはめてみた場合に，士族の末裔という意味での「両班」の説明として首肯できるものである。「主観的かつ相対的」という表現は語弊があるが，「両班」の基準が成文化された客観的なものでないことは事実であり，同じ条件を満たしていても，地域によってあるいは状況によって「両班」とされることもあればそうでないことがあるのも事実である。しかし，少なくとも当該地域社会における「両班」は，例外はあるにせよ，多くの場合は自他ともに認知された存在であり，その点では近世の士族とさほど変わらないように思える。

次項では，現代の「両班」（あるいはそのイメージ）について，地域社会における在地士族の末裔としての「両班」を中心に見ていく。

(3) 韓国社会と「両班」

韓国の地方社会で現地調査を行なった研究者で，「両班」に出会ったことがないという者はほとんどいないだろう。万が一出会ったことがないとしても，「両班」についての話は必ず聞かされているはずである。現在の韓国の地方社会において，「両班」は，単に朝鮮時代に存在した支配階層というだけではなく，現在，実際に存在している人々（ないしその人々についてのイメージ）のことでもあるからである。

これまでにもさまざまな研究者が指摘しているように〔古田 1988:117，Kawashima 1989:14，姜在彦 2001:218 など〕，ほとんどの韓国人が自分は「両班」の家系であると主張することは事実であるが，自分の素性を知らない者に対して言わば「名乗ったもの勝ち」で「両班」を自称する人々と，少なくとも当該地域社会において「両班」であることが認知されている人々とは明らかに異なる範疇に属している。後者の人々の多くは朝鮮後期の在地士族の末裔であるが，彼らは自称として専ら「両班」という語を使っており，「士族」という言葉を使うことはまずない。一方，本田〔2004:64〕が指摘するように，近現代の在地社会において「両班」という語は，在地士族の家系のみならず，有徳の人士ないし儒教道徳の実践者としての士族の理想像をも担う範疇としても用いられている。

また現在ではほとんどの韓国人が「両班」の出自を主張する一方で，多くの韓国人が「もう両班とサンノム（상놈 sangnom）[16] の区別なんてない。金を持っている者が両班だ」とも言う。この傾向は既に 1970 年代半ばにゴールドバーグ〔Goldberg 1974:163〕が指摘しているが，筆者が 1990 年代半ばに行なったフィールドワークにおいても同じようなことをよく聞いた。これを文字通りに受け取ってよいかどうかはさておき，現代の韓国社会では「両班」という語が漠然とした社会的地位の高さを表す語として使われ

ているという側面があることがわかる。

　このように，近現代韓国社会において朝鮮時代の支配階層を指す語であった「両班」は ①士族の末裔として現在でも地域社会において社会的威信を維持している階層，②士族の理想型，③社会的地位の高さの象徴，という3つの範疇にわたっている。

　研究者が現地調査で出会う「両班」は主に①の範疇に属する人々であるが [17]，彼らの多くは，始祖まで系譜をたどってもごく少数の科挙合格者や儒学者しか出していない，いわゆる在地中小両班である。彼らは経済的にもそれほど恵まれているとはいえない者が多いが，両班としての矜持を保ち，さまざまな手段を用いて，地域の中で両班としての社会的地位と威信を維持することに努めている。そして，社会の誰もが両班であることを知っているような一握りの有名な名門両班よりも，彼らのような地方の中小両班を研究することが重要であるということが，歴史学者からも人類学者からも指摘されている〔宮嶋 1995:25，末成 1987:48-49，岡田 2001:32〕。実際，いくつかの例外は別として〔金宅圭 1979 [1964]，末成 1975，服部 1980 など〕，人類学が対象としてきた両班は，その多くが在地社会という限られた範囲において両班として認知されている中小両班である〔Brandt 1971，李光奎・末成 1973，伊藤 1973，嶋 1978，Janelli and Janelli 1982，末成 1987，本田 1993，岡田 2001 など〕。

　そしてこのような人類学の両班研究においては，両班の範囲を定義することの難しさが常に指摘されている。両班と非両班の間に成文化された客観的な境界がなく，両班が非両班に没落する場合があるし，非両班でも両班に上昇する場合も見られるからである [18]。特に在地の中小両班は，当該地域内において両班として認知されているかどうかが両班であるかないかの判断基準となってくるため，いつでもどこでも適用されるような普遍的かつ客観的な基準は存在しない。しかし先行研究ならびに筆者自身の調査経験から〔Nakagawa 1997〕，在地社会で両班として認知されるいくつかの条件をあげることは可能である。

両班として認められるための条件は，個人的条件と集団的条件に大別される。両班は個人として両班にふさわしい条件を満たすことも求められるが，両班の認知は，基本的には個人単位ではなく門中と呼ばれる分節化された父系出自集団を単位として行なわれるものだからである〔宮嶋 1995:23-24〕。

　個人的条件としては，①家系，②性格ないし行動様式，③生活様式，④職業，⑤教養，の5つが，集団的条件としては，①門中の組織化，②族譜の刊行，③世居地の保有，④門中としての行動，⑤他の門中との通婚，⑥他の門中との社会的交流，の6つがあげられる。

　両班として認められるために，これらの条件のすべてを満たすことが必要というわけではないし，どの条件が重要視されるかということについても統一された見解があるわけではないが，これらの条件を見ていくことは，両班のおおよその輪郭をつかむ一助となるだろう。また，現在の両班を規定するこれらの諸条件は朝鮮後期の「両班」のイメージに基づくものであると同時に，朝鮮後期の「両班」のイメージを遡及的に形成している側面もあることには留意する必要がある。では，順に上記の諸条件を見ていこう。

　個人が両班として認められる条件として，まずは①の家系があげられる。両班として認められるためには，祖先に科挙合格者ないし高名な儒学者をもち，さらに，その祖先から自分に至るまでの系譜関係が明確でなくてはならない。祖先からの系譜関係を明確にするためには，門中の系譜の記録である族譜を持たなくてはならないが，族譜は個人で刊行できるものではないので，族譜が刊行できるような門中に父系出自によって所属していなくてはならない。

　次に②の性格であるが，両班には両班らしいとされる性格がある。すなわち，温和・優雅・威厳・寛容・品位，といったものである。もちろん性格は目に見えるものではないので，そういった性格が表れるような行動を取ることが，両班らしい性格を有しているかどうかの指標となる。また，③の生活様式というのは，両班らしい生活様式が守られているかどうかということである。両班のとるべき行動様式と生活様式の詳細に関しては，18世紀後半

第2章 「両班化」の諸相と儒教　　69

に，実学派の儒者・文学者の朴趾源が書いた『両班伝』という小説に出てく
る両班のとるべき行動様式，生活様式の記述が参考になるので，少々長くな
るが以下に引用する。

　　俗事を絶ち棄て，古を希求し，志を重視する。常に五更（午前四時前
　後）には起き，灯火を点して，目は鼻の先をみつめ，正座をする。『東
　萊博議』（宋の呂祖謙の『東萊左氏博議』のこと）は瓢が氷上を滑るよ
　うに読み上げる。飢えを忍び寒さに耐え，貧しさを口に出さない。歯を
　叩いて頭を弾き（健康法の一つ），咳は小さくして唾を嚥みこむ。袖で
　冠をきちんと拭き，払子は波打つようにする。手洗いには拳を擦すら
　ず，口は漱ぎ過ぎない。声を長くのばして下女をよび，ゆったりと歩
　いて靴を曳く。『古文真宝』『唐詩品彙』は胡麻のように細かい字で一行
　に百字書き写す。手で銭に触れず，米の値段は聞かない。暑くても足袋
　は脱がず，食事の時にも冠をつける。肉汁を先に食べず，汁は音をた
　てて啜らない。箸を使うにも音をたてず，生葱は食べない。酒を飲むと
　きは鬚を濡らさず，煙草を吸うときは頬を窪ませない。怒って妻を叩い
　たり，腹を立てて器（道具）を蹴ったりしない。こぶしで子どもを殴っ
　たり，下僕に対して罵声をあげたりしない。牛馬を叱るときにもその売
　主を辱めない。病気になっても巫女を呼ばず，祖先の祭祀に僧を呼ばな
　い。火鉢で手をあぶらず，話すときには唾を飛ばさない。牛を屠らず，
　銭を賭けない[19]。

　もちろんこれは朝鮮後期の，しかもかなり戯画化された両班の姿であり，
現在の両班がこのような生活をしているわけではないが，少なくとも，儒教
的規範を日常生活において実践すること――「奉祭祀，接賓客」（祖先祭祀
を正しく行い，客を丁重にもてなすこと）や，儒教の徳目（親や祖先への孝
や年長者への礼など）の励行，品位ある挙措など――は，現代の両班にも求
められるものである。そのため両班の家庭では子どものしつけが重視され

る。ジャネリ夫妻は，音楽は下層の人々がするものだという理由で子どもに歌を歌わせない両班の事例を報告している〔Janelli and Janelli 1982:132-133〕。特に，それほど家系を誇ることができない両班にとって子どものしつけは，ひとつ間違えば両班としての存在を問われかねない重要な問題とされるため，厳しいしつけがされる〔末成 1987:59-60〕。

④の職業は，朝鮮時代の儒教原理に基づいた職業観がある程度反映されたものとなっている。学問や教育に従事することが尊ばれるため，学者や教員は両班として最も理想的な職業である。行政や統治に関連していて，朝鮮時代の科挙合格者を連想させる裁判官や高級官僚も好ましい職業とされる〔Kim Kwang-ok 1996:206-207〕。また「士は農から出る」「士と農は朝廷で官職をもつ」という言葉が示すように〔韓永愚 2003 [1997]:252〕，朝鮮時代は農業が重要視され，在地士族もそのほとんどは地主ないし自作農として農業に関わっていたため，農業に従事している者は，他の条件如何で，両班として認知されることは可能である。一方，朝鮮時代に「末業」とされていた商・工業に関連する仕事は両班にはふさわしくない職業だと考えられている。朝鮮時代，商業は特に蔑視されていたため，商人出身の両班はありえない存在であった〔宮嶋 1995:118〕。資本主義が社会に浸透した現在，事業家・企業家は雇用機会を増やすことで公益に貢献しているという認識があるため，一般の商売人とは区別されているが，一般に商業は両班の職業ではないとされている〔Kim Kwang-ok 1996:206-207〕。

⑤の教養は儒教的教養や系譜に関する知識を指す。両班と認知されるためには，漢文の素養ならびに儒学の教養を身につけること，儒式儀礼についての知識を有し，正しく儀礼を行なえることが求められる。また，系譜に関しては，族譜の用語や記載内容について理解したうえで，自分が所属する門中のみならず，他の両班門中の系譜についての知識も持たなくてはならない。この系譜に関する知識は譜学といわれ，両班の教養のひとつと考えられてきた。譜学は単に知識として身につけていればいいというものではなく，その知識を実際に他の両班との交際の場面において，相手の両班の格を見極め，

その格にふさわしい正しい応対ができるように運用することが求められる。

　以上が，個人としての両班の条件であるが，④の職業以外はかなり主観的かつ相対的な条件であるといえる。両班らしい性格，両班らしい行動様式・生活様式といっても，必ずしも明確な基準があるわけではないし，漢文の素養や儒学・譜学の教養といっても，例えば科挙のように試験による客観的な評価が下されるものではない。また，①の家系に関する条件として，高名な儒学者を祖先にもつことがあげられるが，儒学者には官僚の位階のような明確な基準はないため，全国的に名が知られているような著名な儒学者でなくても，その地域で知られている儒学者の子孫であれば，他の条件次第では当該地域では両班として通用する。また，末成の事例〔1987:50〕に見られるように，祖先に科挙合格者や儒学者がほとんどいなくても，その地域内では両班として遇されるということもある。この事例では，17世紀に，ある非両班が自分の家に雨宿りをした高名な儒学者に対してした接待が気に入られ，それを契機にその儒学者との交際が始まったために彼の一族が両班としての待遇を受けることになった，というその地に伝わる逸話が両班として遇される根拠となっている。さらに末成は，これとは逆に，もとは両班の家系でありながら，祖先が落ちぶれて生活のために胥吏を務めたり，高名な儒学者に「"朋友有親"の教えに背いた」と評されたりしたため，その地方では両班の扱いをされなくなったという事例も紹介している〔ibid.:51〕。

　上記のように個人の行動が門中全体の身分の認知に影響を及ぼすことは充分起こり得るが，一方で前述のように，両班の認知は通常個人単位ではなく門中単位で行なわれるものであるため，両班として認められるためには，個人的条件だけでなく集団的条件を満たすことも重要になってくる。また同一氏族といっても門中によって格が異なるのはもちろん，場合によっては両班と認められない門中もあるため，単位となるのは氏族ではなく，分節化された個々の門中である。集団的条件としてあげられるのは，前述のように，①門中の組織化，②族譜の刊行，③世居地の保有，④門中としての行動，⑤他の門中との通婚，⑥他の門中との社会的交流，の6つである。

トートロジカルではあるが門中が両班としての集団的条件を満たすために
は，まず，門中がなくてはならない。したがって門中が組織化されているこ
とは両班として認められるための必要条件である。それぞれ派祖を頂点とす
る下位門中が上位世代の派祖（中始祖）を頂点とする上位門中に包摂される
入籠型の構造をもつ門中組織は，必ずしも両班だけが形成しているわけでは
ないので〔Janelli and Janelli 1982:133〕，門中が組織化されているという
ことだけを理由にして両班であると主張することはできない。しかし，組織
化された門中さえもない状態では両班として認めてもらうことは望めない。

　さらに②であげたように，両班門中では父系始祖を頂点として，個々の成
員と父系祖先の系譜関係や下位門中の派祖と上位門中の派祖の系譜関係が明
記されている族譜を定期的に刊行する必要がある。族譜が刊行されること
で，門中の個々の成員は自分がその門中の成員であるということや自分と父
系祖先の間に明確な系譜関係があることを証明することができ，また門中は
組織化された門中であることが証明できるからである。両班ではない者が族
譜を発刊することもあるため〔末成 1982; 1986:112，秀村 2003:138〕，族
譜の発刊についても，それ自体では両班と認知されるための十分条件にはな
らないが，族譜を発刊していない門中が両班の地位を主張することはほぼ不
可能である[20]。

　条件の③は居住の問題である。両班であり続けるために，同じ門中の人々
が代々同じ場所に住み続ける，すなわち世居地をもつ，ということは非常に
重要なことである。条件④の門中行事を施行するにしても，条件⑤や⑥の他
の門中との通婚や社会的交流にしても，核となる門中成員が同じ場所に代々
住み続けていることで初めて可能になるからである。地方社会においては，
移住者や新参者は何らかの不名誉な理由で故郷にいられなくなった者とみな
され，常に周囲から疑いの視線にさらされる存在であるため〔Janelli and
Janelli 1982:133〕，世居地を離れた者は両班としての地位を裏づけしてく
れる世居地に住む門中との関係を維持し続けることによって，両班としての
身分が保証される〔嶋 1978:9-10〕。

また，条件の④にあるように，両班は，個人のレベルでだけでなく，集団レベルにおいても，いかに儒教的規範を日常生活において実践しているかを周囲に示す必要があり，門中で集団的に行なう行事は，そのまたとない機会となる。なかでも五代以上の祖先を対象として行なわれる墓祭[21] は門中の社会的地位を周囲に示す重要な行事である。伝統的朝鮮社会では，遠い昔の祖先まで世代を遡れることは社会的政治的エリートの特権であったので〔Deuchler 1992:139〕，墓祭はその門中の世代深度をアピールする絶好の機会となる。さらに墓祭は世代的に離れた祖先に対しても孝を実践していることを示す行為であると同時に，その門中がその地に代々住み続けていること，門中が富裕であること，儀礼についての知識を有していることを示す行為となる〔Janelli and Janelli 1982:133‐135〕。また書院・書堂・斎室の建造や祖先を顕彰する碑石の建立も両班としての地位をアピールすることになる。

⑤の他の門中との通婚も両班として認知されるための重要な条件である。相手が両班であるのはもちろんのことであるが，在地両班のなかにも，高級官僚や著名な儒学者を輩出し，全国的にも名の知れたエリート門中から狭い地域のなかだけでしか認知されていない門中まで，いくつかのレベルの班格（両班の格）があるため，自分たちと同格ないし格上の両班の門中と代々にわたって婚姻関係を結ぶことは，伝統社会においても現在においても，両班としての地位を維持し，さらに高い地位を得るための重要な条件となる〔Janelli and Janelli 1982:132, 宋俊浩 1987c［1986］:141‐142, 宮嶋 1995:24‐25〕。

⑥の他の両班である門中と社会的交流があるかどうかは，④の婚姻関係と重複するところがある。社会的・学問的交際は，婚姻と同様に，同格ないし上格の門中とするのが望ましく，実際のところ，姻戚関係を結ぶ範囲とだいたい同じだからである。朝鮮後期社会では，儒学を通した学問的結びつきもその地域で両班として認知されるための大切な条件であった。朝鮮時代，地域の儒学者を祀るとともに両班の子弟たちの私的教育機関としても機能した

書院は在地両班たちの集う社交の場でもあり，ここで在地両班のネットワークが形成され，確認された〔朴秉濠 1982:63，宮嶋 1995:140-146〕。現在も両班門中の所有する書院や書堂で行なわれる釈奠祭(せきてん)のような行事や儒教契のような集まりは在地両班のネットワークを確認し強化する機会となっている。

　以上見てきた両班として認められるための集団的な条件は，⑤の他の門中との通婚と⑥の他の門中との社会的交流以外は，当該門中の自発的な行動によって満たすことが可能な条件である。⑤と⑥は相手があることであり，また相互の認知が左右することなのでそれほど容易なことではない。両班として認知されなければ他の両班の門中と婚姻関係や学問を通した社会的関係を結ぶことができないが，こうした関係を結べなくては両班として認知されないといったディレンマに陥りかねない条件である。しかし，他者の認知に依拠せざるを得ないこれらの条件こそが，実は，両班であるという周囲の評価に直結する十分条件なのである。それに対して他の条件は両班として認められるための必要条件にすぎない。結局，両班として認められるためには自助努力で満たすことができる必要条件をできる限り満足させ，周囲，特に既存の両班から両班であるという認知を得るより方法がないのである。

　逆に，確固とした認知が得られていれば，一般に両班にふさわしくないと考えられていることをしても，両班としての地位を維持できる場合がある。筆者が調査した慶尚南道の村で，昔，経済的に窮乏した時期に喪輿を担ぐ人を雇えず，自分たちで喪輿を担いだことがある両班門中の事例があった。この門中は祖先が郷案（在地士族の名簿）にも入録されている在地士族の末裔で，朝鮮時代から当該地域で両班としての地位を確かなものとしている門中であった。喪輿を担ぐことは一般に両班のすることではないとされているが，この門中はその後も当該地域で両班として遇され，他の両班と社会的交流や通婚関係を維持していた〔Nakagawa 1997:152-153〕。

　両班の地位は，家系という生得的地位（ascribed status）という要素と，個人並びに門中の行動によって得られる獲得（業績）的地位（achieved status) という要素の両方があり，下位の中小両班になるほど後者の要素の比重が高くなってくる。それが両班的行動の模倣ないし実践によって社会的地位の上昇を目指す「両班化」という概念につながってくると考えられる。

　士族や両班は儒教の担い手とされているため，「両班」的行動規範は儒教的行動規範と重なってくる部分が多い。実際，儒者の仲間を表す「儒林」という語で「両班」を指すこともよくある。そこで，次節では，儒教が朝鮮王朝から近現代に至る社会の中でどのように浸透し変容してきたか，儒教が社会にどのような影響を与えたてきたかということについて，特に社会階層と儒教の関係を中心に見ていくことにする。

3. 儒教の受容と変容

　東アジア諸国をひとくくりにして「儒教文化圏」と呼ぶことがあるが，東アジアのそれぞれの社会において儒教の受容のされ方は異なっている。一般に朝鮮半島では朝鮮時代に社会の儒教化が進んで「儒教社会」に変容し，その儒教伝統が現代の韓国社会においても色濃く残っていると言われているが，「儒教社会」といっても，朝鮮時代の社会ならびに現代韓国社会において，儒教原理や儒教規範の全ての要素が社会のあらゆる層に等しく浸透しているわけではない。また，儒教自体もその時代の社会状況によって読みかえられ，変容しているのである。

（1）朝鮮王朝以前の儒教

　儒教が最初に朝鮮半島に入ってきたのはおそらく 1 〜 3 世紀頃で，372年には三国時代の高句麗に儒教教育機関が設立されたと伝えられている〔Deuchler 1992:14〕。新羅と百済にも儒教が伝わったことで儒教は朝鮮半島全体に広がり，新羅は 618 年に王都金州（現在の慶州）に国学という儒教の教育機関を設けたが，三国を統一した統一新羅では仏教が支配的であったため，儒教の役割は主として官僚の教育に限定されていた。788 年には唐

の科挙制度をまねた官吏登用試験が制定され，儒教古典の知識が問われるようになった。統一新羅時代には唐に留学する者も多く，その中には崔致遠のように唐の科挙に合格して官僚になり，帰国後により深い儒教の知識を広める者もいた〔ibid.:14-15〕。

　高麗時代に入っても，引き続き儒教は官僚に必要な知識とされた。958年に光宗は後周から帰化した雙冀を登用して科挙制度を制定し，それによって「両班」の語源となる文武両班官僚が生まれた。国立の儒教教育機関としては中央に国子監，地方に郷校が設立された。また11世紀後半には私立の儒教教育機関も盛んに作られるようになり，儒教の発展に寄与した。しかし，統一新羅と同様に高麗王朝においても仏教が国教的な地位を占め，保護・奨励されていたため，儒教はあくまでも官僚や知識人の教養，あるいは官吏登用や政務遂行のための手段に過ぎなかった。さらに1170年には武臣によるクーデターが起き，その後約100年間，高麗では武臣が権力を掌握する武臣政権時代が続いた。この間の文臣の没落に伴って儒教は衰退した。

　しかし13世紀に起こった元との戦争により武臣政権は逼迫した。1231年の元の侵略から始まった約30年にわたる抗争は国を疲弊させ，朝廷では元との講和を望む穏健派が優勢となった。彼らは1258年に武臣の崔氏政権を倒し，翌年元と講和を結んだ。崔氏の後に権力を握っていた武臣も順次排除され，1270年に武臣政権が完全に終わりを告げると，文臣主導の儒教政治が復興した。元との講和後の約100年間，高麗は元の支配下にあったが，元の首都燕京（北京）に赴いていた安珦によって1290年に伝えられたとされる新儒教（朱子学）の伝来によって [22]，朝鮮半島における儒教は大きな転換点を迎える。

　南宋の朱熹（朱子）が完成させた新しい儒教体系である朱子学は，それまでの儒教に欠けていた宇宙論や形而上学を，家族論・政治論といった従来の儒教理論に加えて体系化したもので，客観的観念論の哲学体系と進歩的倫理体系を兼ね備えていた。14世紀に入ると朱子学の受容が本格的に進み，14世紀後半には朱子学を身につけた若手の官僚，いわゆる新興士大夫層が中央

政界で活躍を始めるようになる。彼らは権力と結びついて広大な土地や奴婢を所有するなどの社会的弊害を引き起こしていた仏教を批判し，朱子学的理念に基づく国家体制の改革を行なおうとした。しかし，その改革の方法とレベルをめぐって，穏健派と急進派の間で対立が生じた。高麗王朝を維持したまま朱子学による体制改革を行なって社会を部分的に改良しようとした穏健派に対して，急進派は朱子学の理念に基づく新しい王朝を樹立して社会秩序全体を革新しようとした。最終的には，鄭道伝をはじめとする急進派が支持した新興武臣の李成桂が1392年に王位につき，新しく李氏朝鮮王朝が始まった。

(2) 朝鮮時代の儒教

　朝鮮時代になると，高麗時代に国教的地位にあった仏教に代わって，儒教（朱子学）[23] が国家統治の基本理念として支配的な地位を占めるようになった。朝鮮王朝建国の原動力となった新興士大夫たちは儒教の理念と理論に基づく王道政治を実現しようとした。初期の国家体制は建国の功臣である鄭道伝が儒教古典のひとつである『周礼』の統治規範に基づいて作った『朝鮮経国典』（1394）と『経済文鑑』（1395）が基準となった。15世紀後半の成宗代にはこれらを発展させた『経国大典』が完成し，これが朝鮮時代を通して統治基準を定めた基本法典となった。

　朝鮮王朝では権力を中央に集中させ，科挙によって選ばれた儒教的教養を身につけた文臣が中心となって政治を運営する中央集権的官僚制がとられたため，儒教教育機関は同時に官僚養成機関になった。首都ソウルには官立の教育機関として，最高学府である成均館と中等教育機関である四学（ソウルの東部・西部・南部・中部の4ヶ所に建てられた学校の総称，四部学堂ともいう）が置かれた。地方には全ての郡県に四学と同格の教育機関である郷校が設置され，三綱五倫（日常生活における倫理規範）の教科書である『小論』，四書（『論語』『孟子』『中庸』『大学』），五経（『詩経』『書経』『易経』『礼記』『春秋』）などの儒学経典が教えられた。このような官立の教育機関

のほかに，私学として書斎・書堂が各地に散在し，漢文や初歩的な儒教知識が教えられていた。

　儒教的官僚制度におけるエリートである文臣を目指す典型的なコースは，8歳頃までに書斎・書堂に入って基礎的な儒教知識を学び，16歳前後で在京の者は四学へ，在地の者は地元の郷校に入学，20歳前後で最初の科挙を受けるというものであった。前述のように文臣を選抜する科挙には初級文官登用試験である小科と文科（大科）があるが，まず小科を受験して合格し，生員あるいは進士となって成均館に進学し，さらに2～3年学んだ後，文科を受験するというのが一般的であった〔六反田2003:83-84〕。

　人民は『経国大典』によって奴婢である賤民とそれ以外の良人に分類されており，良人であれば科挙の受験資格があったが，実際に科挙を受験し，合格するのは高麗時代から既に高級官僚であった家系や，地方で郷吏をしていた家系，農業の発展により経済力をつけた地方の地主の家系あるいは裕福な農民にほぼ限定されていた。

　このように科挙に合格し官僚を出すことができる儒教的教養を備えた知識人層が士族という階層を形成するようになったことは既に述べたが，15世紀末以降，在地の中小士族の中から士林と呼ばれる新興勢力が形成され，中央政界に進出するようになった。世祖代（1455-1468）に強権的な国防強化策が採られ文治が後退したが，成宗代（1469-1494）になると，これを批判して理想的な儒教的王道政治を掲げ，政治改革を要求する士林が政界に進出した。彼らは，富国強兵という現実主義路線を支持する既存官僚の勲旧勢力と対立し，成宗の死後1498年から4度にわたって士禍と呼ばれる弾圧を受け，処刑されたり追放されたりするなどの被害を受けた。しかし，士林は郷村社会において留郷所や書院といった組織体を通して自らを拡大再生産する力を有していたため，最終的には勝利を収め，政治を主導するようになった。

　留郷所（郷庁）は，地方統治責任者として中央から派遣されてくる守令を補佐し，郷吏を監督するための地方自治機関で，各郡県に設置されていた。

第2章 「両班化」の諸相と儒教　　79

留郷所は1名の座首と数名の別監によって運営されていたが，留郷所の基
盤となっていたのは郷案と呼ばれる名簿に入録されている在地士族であり，
座主や別監は郷案に基づいて開かれる郷会で選出された。16世紀初期の郷
案には郷吏も含まれていたが，在地士族層の形成に伴って郷案から郷吏が排
除されるようになり，16世紀後期になると郷案は閉鎖・排他的な在地士族
の名簿の様相を呈するようになった。このような郷案組織は郷村社会の儒教
道徳秩序を維持するため，郷約という郷村社会全体が遵守すべき道徳規範の
細則を作成し，郷村社会構成員の教化と統制を行ない，士族以外の層にも儒
教道徳を浸透させるとともに，士族による郷村社会の支配体制を固めていっ
た。

　書院は徳望の高い先哲儒賢を祀る祠堂の機能と在地士族の子弟を教育する
私立学校の機能を兼ね備えた新しい形の教育機構で，16世紀半ば頃から士
林によって建立されるようになり，17世紀にかけて嶺南（慶尚道）地方を
中心に急速に広まっていった。当時，官立の郷校は教育機関としては衰退し
ていたため，書院が在地士族の子弟のための主要な儒教教育機関となり，郷
校に入学するのは主として一般平民の子弟というのが慣例となった。

　こうして士林は書院を中心として儒教の学問的素養を高めていったが，こ
の頃から儒教は朱子学が受け入れられた当時に重視された経世済民的側面で
ある「治人」から，自己修養による道徳的自己の完成を目標とする道学的な
「修己」へと変換していった〔韓永愚2003［1997］:311〕。士林勢力が政争
に勝ち，16世紀後半から士林政治が始まった後も，彼らの目指す道徳政治
の出発点である「修己」重視の傾向は変わらず，その前提条件である人間の
本性に関する理気の哲学的論争が活発に行なわれるようになった。17世紀
には李滉（李退渓）・李珥（李栗谷）という著名な儒教学者が出現し，朝鮮
の儒教は学問的な頂点に達した。

　しかし，こうした学問的な論争はやがて書院を中心とする学派・党派が理
念的・政治的に対立する朋党政治へとつながっていく。この背景として，政
治に参加する意識と資格を備えた在地中小地主が増加したという社会状況が

あげられる〔李泰鎮 2000b［1978］:221〕。書院の発展により在地中小地主は知識人化し政治について意識を高めていった。また，科挙は3年に一度の式年試の他に増広試・別試などの臨時試験が頻繁に行なわれるようになっていたため，科挙に合格しても官職に就けない者が増えた。彼らは書院を中心とする地縁・学縁によって結ばれた朋党を形成し，自分たちの考えを中央に進出した自党の官僚を通して実現し，政治を主導した。17世紀には儒教の中で人間の行動規範としての礼を研究する学問分野である礼学が発展したが，朋党政治においては礼の基準も政治的問題となり，特に葬礼に関する服喪問題をめぐって党派間でいわゆる礼訟論争が繰り広げられた。

朋党を禁忌の対象とした漢・唐代の儒教と異なり，朱子学は朋党を肯定していたので，朋党政治は当時の儒教政治思想に合致するものであった。実際，17世紀半ば頃までは，異なる党派の批判を容認し公論を重視する儒教的な朋党政治が行なわれていた。しかし，17世紀後半になり朋党間の競争が激しくなると，相対勢力の存在を否定し，報復行為も激化していく。その結果，17世紀末からの朋党政治は，相互批判と牽制という本来の基本原理を失っていった。その結果，自党の利益だけを追求して他党を政界から追放する熾烈な政争に変質し，やがて王室と婚姻関係を結んだ一部の家門が権力を独占する勢道政治へと移行する。

17世紀後半は倭乱と胡乱[24]を経て荒廃した朝鮮社会が復興した時代だが，この頃からさまざまな社会問題も出てきた。政治においては前述のように士林政治が破綻して党派・学派間の争いが激化した。どの派も自派の先学を書院に祀って権威を誇示しようとしたため，書院が濫設された。こうした奉祀中心の書院の濫設は教育機関としての書院の機能を衰退させたばかりでなく，朋党と結びついて党争を悪化させた。また書院は免税と免役の特権を有していたため，書院の急増は，国家財政を縮小させ，国役負担者を減少させることにつながった。農村では，耕地の開発が限界に達し，農業生産力の発展は農業技術によって単位面積当たりの生産量を増大させる集約化へシフトし，その結果，在地士族の農地経営は奴婢を使った直営地経営から，奴婢

などに土地を貸し与えて経営を任せて地代収入を得る地主的経営に変化していく。土地を借りる小作に身分の制約はなかったので貧しい士族の中には土地を借りて小作となるものも出てきた。また商工業の発達により市場圏が全国的に拡大し，都賈という独占的な卸売業の発達により流通経済の活性化と商業資本の蓄積が行われる一方で，零細商人の没落が起こり，商工業を支配する大商人による価格の吊り上げで物価の高騰が起こるとともに，大商人の脱税行為が問題となった。

　社会の変動によってさまざまな社会矛盾が現れた朝鮮後期には，新しい思想体系として実学が出てきた。実学は，儒教の経世理念を発展させて社会問題を解決しようとする現実改革的思想体系であり，朱子学が理論的・哲学的側面を重視するのに対して，実利的側面をより重視し，実際的な政治・経済政策を提示して社会問題を解決しようとした。したがって実学者の多くは農業だけでなく，手工業や商業の振興にも大きな関心を持っていた。実学者の学問方法は実事求是，すなわち実証を重んじるもので，その研究対象は政治経済の他に，歴史学・地理学・農学・天文学・医学といったさまざまな分野に及んだ。実学者に共通するのは，朱子学にとらわれない現実的な改革の志向や新しいものや考え方を積極的に受け入れようとする開放精神であり，こうした実学思想は19世紀末の開化思想に通じるものがある。

　しかし，この時代においても支配的だったのはやはり道学的な朱子学であったことに変わりはない。実学が広がった17世紀後半〜19世紀初は夷狄である清の支配下に入った明に代わり，朝鮮が中華の正統な継承者だと考える小中華思想が高揚した時期であり，朱子学的道徳規範が郷約を通して一般の民衆の間にも浸透していった時代，いわゆる朝鮮社会の「儒教化」[25]が進行していった時代である。

　実際のところ，現代「両班的儒教伝統」と考えられている諸制度はこの時期に形成されたものである。親族制度においては，妻方居住が夫方居住へと変化し，朱子学的理論によって統合された父系出自集団である門中組織が形成されるようになり，それに伴って族譜の刊行が盛んになっていく。族譜の

編纂方式も 15・16 世紀に刊行された初期の族譜とそれ以降の族譜とでは変化がみられ，初期の男系・女系の区別がない記載から男系を中心とする記載に変わっていく。すなわち，初期の族譜では，男系子孫と女性の子孫の両方が記載されており，また兄弟姉妹の記載順序も男女の区別なく出生順に記載されていたものが，女性の子孫は娘婿だけ，あるいは娘婿とその息子だけが記載されるようになり，兄弟姉妹間の記載順序は出生順にかかわらず男子を出生順に記載し，女子をその後に記載するという方式が定着していくのである。相続制度においては，それまでの男女均分相続から男子優待，さらに長子（長男）優待相続へと変化していく。こうした制度は初めは士族層に特有のものであったが，近世後期から近現代にかけて非士族層にも広がっていくことになる。

　このように朱子学中心の儒教は朝鮮時代全体を通して主流であり続けた。19 世紀には外国に対する通商と開国を主張したり，西洋科学を受け入れ東西文明の統合を目指したりする改革思想も出てきたが，政府の政策に積極的に受け入れられることはなく，19 世紀後半の開化思想も，明に代わる中華の正統な後継者を自認する朝鮮社会の支持は得られなかった。むしろウェスタン・インパクトに際しては儒教を「正」として守り，西洋や開化した日本を「邪」として排斥する衛正斥邪思想が盛んになっていった。1894 年から行なわれた甲午改革では科挙制も身分制も廃止されたが，儒教規範の遵守が社会的地位の基盤となるという意識はその後も維持されていった。

(3) 近現代の儒教

　甲午改革で科挙制が廃止されたことによって儒教と政治の制度上のつながりが断たれ，士族の特権を支える身分制度は崩壊した。また甲午改革では教育改革も行なわれ，儒教を中心とする旧来の教育制度が改められることになった。1895 年 2 月に高宗が発表した教育の三大綱領では「虚名」を捨て「実用」を尊重することを目的として徳育・体養・智養の三大教育理念が掲げられている〔姜在彦 2001:479〕。教育理念のひとつである徳育は儒教の

五倫の礼の修養を目指すものであるが，あくまで3つの理念の中のひとつに過ぎず，これまでのような儒教一辺倒ではない教育方針が示された。この理念を具体化するため，政府は同年7月に教育担当の中央政府機関として学部を設置し，近代的学制を敷いた。成均館も近代化に即して儒学の他に歴史・地理・数学などの科目も加えた3年制の教育課程に改編され，教育制度における儒教の特権的な地位は近代の教育システムからは排除された。

　20世紀に入って激化する日本の侵略に対して朝鮮各地で抗日義兵抗争が起こった。初期の抗日運動は儒教的思想を軸として前両班官僚や在地士族層が主導するものであったが，進展する過程で平民層の参加が増加するにしたがって，主導層も彼らに移り，抗争の目的も儒教思想擁護から近代国家としての主権擁護へと変化していった。

　一方，より穏健的な啓蒙活動を通して国権を回復させようという動きがソウルや地方都市の官僚や資産家，改革的儒学者を中心に展開された。この救国啓蒙運動は文化活動と産業振興による富国強兵を国権回復の要諦としていた。改革的儒教学者は，儒教の弊害を改め，民族主義と民主主義に合致する新しい民族宗教として儒教を再編することを目指した。

　1910年から日本の植民地統治が始まり，統治の手法が三・一運動をきっかけとして武断統治から文化統治へ転換されると，儒教指導者層の中にはこうした政策に反発して自殺する者や，抗日運動を組織する者が出てきた。金光億は安東地方の儒教エリート層を中心に現代の儒教の変容を考察した論文の中で，この時期に安東地方の儒教エリート層の大部分が私財を投じて抗日運動に参加し，その結果国外に追放されたと述べている。その他，私立学校を設立して教育を通した国家再建を志す者や，中国で亡命政府を指導し，日本軍に対する武装闘争を組織する者もいた〔Kim Kwang-ok 1996:216〕。

　日本の植民地統治からの独立後，北緯38度線で分断された朝鮮半島の南側に大韓民国が樹立されたが，その後の韓国における政治・社会状況は儒教にとっては逆風であることが多かった。米国の支持を得て政権を発足した李承晩は1905年に渡米し，プリンストン大学で博士号を取得したクリスチャ

ンで，支持層にもキリスト教信者が多かった。1950 年に勃発した朝鮮戦争
では北朝鮮の共産主義政権によって弾圧されたキリスト教徒の多くが韓国に
逃れてきた。さらに停戦後の復興の過程でアメリカの援助に依存することに
なり，アメリカ文化が急速に広がったことと相まって，戦後の混乱の中でキ
リスト教が普及していった〔崔吉城 1998:324-325〕。1961 年には軍事クー
デターによって朴正熙の軍事政権が成立した。経済成長による近代化を目指
す政府は，儒教的伝統文化を近代化の阻害要因であるとし，1973 年には伝
統的な儀礼の簡略化を進めるため大統領令として「家庭儀礼準則」を施行
し，儀礼によって社会的地位を顕示し維持している儒教エリート層の反発を
買った。

　朴政権と儒教支持層との緊張関係は，双方がそれぞれ妥協を図ることに
よって収束していった。朴正熙は出身地の慶尚北道で大統領選挙演説をした
際に儒教の文人伝統を批判し，支持基盤である慶尚北道全域にわたって儒者
たちの不満を買った。彼はこの事態を収めるために李退渓を祀る陶山書院を
参拝し，これを重要文化財に指定した。さらに儒教関係建造物の修復，李退
渓や李栗谷の肖像の入った紙幣の発行，抗日運動に身を捧げた儒学者たちの
祠廟の再建や，儒者の先祖の私設博物館を建てるための在地門中への資金援
助など，儒教関係者を意識した行為が次々に行なわれた。儒者たちはこうし
た一連の行為を儒教伝統に対する敬意の表明と受けとめ，朴正熙の教員歴や
質素な生活スタイルを評価した〔Kim Kwang-ok 1996:217-219〕。

　また軍事政府は，国は大統領を家長とする家族であるという比喩を用いて
儒教的家族規範を国家観の形成に利用し，儒教規範の忠を強調することで国
民に国家に対する忠誠を要求した。キリスト教指導層の中には人権や民主主
義を侵害する軍事政府を批判する者もいたが，儒教指導層は概して協力的で
あった〔ibid.:218〕。

　1970 年代の高度経済成長期にも企業が家族にたとえられ，儒教倫理に基
づく経営が行なわれるなど，ビジネスの領域においても儒教的家族主義や儒
教規範が支配的だった。また 1980 年代の民衆文化運動では儒教エリート層

の象徴である両班文化に代わる民族文化として民衆の文化や巫俗の儀礼など
が取り上げられ大衆文化の重要性が強調されたが，金光億は，こうした運動
の目的と正当性を宣言する時に使われたのは儒式儀礼のパターンだったこと
を指摘している。軍事政権に対する反政府活動の正当性や民衆文化への関心
は，韓国の知的伝統の歴史との関連で説明されたが，その知的伝統の歴史自
体は儒教に基づくものであるし，進歩的知識人の批判精神や実践的理想主義
は儒教的政治文化の影響を強く受けたものであった〔ibid.:219-222〕。

　近年の急激な国際化・欧米化は確かに儒教的価値観を薄れさせているが，
その反動としての伝統回帰が叫ばれるときに主軸になるのは「儒教」であ
る。またグローバル化する国際社会の中で韓国の特色をアピールする際に有
効なシンボルとして使われるのも「儒教文化」であることは，韓国の観光事
業の宣伝文句などからも容易に見てとれる。

　以上で見てきたように，朝鮮半島における儒教は，官僚や知識人の教養，
官吏登用や政務遂行の手段，国家統治原理，士族の自己修養道徳，郷村社会
を支配する装置，社会や家族のなかで守られるべき規範，観念的・思弁的哲
学，党争の具，親族組織化の原理，攘夷思想，抗日のテーゼ，近代化の阻害
要因，国家への忠誠の根拠，ビジネスにおける規範，民衆運動や反政府運動
を正当化する仕掛け，古きよき伝統の象徴，韓国の民族的アイデンティティ
といった具合に，その時々の社会において，さまざまに読みかえられ，変容
し，再生されている。では「両班化」といわれる現象では儒教はどのような
姿を見せ，どのように関わってくるのだろうか。

4. 「両班化」の諸相と儒教

「両班化」という語は歴史学でも人類学でも用いられているが，この語が
指す現象には異なる時代のものや，その主体や内容において必ずしも同一と
はいえないものが含まれている。いずれの現象においても儒教は何らかの形

で関与しているが，その関与のしかたや程度にはそれぞれ違いが見られる。この節では「両班化」という語で表される現象を整理し，それぞれの現象において儒教がどのような役割を果たしているかを見ていく。

(1)「両班化」の多義性

「両班化」という語に含まれている「両班」という語の多義性については既に見てきたが，「〜化」という接尾辞もかなりあいまいで，多義的に用いることが可能である。まず，「〜化」には「華族の平民化」「政治家の族議員化」などの用法にみられるように，「〜そのものになる」という意味と，「日本社会の西洋化」「大企業の官僚化」などの用法が示すように「〜の性質を帯びる」あるいは「〜に近づく」という意味の2通りがある。さらに後者の用法の場合，どの程度までその性質を帯びれば「〜化」と言えるかという基準は明らかでないことが多い。例えば「日本社会が西洋化した」と言う場合，日本社会の構成員のどれくらいの割合がどの程度西洋的になっていれば西洋化と言えるのかということに関する明確な基準はない。

歴史学者は「両班化」という語を比較的厳密に使っていて，それまで両班でなかった者が「両班になる」という意味で用いることがほとんどである。例えば宮嶋は「高麗時代に両班化した家系」と記述しているが〔1995:34〕，この場合の「両班」とは科挙に合格した官僚という狭い意味での両班であり，「両班化」とは「両班になった」という意味である。また「両班化」というと，一般には，朝鮮時代後期の戸籍研究の結果，17世紀後半から19世紀に両班が激増したと指摘する四方博の説に基づく朝鮮時代後期の身分変動現象が想起されるが[26]，歴史学者はこの現象については両班化が戸籍上のものであることを強調したり〔李泰鎮 2000a［1993］:185・191〕，「『両班』（実は免役者）化」と両班を括弧付けにした上でその説明を加えたりしていて〔吉田 1998:232〕，「両班化」という語をそのまま用いるということはしていない。この現象が実際の身分上昇を伴うものではなかったという指摘がされているからである。

第2章 「両班化」の諸相と儒教   87

　四方は 17 世紀末から 19 世紀にかけての慶尚道大邱府の戸籍大帳に記載
された戸主の職役を基準として身分を認定し，この期間に両班戸が 9.2％
から 70.3％に激増，常民戸は 53.7％から 28.2％に減少，奴婢戸は 37.1％
から 1.5％に激減するという著しい身分上昇傾向が見られることを示した
〔四方 1976 [1938]〕。四方はこの身分上昇傾向は，多くの人々が軍功や納
粟 [27] による官位官職の取得や免賤といった合法的手段，あるいは，両班身
分の冒称や族譜の偽造などの非合法的手段を駆使して両班の身分を取得した
結果によるものだと説明した。その後，慶尚道の他の地域の戸籍大帳からも
同じような身分上昇傾向が確認され [28]，朝鮮後期身分変動論は定説となっ
ていった。

　しかし，その後，四方の論じる朝鮮後期の身分上昇は戸籍上のもので実際
の身分関係を反映していないことについて〔宋俊浩 1987c [1986]：151-
156，吉田 1998:220-222〕，さらには四方が史料的根拠のない朝鮮時代の
身分制を自明の前提として「両班」の範疇を設定し分析を行ったことにつ
いて〔吉田 2002a:16〕批判が出てきた。確かに 1920 年代前半においても
朝鮮全人口の識字率が 10% 程度であったこと〔천정환 2003:93〕や，1928
年に朝鮮総督府が各道に照会して行った調査では，当時の「両班儒生」の総
数が 22 万 7,546 人と報告されており〔善生 1934:347〕，当時の朝鮮人人
口 1,866 万 7,344 人 [29] の約 1.2% だったということからも，朝鮮後期の戸
籍上の身分上昇は実際の身分上昇を反映したものではなかったと考える方が
妥当である。

　その一方で，この時期，朝鮮社会において両班でない者が，族譜の編纂・
名前における字画の多い漢字や行列字 [30] の使用・奴婢の所有・祖先を祀る
書院や祠堂の建立・祖先を顕彰する文集や実紀の刊行といった両班の文化や
行動様式を模倣する傾向が起きていたことも指摘されている〔宮嶋 1995，
山内 1991，金俊亨 2000〕が，歴史学者はこのような傾向に言及するとき
には「両班化」という語は用いていない。例えば宮嶋は 18 世紀以降に両班
的価値観・生活理念が下層にも浸透し，社会全体に広がった現象を「社会全

体の両班志向化」と表現している〔1995:216〕。こうした人々の中には既存の両班層と交流し，対等の扱いを受けるようになる者も出てきたが（金俊亨2000:134-140・145・301），先にあげた1920年代の識字率や朝鮮総督府の調査で出た数字からもわかるように，非両班だった者が両班として認知されるまでになることは容易なことではなかったと考えられる。そして，このように朝鮮後期の両班志向化の中で非両班が両班として遇されるようになった事例に言及する際にも，「両班」という概念や「両班になる」という定義が厳密ではないためか，歴史学者は「両班化」という語の使用にはあまり積極的でない。

　一方，人類学者が「両班化」という語を使う場合には「両班になる」という意味と「両班に近づく」という意味の2通りが含まれており，さらに「両班に近づく」という時の両班には社会階層としての両班と理想型としての「両班」の2通りがある〔Lee Kwang-kyu 1986:18，末成1987:45，岡田2001:37-39〕。後者の場合，既に社会階層としては両班である者がさらに「両班化」していくことになる。

　「両班化」という語で説明されているさまざまな現象を整理するため，非両班層が両班（社会層としての両班あるいは理想型としての「両班」）の行動様式をまねて近づこうとする現象を両班志向化，非両班層が実際に両班に身分を上昇させる現象を両班化，すでに両班である者がさらに行動様式を両班の理想型に近づけようとする現象を「両班」化，これらすべてを含めたものを「両班化」と表記して，それぞれを区別し，現代韓国社会で見られる「両班化」現象を検討していく。

（2）現代韓国社会の「両班化」

　前項で述べたように，歴史学者は「両班化」という語の使用には消極的で，ほとんど使っていない。これに対し，「両班化」という概念を提示し，現代韓国社会の分析に用いてきたのは人類学者であった。全京秀は非両班が門中の組織化や書院の建立などによって地位の上昇移動を試みる事例を紹介

するにあたって，それを「両班化」と表現した〔全京秀 1984:163・164・178〕。李光奎〔Lee Kwang-kyu 1986〕は現代韓国社会全体の傾向として，末成〔1987〕は地域社会における門中に見られる現象について，それぞれ「両班化」という概念を用いている。朝倉〔Asakura 1998〕は個人レベル，門中レベル，国家レベルで見られる「両班化」のさまざまな側面を論じ，レット〔Lett 1998〕は，韓国の都市中産階級の出現の分析にあたって，「両班化」の概念を援用している。また岡田〔2001〕は「両班化」というテーマに正面から取り組んだ民族誌を著している。

　李光奎はその論文の中で，

　　　儒教は，李氏朝鮮王朝の国家理念であったにもかかわらず，過去には上層両班に独占されていた。しかし現代韓国社会では儒教は全ての人々の道徳的価値観となっている。この意味において韓国社会は両班化（yangbanization）の過程にある。過去のステータスが高かろうと低かろうと，どの門中（lineage）もより高い地位の獲得を試みる。もし，将来すべての門中が両班のステータスを得たならば，儒教ピューリタニズム（Confucian Puritanism）がすべての韓国人の哲学となるだろう〔Lee Kwang-kyu 1986:18〕。

と述べ，現代韓国社会における儒教的価値観の受容，すなわち「儒教化」と社会全体の上昇志向を結びつけて「両班化」という表現で概念化した。

　一方，末成〔1987〕は「行動様式などを『両班』の理想型に近づけることにより，一族の社会的ランクを上昇させ，両班としてのステータスを固め，さらに一層高いランクを目指す現象」を「『両班』化」と定義し〔ibid.:45〕，在地社会における門中の社会的地位の変化や競争原理を論じた。「『両班』化」という語法については「その主体には下層両班も含まれるので，むしろ儒教化といった別のタームも考えられるが，儒教そのものが社会に浸透した李朝期以後も進行している現象であり，ここでは仮に『両班』化

と表現したい」と説明している〔ibid.〕。

　ここで興味深いのは，李光奎が朝鮮時代には儒教は上層両班に独占されていた，すなわち非両班層は儒教化されていなかった，という認識に基づき「儒教化」を「両班化」の指標としているのに対し，末成は朝鮮時代には非両班層も儒教化されていたと考え，「儒教化」＝「両班化」（末成の用語では「両班」化）とはしていない点である。この点については，多面的な儒教のどのような面に注目するかによって，どちらの解釈もあり得ると考えられるが，その点については次項で考察する。岡田も「儒教化と両班化のプロセスは重なり合うものの，同じ現象を指すのではない」という見解を示しているが，その理由は末成とは異なり，儒教的価値観は両班的行動の実践の細部まで規定するものではないこと，儒教的価値観とは直接関係がないような行動が両班的行動とされ，なおかつ，それが周囲から両班としての証として評価されることが多いことによるとしている〔2001:38〕。この点についても併せて次項で検討したい。

　末成は「儒教化」と「両班化」を区別し，後者を両班の理想型（＝「両班」）に近づくことにより社会上昇を図る現象と定義し，「両班」化と表記することにした。非両班層だけの現象ではなく，下層両班層にも見られる現象であることを明示するためである。

　非両班が両班へ上昇する場合も，ステータスが不安定な下層両班が両班層内部でさらに上昇する場合も，同じ「両班」化として区別しなかった末成に対し，岡田は階層移動の観点から前者を第一のレベルの「両班化」（岡田の語法ではカギ括弧なしの両班化），後者を第二のレベルの「両班化」として区別している。第一のレベルでは，主体は両班的な世界観・価値観を受容しようとし，また両班的な行動を習得・実践しようとする。第二のレベルでは，主体は既に両班的な世界観・価値観を受容し，基本的行動を実践しているが，さらにその規範を徹底して実践することにより，階層内部での地位上昇あるいは維持を目指す〔岡田2001:39・44〕。岡田は，第一のレベル（非両班から両班への階層移動）は儒教的世界観と価値観の受容を伴う過程，す

なわち儒教化のことを指すが，第二のレベル（境界線上に近いローカルな両班の上昇志向）の両班化は儒教的価値観の受容は既に前提となっており，日常生活の行動規範が儒教を基盤とするようになった後に起きるとしている〔ibid.:43〕。そして，「あまりにも儒教が韓国人に『血肉化され』ているために，ある行動が儒教的であると意識すらされない場合が多いとまで言える」〔ibid.〕ほど，儒教が日常生活における行動を律する規範となっている韓国社会における近代以降の「両班化」や今日的状況を解釈する場合には，第一のレベルより，第二のレベルの「両班化」を重視すべきだと強調する〔ibid.〕。

　筆者も第一のレベルの「両班化」と第二のレベルの「両班化」を区別することには賛成である。同じ「両班化」（未成の用語では「両班」化）と言っても，主体が非両班の場合と両班の場合とではその目指すところも，周囲の受け止め方も異なるし，その手段ないし内容に違いが出てくる局面もあるからである。しかし，第一のレベルの「両班化」は儒教化のことを指し，それがほぼ行き渡った現代韓国社会では第二のレベルの「両班化」を重視すべきであるという見解とはやや異なった見方をしている。次項でさらに詳しく検討するが，儒教的価値観の受容と基本的な儒教的行動規範の日常生活における実践は，非両班が両班になる必要条件にはなっても十分条件にはなり得ないと考えるからである。儒教的価値観を受容し，日常生活において儒教的行動規範を実践したからといって，非両班が両班になれるわけではない。「国民総両班化」現象という言葉が生まれ，国民の大多数が両班の家系であることを主張する状況においても，地域社会の中で両班として認知される人々は限られている。韓国社会において儒教的倫理を受容し実践することは，少なくとも建前としては，人として当然のことであり，儒教的倫理の受容・実践だけでは両班として認知される，両班になれる，ということにはならないのである。「国民総両班化」現象は，大部分の国民が両班的な行動を取るようになってきたということであって，大部分の国民が両班として認知されるようになったということではない。その意味でこの現象を指す語としては「国

民総両班志向化」の方が適切ではないかと思う。

　また，岡田は第一のレベルの「両班化」で受容され遵守される儒教規範や行動の基本的枠組みを「テキスト規範」，第二のレベルで問題となってくる，人々の相互交渉が行なわれる場で具体的に行動する際の細かな規範を「実践規範」と呼んで区別し〔2001:45〕，この細かな「実践規範」を生産し，両班についてのより精緻なイメージを作り出して実践していくのが第二の両班化のプロセスであるとしている〔ibid.:168・283〕。さらに岡田は，このような「文化の生産者」である両班と，両班が生産した文化にしたがう「文化の消費者」である非両班との間の生産と消費の関係の連鎖によって，前者の後者に対する文化的支配関係が地域社会の底辺まで浸透していったと論じている〔ibid.:167-168〕。この主張は，岡田の示すさまざまな事例に支えられており，説得力のあるものである。筆者は先に，岡田の言う第一のレベルの「両班化」（非両班に見られる「両班化」現象）と第二のレベルの「両班化」（筆者の用語では「両班」化現象）ではその手段ないし内容に違いが出てくる局面がある，と述べたが，これはそのよい例である。

　しかし，第一のレベルである非両班層の「両班化」と第二のレベルである両班層内部の「両班化」（筆者の用語では「両班」化）の手段ないし内容が，常にこのように異なっているわけではない。というより，むしろ似たようなことをしている場合の方が多い。これまでの「両班化」に関する研究で〔全京秀1984，末成1987，Asakura 1998〕，上昇志向の表出行為の例としてあげられているのは，儒式儀礼（特に墓祭）の施行，族譜の編纂，祠堂・書堂・書院などの建造，祖先を顕彰する碑石の建立，子弟への教育の付与，他の両班門中との交際や通婚などであるが，これらは非両班が両班を目指す場合にも下層両班がさらなるステータスの上昇を志向する場合にも見られるものである。

　筆者も，岡田の言うように第一のレベルの「両班化」と第二のレベルの「両班化」は分けるべきだと思うが，分ける基準は主体の属性のみにおく方がわかりやすいのではないだろうか。また混乱を避けるため，「両班化」と

いう語は両班でなかった者が両班になった場合に限定したいと考える。したがって，現代の韓国の「両班化」について，非両班が両班を志向する両班志向化（岡田の言う第一のレベルに相当するが，階層移動は起こっていない），その結果として非両班が両班になる両班化（岡田の言う第一のレベルで，階層移動が起こっている），既に両班である者が理想型としての「両班」を目指す「両班」化（岡田の言う第二のレベルに相当する）に分けて検討する。

　近代の甲午改革による制度的制約の消滅，また独立以降の産業化による経済力の向上，教育や情報の普及により，非両班の人々も両班的文化様式や行動様式——特に経済力があれば模倣が可能な様式——をある程度まねできるようになった。もちろん，まねたからといって両班として認知してもらえるわけではない。特に両班でないことが自明の人々が両班のまねをしても賞賛されないばかりか，反って嘲笑の的になるということもあるため〔尹学準 1993:228-229・23，秀村 2003:141〕，初めからそのような無駄な努力をしない人々もいる[31]。しかし，都市化が進み，匿名性の高い大都市の居住者が多い現代韓国社会ではこうした人々は少数で，大半の人は認めてもらえるかどうかはわからなくても，とりあえず両班の文化・行動様式でまねのできるものはまねをし，あわよくば両班のステータスを得ようと試みる。彼らは村にも族譜編纂や儒式祭祀儀礼といった両班的文化ないし行動様式を積極的に持ち込み，彼らを通して両班のステータスを主張するつもりのない人々の間にも儒教的伝統が浸透していくことが秀村によって指摘されている〔1998:206・212，2003:138-139・141〕。また，全京秀〔1984〕の安東地方の事例に見られるように，出自が明確な地方社会においても個人的・集団的な努力によって両班の仲間入りを目指し，実際にそれがある程度実現する場合もなくはない。

　では，両班志向化はどの時点で実際の地位上昇を伴う両班化に移行するのだろうか。先に述べたように，現代の韓国社会における非両班の両班志向化と，両班層内部の「両班」化とでは，その主体も違えば（非両班と両班），目指すところも違うが（「両班のステータスの入手」と「両班層内部でのさ

らなるステータスの上昇」），その手段ないし内容であるところの一連の行動
様式にそれほど違いがあるわけではない。「両班」イメージを生産あるいは
操作し，それを実践することによって自己の地位を固め，さらに上昇を図る
こと（岡田の言う第二のレベルの「両班化」）は両班にのみ可能であり，そ
の意味で「両班」化に特有と言えるが，これは「両班」化で取られる一連の
地位の維持ないし上昇手段のうちのひとつであり，その他の手段の多くは両
班志向化で見られるものと共通している。

　結局，両班というステータスが周囲の認知に依拠するものである以上，地
方社会において両班であるかないかを決定する鍵を握っているのは当該地域
の他の両班であり，彼らによって両班と認知されたことが可視化されれば，
その地域で両班として通用する。個人ないし集団が自発的に行なうことがで
きること——儒式儀礼の施行，族譜の編纂，祠堂・書堂・書院[32]などの建
造，碑石の建立，子弟への教育の付与——は，いくら熱心に行なっても，そ
れだけでは両班と認知されたことの証左にはならないのである。

　他の両班から認知されたことが可視化されるのは，他の両班との社会的交
流関係，特に通婚関係の蓄積である。筆者の経験でも，調査地の人が両班で
あるかないかということに最もこだわりを見せるのは，自分や子女の婚姻関
係に言及する時であった。他の同格の両班との通婚は「両班」化を志向す
る両班にとっては現在のステータスを維持する最低限の条件であり，さらに
上位の両班との通婚はステータスを上昇させる手段になる。一方，両班のス
テータスの入手を目指す非両班にとって，両班と通婚関係ができることはと
りあえず両班として認知が得られた状況といってよい。

　しかし，非両班がそこに至るまでには，自発的に行なうことが可能な行為
を積み重ね，変化する状況に応じて新たに生産され操作される「両班」のイ
メージにも可能な限り迫っていく必要がある。このような行為は，岡田が指
摘するように，常に変化していく他者との相互関係の中で行なわれるもの
であり，そうした行為に対する評価も人によって，あるいは状況によって異
なるものとなる。このようなプロセスが両班化につながるかどうかは個々の

ケースによって異なってくるため，これを満たせば必ず両班になれるというような明確な基準は存在しないのである。儒教的規範の受容と実践もその例外ではない。

（3）「両班化」における儒教の役割

現代韓国社会の「両班化」を両班志向化，両班化，「両班」化に分けてみてきたが，それぞれの局面について，儒教はどのような役割を果たしているのだろうか。それを考えるためには，朝鮮後期社会ならびに現代の韓国社会を儒教が浸透した社会とみるか否か，みるとすれば，どのような点においてそうみるのかということを検討する必要がある。

一般的に，朝鮮時代後期は，郷約の普及によって，それまで両班官僚や士族の間にしか広まっていなかった儒教的道徳規範が民衆にも浸透し，社会全体が儒教化されていった時代であるといわれている。しかし，儒教化と一口にいっても儒教は道徳，哲学，教育，政治，礼制といったさまざまな要素を含む「総合システム」であり，そのすべてが社会全体に浸透したわけではない。民衆に浸透していったのは主として，親や祖先に対する孝や，上下関係を重んじる礼，長幼の序，男女有別といった倫理ないし道徳規範とそうした規範の実践を律する礼制であった。もちろんこのような道徳規範に限っても，社会全体を見れば，浸透していない層，あるいは浸透の度合いが薄い層も存在していなかったわけではないが，朝鮮時代後期には社会のかなりの部分は三綱五倫といったような基本的な儒教の倫理道徳規範を受容していたと考えてよいだろう。

一方，儒教の中でも教育や政治などの威信や権力に結びつく要素は支配階層である両班に独占されていた。前述のように，制度上は良民であれば科挙受験資格はあったが，両班でない者が科挙に合格して官職を得るのは実質的にはほぼ不可能であった。朱子学的儒教理論に基づく父系出自集団の系譜記録である族譜には，系譜の他に始祖や派祖の墓廟，祖先の官位や行状，生没年月日や墓の位置なども記されていた。このような威信を象徴する機能をも

つ族譜は，当初は両班だけが編纂していた。また，道徳規範とその基本的な実践は社会の大部分に浸透していたが，知識や財力を必要とする，そしてそれゆえ威信につながるような儒教道徳の実践——正統な儒式祖先祭祀儀礼の施行，祖先を顕彰するための祠堂や書院の建造，碑石の建立——は基本的には両班に占有されていた。

このような儒教の遍在と偏在の配置状況を見ると，朝鮮時代に儒教は上層両班に独占されていたとする李光奎も，朝鮮時代後期には儒教が社会全体に浸透していったとする宋成も，間違っていないことが分かる。両者の違いは，結局，儒教のどの面に注目しているかという違いである。

支配者層は，通常，自分たちのイデオロギーを被支配者層に浸透させようとするが，同時にそのイデオロギーを権力や地位や威信に結びつける手段は自分たちが独占し，操作する。これは儒教に限らず，あらゆるイデオロギーと支配・被支配の関係についていえることである。したがって，被支配者層は，支配者層のイデオロギーを受容するだけでは，支配者層へと移動することはできない。ここにイデオロギーの社会上昇機能の限界がある。

道徳としての儒教の受容とその基本的な実践が社会に浸透している状況では，それは両班となるための必要条件にしかならない。儒教的道徳規範を受容せず，基本的な行動規範を実践していない者が両班になることはありえないが，儒教的道徳規範を受容し，その基本的な行動規範を実践したからといって両班になれるわけではない。

朝鮮時代後期の両班志向化において人々が模倣したのは，自分たちにも模倣が可能で，かつ威信や権威につながりそうな両班の文化・行動様式，すなわち文化資本〔Bourdieu 1984［1979］〕であり，そこには儒教と関係があるものもあれば（祭祀儀礼の施行，族譜の編纂，行列字の使用など），直接は関係しないものもある（名前に使われる字画の多い漢字，奴婢の所有など）。そして両班志向化する人々の中で実際に両班化したのは，比較的獲得が容易な文化資本を蓄積しながら，より獲得が困難な文化資本（識字能力，身体化された日常の挙措など）も入手し，さらに社交的・政治的スキルを駆

使することで，既存両班層との関係を構築できた人々，換言すれば社会関係資本〔Bourdieu 1984〔1979〕:122〕を手に入れることができた人々であった。

両班層内部での「両班」化になると，このような文化資本をいかに可視化し（祠堂や書院の建造，祖先の文集・実紀の刊行），継承させていくかということに加えて，例えば儀礼の実践方法を複雑化するといったような手段を通して，いかに他との差異を図るかということが追加される。これらはいずれも儒教と関係することではあるが，社会上昇を可能にしているのは，儒教の実践そのものよりも，むしろ，儒教の実践のなかで文化資本となるものをいかに運用するか，いかに操作するかということである。

近代は制度的制約の解除によって，さらに現代では経済力向上と知識や情報の普及によって，朝鮮時代には両班が独占していた一部の儒教的文化資本に一般の人々の手が届きやすくなってきたため，より「両班」的な儒教の実践が可能になった。しかし，ここでも儒教の実践は社会上昇の必要条件とはなっても，十分条件にはならないということに変わりはない。両班化のためには必要条件を満たした上で，さらに他の両班からの承認を得ることが必要であり，そこには儒教とは関係のない要素――例えば社交・政治的能力など――も関連してくる。同様に「両班」化においても，儒教的文化資本の可視化に加えて，さらに文化資本の運用能力や操作能力が重要になってくるのである。

5. 結びにかえて

「両班化」という語で表現されている複数の現象あるいは概念を整理し，それぞれにおいて儒教の役割を検討することが本稿の目的であったが，歴史学と人類学の間に見られる用語や概念の相違，また人類学のなかにも存在する認識や概念の相違のため，かなり錯綜した議論になってしまった。

以下，論じきれなかった問題点を指摘して結びにかえることにしたい。

ひとつは，他の社会との比較である。末成〔1987:69-75〕は「両班」化とインドのサンスクリット化（Sanskritization）を，ワトソン〔Watson 1998〕は中国の郷紳化（gentrification）を，朝倉〔Asakura 1998:202-203〕はサンスクリット化，日本のサムライ化（samurai-ization），沖縄の門中化（Munchū-ization）との比較を行なっている。イデオロギーと社会上昇の関係を考える上で，こうした比較研究をさらに進めていく必要がある。先頃江戸時代の社会全体に見られた上昇志向に関する著作『江戸時代の身分願望』〔深谷2006〕も出版されており，歴史的な比較研究の展望も広がっている。

また，「両班」的な士族の文化や行動規範の実践が必ずしも，社会上昇や威信の追求を動機としていない場合についても検討を行なうことが求められている。両班と主張しようとしない人々の間にも，帰郷する都市居住者を通して，「両班」的文化がもたらされ普及しつつあるという秀村〔2003〕の指摘は既に紹介したが，本田〔2004:59-61〕は，「両班」に代表されるような有徳の人士たることを志向して「両班」的な文化や規範を実践する吏族（郷吏層）の身分伝統が士族への身分上昇によって動機付けられたものではないことを指摘し，目的が社会上昇であることを前提とした従来の「両班」論に再考を促している。また，岡田〔2001:284〕は今日の「両班化」（岡田の表記では「両班」化）は韓国社会への帰属意識の表れ，すなわち「国民化」であり，両班の地位を主張する手段ではなくなってきていると述べている。このような社会上昇が目的ではない「両班」的規範の実践についても検討が必要だろう。

さらに現代韓国社会に見られる「脱両班化」ないし「非両班化」ともいうべき現象は，今後の韓国社会研究における中心的なテーマとなっていくのではないだろうか。墓祭の参加者が年々減少する，族譜への関心が薄れるなど，若年層を中心に「脱両班化」ともいえる現象が広がっている。また徴兵制による「軍事化」や「軍人文化」といった本来儒教文化とは相容れないは

ずの「武」に基づいた「男性性」の強調といった現代韓国社会の「非両班」的現象を，近年指摘されている儒教意識の衰退傾向と併せて考えていく必要があると思われる。

【注】

1）本稿では，歴史についての論述には「朝鮮」，現代の韓国社会を論じる際には「韓国」という語を用いる。

2）例えば韓国・朝鮮文化研究会の第1回研究大会記念シンポジウムの総合討論において，朝鮮が儒教社会といえたかどうかについて吉田〔2002b:97-98〕と野村〔2002:98-99〕は異なる見解を提示している。

3）末成〔1987〕と吉田〔1998〕はそれぞれ異なる理由から「両班化」ではなく，「『両班』化」と表記している。その理由については後述する。

4）①は単に歴史用語にとどまらず，現代でも意味をもち，実際に使われているのだが，その点については後で詳述する。

5）また辞書にはないが，喧嘩の際に「この野郎」といった意味で「この両班」という言い方をすることがある〔秀村 1998:221〕。

6）したがって，支配層一般を指す用語で地方の支配層を表す時には，「在地両班」「在地士族」というように，その前に「在地」をつけることが多い。

7）「士族」が朝鮮前期に法制的に規定された用語であるという点については，後で詳しく述べる。

8）朝鮮時代の官位は，上から順に一品から九品まであり，それぞれの品階に正と従の区分があった。

9）韓永愚と吉田の説明は『世宗実録』巻52，世宗13年5月戊辰條に，李成茂の説明は『経国大典』巻1，吏典，京官職條に依拠している。

10）高麗時代の蔭叙制では，官品五品以上の者の子・孫・婿・弟・甥が対象となっていたが，朝鮮時代になると，蔭叙の範囲は①功臣および官品二品以上の者の子・孫・婿・弟・甥，②実職三品以上の者の子・孫，③吏曹・兵曹・都総府・司憲府・司諫院・弘文館・武将・宣伝官に就いた者の子，となった〔韓永愚 2003〔1997〕:169・262〕。

11）官位の中で正三品だけは上階と下階に分かれていて，正三品上階以上の官僚は堂上官，下階以下の官僚を堂下官といった。

12）武官も二品以上になることは可能だったが，その場合は文散階を受けなくてはならなかった〔李成茂 1980:77〕。

13）詩・賦はそれぞれ中国の韻文の形式，表は主君や役所に出す文書，箋は注釈，策問は官吏採用試験の問題のことで，いずれも官僚が文書を作成する上で必要な能力とされた。

14) 宋俊浩〔1987a［1986］:250〕による引用。

15) しかし, 後で検討するように, 実は人類学者の間でも「両班」という語の使い方には違いが見られる。

16) 両班でない常民（sangmin 一般庶民のこと）と奴婢をひとくくりにして指した卑語。

17) 以下では①の範疇に属する人々はカギ括弧をつけず, 両班と表記する。

18) 末成の事例〔1987:50-51〕, 全京秀〔1984〕, 岡田の事例〔2001:131-134〕を参照。

19) 今村与志雄訳の「両班伝」より引用 (p. 321)。訳本では引用部分は文語体となっているが, 分かりやすいように現代語に改めた。括弧の中は訳者による説明である。

20) 例外として, 金宅圭が調査した安東地方の豊山柳氏の門中の事例がある。この門中は韓国で名門中の名門とされる門中であるにもかかわらず, 1964 年の調査の時点で過去120 年間にわたって族譜を発刊していなかった。原因は嫡出の派祖と非嫡出の派祖をもつ 2 つの下位門中が非嫡出子の派祖の母を族譜でどのような扱いにするかを巡って争い続けてきたためである〔金宅圭 1979［1964］:151〕。この門中は既に名門両班としての名声を確立していたため, 族譜を発刊していないことによって両班の地位を失うというようなことはなかったが, これは例外であり, 族譜を発刊していない門中が両班とみなされることはまずない。

21) 年に一度, 陰暦十月に祖先の墓前で行なわれる祭祀で, 時享祭, 時祭ともいう。

22) この説は 19 世紀に編まれた安珦の「年譜」の記事に基づくもので, 信憑性に疑いがもたれているが, 安珦が 1290 年代初までに朱子学に接したことは間違いないようである〔森平 2003:16-17〕。

23) 以下, 朝鮮時代に関連して「儒教」という語を使う場合は, 特にことわりがない限り, 朱子学を指すものとする。

24) 倭乱は 1592 年と 1597 年の豊臣秀吉による文禄・慶長の役の朝鮮における名称。胡乱は 1627 年と 1636 年の後金（1636 年時には国号を清に改称）の侵攻を指す。

25) もちろん「儒教化」といっても儒教のすべての要素が朝鮮社会全体に浸透していったわけではない。この点については後で検討する。

26) 「両班化」というキーワードでインターネット検索をかけてみると, ヒットする韓国内のサイトの多くはこの現象を取りあげたものである。

27) 一定量の穀類を税として納めることによって官位を取得することを認める制度。

28) 蔚山府〔鄭奭鍾 1983:234-312〕, 丹城県〔金錫禧・朴容淑 1979, 李俊九 1982, 1983, 井上和枝 1985〕, 鎮海県〔武田 1986〕, 彦陽県〔金錫禧 1984〕など。

29) 『朝鮮総督府統計年報』によると外地人（日本人）・外国人も含めた 1928 年の朝鮮の人口は 1,918 万 9,699 人である。

30) 両班層では同一氏族内の同世代の男子の名前の 1 字に同じ漢字を使っている。この作名法は木・火・土・金・水の五行相生の原理に基づくもので, 行列といい, 共通する漢字を行列字という。

31) こうした人々については秀村の論文〔1998, 2003〕に詳しい。

32）書院の建立には地元の儒林（儒道会）の承認が必要であるが，経済力を駆使すれば承認の取り付けは可能である〔全京秀 1984:176，尹学準 1993:237〕。

【参考文献】

『朝鮮総督府統計年報』朝鮮総督府.

『朝鮮語辞典』朝鮮総督府編，東京：国書刊行会，1974〔1920〕.

『朝鮮語辞典』朝鮮民主主義人民共和国科学院言語文学研究所辞典研究室編，東京：学友書房，1964〔平壤：朝鮮民主主義人民共和国科学院出版社，1962〕.

『国語大辞典』李熙昇編，서울：民衆書林，1987.

『民衆엣센스韓日辞典』安田吉実・孫洛範共編，서울：民衆書林，1992.

Asakura, Toshio 1998 'Aspects of Yangbanization', in *The Anthropology of Korea: East Asian Perspectives* (Senri Ethnological Studies 49). Ed. by Mutsuhiko Shima and R. L. Janelli, pp. 191–211.

Bourdieu, Pierre 1984〔1979〕 *Distinction: A Social Critique of the Judgement of Taste*.(Translated by Richard Nice). Cambridge, MA: Harvard University Press.(*La Distinction: Critique Sociale du Jugement*. Paris: Editions de Minuit, 1979.)

Brandt, V. S. R. 1971 *A Korean Village: Between Farm and Sea*. Cambridge, MA: Harvard University Press.

崔吉城 1998「朝鮮戦争と韓国社会の変化」嶋陸奥彦・朝倉敏夫編『変貌する韓国社会 —— 1970～80年代の人類学調査の現場から』pp. 305–331. 東京：第一書房.

崔龍基・江守五夫 1982「両班支配とその変遷」崔龍基・江守五夫編『韓国両班同族制の研究』pp. 105–148. 東京：第一書房.

崔承熙 1989「朝鮮後期 '幼学'・'学生' 의 身分史的意味」『国史館論叢』1: 86–118.

천정환（千政煥） 2003『근대의 책 읽기——독자의 탄생과 한국 근대문학』서울：푸른역사.

全京秀 1984「同族集団의 地位上向移動과 個人의 役割——安東居住 穎陽千氏를 中心으로」『伝統的生活様式의 研究 下』pp. 157–209. 城南：韓国精神文化研究院.

鄭奭鍾 1983『朝鮮後期社会変動研究』서울：一潮閣.

Deuchler, M. 1992 *The Confucian Transformation of Korea: A Study of Society and Identity*. Cambridge, MA: Harvard University Press.

深谷克己 2006『江戸時代の身分願望——身上がりと上下無し』東京：吉川弘文館.

古田博司 1988『ソウルという異郷で』東京：人間の科学社.

——— 2003「李朝時代の民衆と儒教」『アジア遊学』No. 50（特集「朝鮮社会と儒教」）pp. 26–35.

Goldberg, C. N. 1974「양반, 상놈과 인류학자 —— 人類學的 理論과 cross-cultural studies를 비추어본 韓国社会階級과 同族集団의 調査」『韓国文化人類学』6: 161–167.

韓永愚　1997a［1977］「조선초기의 사회계층과 사회이동에 관한 시론」韓永愚『朝鮮時代身分史研究』pp. 11-31. 서울：集文堂（初出『第 8 回　東洋学学術会議講演抄録』檀国大 東洋学研究所）.

――　1997b［1982］「조선초기 신분계층연구에의 현황과 문제점――李成茂의『朝鮮初期 両班研究』에 대한 書評」韓永愚『朝鮮時代身分史研究』pp. 33-61. 서울：集文堂（初出『社会学論評』創刊号 1982）.

――　2003［1997］『韓国社会の歴史』（吉田光男訳）東京：明石書店（原書『다시찾는 우리역사』서울：経世院, 1997）.

服部民夫　1980「朝鮮後期における名門両班の結婚関係――サブ・リニージ連合の形成とその意味」『アジア経済』21(6): 22-56.

秀村研二　1998「『両班』といわぬ人々――80 年代なかばの韓国東海岸漁村の調査から」嶋陸奥彦・朝倉敏夫編『変貌する韓国社会――1970〜80 年代の人類学調査の現場から』pp. 185-222. 東京：第一書房.

――　2003「儒教という伝統――韓国はどこまで『儒教社会』か」『アジア遊学』No. 50（特集「朝鮮社会と儒教」）pp. 132-142.

本田洋　1993「墓を媒介とした祖先の〈追慕〉――韓国南西部一農村におけるサンイルの事例から」『民族学研究』58(2): 142-169.

――　2004「吏族と身分伝統の形成――南原地域の事例から」『韓国朝鮮の文化と社会』3: 23-72.

井上和枝　1985「李朝後期慶尚道丹城県の社会変動――学習院大学蔵丹城県戸籍大帳研究」『学習院史学』23: 1-25.

――　1991「李朝後期郷村支配権の変動と在地士族――慶尚道丹城県の場合を中心に」『朝鮮史研究会論文集』28: 207-240.

伊藤亞人　1973「韓国農村社会の一面――全羅南道珍島にて」中根千枝編『韓国農村の家族と祭儀』pp. 147-159. 東京：東京大学出版会.

Janelli, Roger L. and Dawnhee Yim Janelli　1982　*Ancestor Worship and Korean Society*. Stanford: Stanford University Press.

加地伸行　1990『儒教とは何か』（中公新書 989）東京：中央公論社.

姜在彦　2001『朝鮮儒教の二千年』東京：朝日新聞社.

Kawashima, Fujiya　1989　The way of the Sonbi: Local Yangban and the Korean Intellectual Tradition. *Korean Culture* 10(2)（Summer）: 4-14.

金俊亨　2000『朝鮮後期 丹城 士族層研究』서울：아시아문화사.

金炫栄　1999『朝鮮時代의 両班과 郷村社会』서울：集文堂.

Kim Kwang-ok（金光億）　1996　'The Reproduction of Confucian Culture in Contemporary Korea', in *Confucian Tradition in East Asian Modernity: Moral Education and Economic Culture in Japan and the Four Mini-Dragons*. Ed. by Tu Wei-ming, pp. 202-227. Cambridge, MA: Harvard University Press.

金錫禧 1984「18・19 세기 戸口의 実態와 身分変動——新例 彦陽県戸籍大帳을 중심으로」『釜山大 人文論叢』26: 343–386.

金錫禧・朴容淑 1979「18世紀 農村의 社会構造——慶尚道 丹城県의 경우」『釜山史学』3: 25–60.

金宅圭 1979 [1964]『氏族部落의 構造研究』서울：一潮閣 (原著『同族部落의 生活構造研究』大邱：新羅伽倻文化研究院 1964).

Lee, Kwang-kyu (李光奎) 1986 'Confucian Tradition in the Contemporary Korean Family', in *The Psycho-Cultural Dynamics of the Confucian Family: Past and Present*. Ed. by Walter H. Slote, pp. 3–22. Seoul: International Cultural Society of Korea.

Lett, Denise Potrzeba 1998 *In Pursuit of Status: The Making of South Korea's "New" Urban Middle Class*. Cambridge, MA: Harvard University Asia Center.

宮嶋博史 1995『両班（ヤンバン）——李朝社会の特権階層』(中公新書 1258) 東京：中央公論社.

森平雅彦 2003「朱子学東伝の国際的背景——モンゴル時代と高麗知識人」『アジア遊学』No. 50 (特集「朝鮮社会と儒教」) pp. 14–25.

Nakagawa, Yuri 1997 Kinship Written, Kinship Practised: A Study of Kinship and the Writing Genealogies in Contemporary Korea. D.Phil. Thesis submitted to the University of Oxford.

野村伸一 2002「コメントおよび総合討論」『韓国朝鮮の文化と社会』1: 85–102.

岡田浩樹 2001『両班——変容する韓国社会の文化人類学』東京：風響社.

朴趾源 (今村与志雄訳) 1978「両班伝」『熱河日記 1 ——朝鮮知識人の中国紀行』(東洋文庫 325) pp. 319–324. 東京：平凡社.

朴秉濠 1982「韓国村落社会における同族結合の類型」崔龍基・江守五夫編『韓国両班同族制の研究』pp. 39–73. 東京：第一書房.

六反田豊 2003「朝鮮時代の儒教機関」『アジア遊学』No. 50 (特集「朝鮮社会と儒教」) pp. 81–93.

——— 2005「両班（士族）」猪口孝・田中明彦・恒川惠市・薬師寺泰蔵・山内昌之編『国際政治事典』p. 1037. 東京：弘文堂.

四方博 1976 [1938]「李朝人口に関する身分階級別的観察」『朝鮮社会経済史研究』中巻, pp. 317–332. 東京：国書刊行会 (初出『京城帝国大学法学会論集 第 10 冊 (朝鮮経済の研究 第 3)』, 1938).

嶋陸奥彦 1978「韓国の門中と地縁性に関する試論」『民族学研究』43(1): 1–17.

宋俊浩 1987a [1980]「韓國에 있어서의 家系記録의 歴史와 그 解釈」『朝鮮社会史研究——朝鮮社会의 構造와 性格 및 그 変遷에 관한 研究』pp. 16–58. 서울：一潮閣 (初出『歴史学報』87, 1980).

——— 1987b [1986]「朝鮮両班考——朝鮮朝 社会의 階級構造에 관한 한 試論」『朝鮮

社会史研究——朝鮮社会의 構造와 性格 및 그 変遷에 관한 研究』pp. 165-259. 서울：一潮閣（初出『韓国史学』4，1986）.

———— 1987c［1986］「朝鮮의 両班制를 어떻게 理解할 것인가」『朝鮮社会史研究——朝鮮社会의 構造와 性格 및 그 変遷에 관한 研究』pp. 118-164. 서울：一潮閣（初出『全羅文化論叢』I，1986）.

末成道男 1978［1975］「真城李氏의 墓祀에 対해서」『新羅伽耶文化』9・10: 151-163.（「韓国安東地方における真城李氏の墓祀について」『教養科学紀要』〔東京大学教養学部〕7，1975 を改稿）.

———— 1982「東浦の村と祭り——韓国漁村調査報告」『聖心女子大学論叢』59: 123-218.

———— 1986「韓国の社会組織——そのヴァリエーションをめぐって」竹村卓二編『日本民俗社会の形成と発展——イエ・ムラ・ウジの源流を探る』pp. 101-123. 東京：山川出版.

———— 1987「韓国社会の『両班』化」伊藤亞人・関本照夫・船曳建夫編『現代の社会人類学1 ——親族と社会の構造』pp. 45-79. 東京：東京大学出版会.

武田幸男編 1986『学習院大学蔵朝鮮戸籍大帳の基礎的研究——慶尚道鎮海県の戸籍大帳を通じて』（学習院大学東洋文化研究所調査研究報告 No. 13）.

Watson, James L. 1998 'Yangbanization in Comparative Perspective: The View from South China', in *The Anthropology of Korea: East Asian Perspectives* (Senri Ethnological Studies 49). Ed. by Mutsuhiko Shima and R. L. Janelli, pp. 213-227.

山内弘一 1991「工匠の行方——丹城県戸籍大帳による生鉄匠・水鉄匠の事例研究」『朝鮮後期の慶尚道丹城県における社会動態の研究（I）——学習院大学蔵朝鮮戸籍大帳の基礎的研究（2）』pp. 45-80.

李俊九 1982「朝鮮後期 両班身分 移動에 관한 研究——丹城戸籍을 中心으로（상）」『歴史学報』96: 139-184.

———— 1983「朝鮮後期 両班身分 移動에 관한 研究——丹城戸籍을 中心으로（하）」『歴史学報』97: 1-29.

李光奎・末成道男 1973「慶尚北道百忍・中浦両部落調査予報——特に家族・親族について」中根千枝編『韓国農村の家族と祭儀』pp. 41-77. 東京：東京大学出版会.

李成茂 1980『朝鮮初期両班研究』서울：一潮閣.

李泰鎮 2000a［1993］「朝鮮時代の両班——概念と研究動向」李泰鎮（六反田豊訳）『朝鮮王朝社会と儒教』pp. 175-195. 東京：法政大学出版局（初出『学芸誌』3，1993）.

———— 2000b［1978］「士林と書院」李泰鎮（六反田豊訳）『朝鮮王朝社会と儒教』pp. 211-247. 東京：法政大学出版局（初出『韓国史』12，国史編纂委員会，1978）.

———— 2000c［1984］「世宗代の農業技術政策」李泰鎮（六反田豊訳）『朝鮮王朝社会と儒教』pp. 20-50. 東京：法政大学出版局（初出『世宗朝文化研究』2，1984）.

尹学準 1993『歴史まみれの韓国——現代両班紀行』東京：亜紀書房.

―――― 2000『韓国両班騒動記』東京：亜紀書房.

吉田光男　1998「朝鮮の身分と社会集団」『岩波講座世界歴史』13，pp. 215-234.

―――― 2002a「士族と両班のあいだ――歴史の時間・文化の時間」『韓国朝鮮の文化
　と社会』1，pp. 9-26.

―――― 2002b「コメントおよび総合討論」『韓国朝鮮の文化と社会』1: 85-102.

善生永助　1996［1934］『朝鮮の姓氏と同族部落』東京：刀江書院（『朝鮮の姓氏と同族
　部落　外』ソウル：民俗苑，1996，に収録）.

第3章
東アジア三国における
『剪燈新話』の存在様相

厳基珠

1. はじめに

　東アジア三国は古代から文化的交流が活発であった。しかしそれは，相互の交流というより，古代から近世に至る中国文化の，朝鮮半島や日本への伝播といった方が適切かもしれない。それについてはすでに様々な方面で先行研究が十分に蓄積されている。特に韓国と日本については，中国文化とは異なる各文化の独創性の探究に焦点が当てられてきた。つまり，中国の文化が伝わる際に，それなりの変容を経て受容されたことを強調してきたのである。ここではこの「変容」ということに注目したい。文化受容の際の「変容」は特定の地域にのみ行われるのではない。外部から新しい文化を受け容れる場合にはどこにでも生じる。問題は，「変容」の具体的な様相の違いである。それを各文化の独創性と言ってもよいが，「独創性」と表現してしまうと，ある地域の文化だけに見られる特殊な現象であるようなニュアンスを帯びてしまう。しかし，文化受容にともなう「変容」は特定の地域にのみ見られる特殊な現象ではなく，文化受容にともなう必然的な変化と見るべきではなかろうか。何故なら，そのような変化は，「受け容れ側の既存文化」による干渉の結果として起きる必然的なものだからである。従って，影響を与えた文化の優秀性や，受け容れた側の変容の優秀性などを論ずること自体には何の意味もない。大事なのは受け容れる地域の文化的な特徴の何が作用

して，そのような「変容」が行われたかという点である。これについて一般的な答えは簡単には得られない。その答えは中国と朝鮮，朝鮮と日本など二つの地域だけを比べて得られるものではないし，一つの作品，一つの事実だけでもって立証できることでもない。本稿はそのような作業の準備段階として，『剪燈新話』を素材とし，『剪燈新話』という一つの作品の受容という限られた事柄から，文化の受容に際して，それを受け容れる側の文化の干渉がどのように現れるかを考察するのである。『剪燈新話』を選ぶ理由は，創作および伝播年代が比較的明らかであり，それに関係する時代背景が分かること，そして何より，『剪燈新話』の評価・位置づけが中国・朝鮮・日本で対照的であり，それぞれの文化圏での文化的基盤の違いがこの作品の受け容れに反映していること，である。

2. 中国における『剪燈新話』の位置づけ

『剪燈新話』は，元末明初の学者瞿佑（1341～1427）の作品である。瞿佑は幼いときから文才が認められたが1368年から1398年まで宜陽の訓導として勤め，高い官職にも就くことなく，1403年から1424年までは詩禍によって保安に謫せられるなど不遇な一生を送る。一般に『剪燈新話』は明太宗洪武年間の1378年に完成したと言われる。そして，1442年，国子監祭酒である李時勉が以下のように刊行の禁止を主張し，中国の小説としては初めて禁書になる。

近年俗儒は怪異の事に仮託し，根もなき言をもって飾りたてている。『剪燈新話』のような類は，ただ市井の浮薄のものが争って読むばかりではなく，読書人に至るまで学問に励まず，これを読み覚えて談論に役立てようとしている。もし厳しく禁じなければ，邪道と異端が日増しに盛んになり，人心を乱すのではなかろうか[1]。

第3章　東アジア三国における『剪燈新話』の存在様相　　109

　ここまで問題視されるに至ったのは，1420年，李禎によってこの作品を
まねた『剪燈餘話』が刊行されるなど，『剪燈新話』に相当人気が集まった
からであろう。しかし，1467年，1511年，1593年，1606年，1791年
などの刊本が残ってはいるものの，中国では『剪燈新話』は完本も伝わらず
ほとんど忘れられてしまう。中国文学史で研究の対象として取り上げられる
ようになったのは1917年，董康が日本で刊行された版本を，そこにつけら
れた註釈を削除したうえで，誦芬室叢刊二篇として中国で刊行してからであ
る。

　魯迅は，『中國小説史略』の「清の擬晋唐小説およびその支流」の始めの
ところで『剪燈新話』を簡略に扱い，しかも「文題，意境ともに唐人をまね
たものだが，文筆がことに冗雑軟弱で中身と合わない」と評価する。人気が
あった理由は「閨情をよく描き，艶語を選んで書いている」ことであって，
「当時の人々が好み，模倣作が無数出たが，禁止されるに至ってその風潮は
衰退しはじめた」という [2]。『剪燈新話』に関するこのような評価は，それ
以降の文学史でも繰り返される [3]。肯定的な評価にしても，大勢の人々が読
んで模倣作である『剪燈餘話』を生み，清の『聊斎志異』などが登場する土
台を作ったという程度で，それ以上の評価は見あたらない。何より，ほとん
どの中国小説史や中国文学史では『剪燈新話』自体に言及すらしていないの
である [4]。

　魯迅以外にも，『剪燈新話』の文学的な完成度が低いことは数篇の先行研
究で指摘されている。中国本国以外でも，例えば，措辞・詩詞・典故などが
多すぎ，叙事的一貫性が欠如していること〔堀田文雄1978〕，人間関係の
設定における必然性が欠如し，登場人物の性格も一致しないこと〔尾崎保子
1996〕などの指摘がそれである。

　『剪燈新話』は，文学的価値以外の面では有効性が考えられないのだろう
か。『剪燈新話』の有効性について，作家である瞿佑自身の序が「勧善懲悪」
を [5]，もう一つの序文を書いた凌雲翰もやはり「勧善懲悪」を主張してい
る [6]。この二人の序によれば，『剪燈新話』の編纂が非難を浴びる可能性を

二人とも十分予想してはいるが，それにもかかわらずその作品の意義を勧善懲悪的な側面に求めているのである。ところが，実はその勧善懲悪的な主張さえまともに達成できなかったという指摘〔成澤勝 1979:168-169〕もある。

　魯迅は，『剪燈新話』が禁書になったためにその人気が落ちたと述べたが，それだけを原因とすると，説明しきれない事柄が生じてしまう。明・清時代には大量の小説や戯曲が禁書になっている。『水滸伝』も『金瓶梅』も『紅楼夢』もその中の一つであった。禁書になったのは『剪燈新話』だけではなかったのである。同じく禁書の憂き目にあったにもかかわらず，他の作品は時代の経過によって数多い亜流作品をうみだしたり，或いはジャンルを変えて新たに翻案されたりすることは勿論，原作もなくならず伝わってきた。とすれば，『剪燈新話』がほとんど忘れられてしまったことには，禁書以外の原因を想定せざるを得ないであろう。この問題を解明するには，韓国における中国文化受容の伝統と『剪燈新話』の性格が，互いにどのようにかかわりあい，作用しあっていたのかを考察しなければならない。

3. 朝鮮における『剪燈新話』の伝播のありさま

　『剪燈新話』がいつ朝鮮半島に伝わったか明らかではないが，1443 年に刊行した「龍飛御天歌」の注釈部分に『剪燈餘話』の輸入についての記録が登場するので，それ以前に既に『剪燈新話』も伝わっていたのであろう。また『金鰲新話』の作者として知られている金時習（1435～1493）が『剪燈新話』を読み，感動して書いた「題剪燈新話後」があるが，その詩は彼が金鰲山にいた 1465 年から 1471 年の間に書かれたと推定されるものである。それ以外にも『剪燈新話』に関する記録はいくつか残っている。例えば，成宗 4 年（1464），李辺が編纂した『訓世評話』には『剪燈新話』の「愛卿伝」の一部が載っている。また，『朝鮮王朝実録』には燕山君（1476～1506）12 年（1506）4 月，王が北京に行く使臣に『剪燈新話』『剪燈餘話』

『効顰集』『嬌紅記』『西廂記』などの作品を買ってくるように命じたこと[7]，『剪燈新話』『剪燈餘話』の刊行を命じたこと[8] などが載っている。また同年8月に燕山君は北京に行く人に『聯芳集』とそれ以外の読み物の購入を命じている。その時，承政院から『香台集』『游藝録』『麗情集』などの書名を王に奉ずる。王がその書名の出所を聞いたところ，承旨[9] が『剪燈新話』に載っていると答える[10]。「承旨」という高い官職の人が『剪燈新話』を読み，しかもその中に引用されている本を王に薦めていることから，この時期の朝鮮知識人に『剪燈新話』がよく読まれていたこと，「荒誕怪異之事」として避けられてはいなかったことが分かる。

『剪燈新話』は朝鮮に伝わって二つの成果を残している。一つが『金鰲新話』であり，もう一つが『剪燈新話句解』である。

（1）『金鰲新話』

金時習は『剪燈新話』を読み，「平生固まった胸がすく」と言い，その形式を「模倣」して『金鰲新話』を書いた[11]。模倣したと言っても，比べると分かるように『剪燈新話』のいくつかの部分的な要素を混ぜて創作したもので，翻訳でもなく翻案でもない。金時習は『金鰲新話』を書いて石室に隠し，「後世に岑[12] を理解してくれる人がいるだろう」[13] と述べたという。このような『金鰲新話』と『剪燈新話』の関係と，それにまつわる一連の話の意味を考える時，彼の不運な一生との関連を無視することはできない。

金時習は5歳の時，世宗の前で文を作り，王がその文才を認め褒美を与えたという人である。彼が20歳のときの1455年，世宗の次男である首陽大君（後の世祖）がクーデターを起こし，11歳で王になった端宗（世宗の孫であり首陽大君の甥。1452年即位）を殺して王になったという消息に接するや，読んでいた本を燃やして僧侶となり，放浪の生活を送る。彼の才能を惜しんだ世祖が何回も官職を与えようとしたが，最後まで官職に就かず一生を終えたという。『金鰲新話』の創作時期はおそらく彼が金鰲山にいた時期である1465年以後であろう。

『金鰲新話』のもつ意味はこのような人生を歩んだ金時習と切り離して考えることができないはずである。おそらく作品の本当の意味は隠されていて，比喩的に表現されていると思われる。このような金時習が『剪燈新話』について，「その話，世教に関するものであっても怪異でも無害，事は人を感動させるので虚妄であっても喜べる……一篇だけ読んでも歯を出し笑い，平生の胸のわだかまった思いが晴れる」14)と歌っている。また『剪燈新話句解』の刊行にかかわり，『梅月堂集』『金鰲新話』の刊行にも関与したと推定される尹春年（1514～1567）は「題註解剪燈新話後」で，「……（宗吉氏＝瞿佑）は心に感じたことがあれば文にそれを托した。……後世の人々がその文を読んで稗説として扱い，それを軽く見たら，どうやって宗吉氏の心を十分に理解ができようか」といい，「宗吉氏の心については，註が及ばないので，私がここに書く」15)と述べている。

　『剪燈新話』は唐の伝奇を模倣したものである。ところが，唐の伝奇の中には自分の不遇を訴える内容のものが多い〔近藤春雄 1974:63〕。『剪燈新話』はどうだろうか。『剪燈新話』には措辞・詩詞・典故などが多すぎて小説としてバランスが取れていない，従って文学的な達成度が低いという指摘はあくまでも近代以降の研究者たちによる評価である。過度な措辞・詩詞・典故というのは作者である瞿佑の文才の誇示であり，実力ある士大夫としての訴えだったかもしれない。それだけではなく，瞿佑が書いた序の最後に，「勧善懲悪や哀窮悼屈について話した人に罪はないだろう。聞く人がこの点を戒めの一つにしたらよい」16)という句があるが，この句の「言者無罪，聞子足以戒之一義」が白居易の新楽府17)の「言者無罪聞者誡，下流上通上下泰」から引いたものであるという指摘〔近藤春雄 1974:60-61〕を参照すれば，『剪燈新話』に含まれている意味はそれほど簡単に把握できるものではなかろう。このような点は，文学的な完成度とは別の問題であるが，無視すべきことではあるまい。

　金時習が『剪燈新話』を高く評価したのは，こうした比喩的な意味として読み取れる部分が『剪燈新話』にあり，それを金時習が看破できたからで

はなかろうか。『剪燈新話』に隠された意味を読み取った可能性があるもう一人は尹春年だと思われる。前述したように「題註解剪燈新話後」で自分こそが瞿佑を理解できるという表現もそうだが，『剪燈新話句解』刊行を積極的に支援したこと，金時習の文集や『金鰲新話』の刊行に直接関与したこと〔崔溶澈・張本義 1999〕などはすべて，彼が『剪燈新話』および『金鰲新話』の裏面の意味を看破したことを示すのではないかと思われる。

　『金鰲新話』は朝鮮で一回だけ木版で刊行されるが[18)]，金安老（1481 〜 1537）や李滉（1501 〜 1570）[19)]のような学識ある人々がこれについて述べているから，少なくとも当時の知識人の間には話題作であったことが見受けられる。それにもかかわらず，『金鰲新話』から学んだと思われる後続作品もないまま，朝鮮ではその存在が抹消されてしまう。その後，日本で1884 年に刊本されたものを崔南善が『啓明』19 号（1927）に転載して，学会の注目を集めるようになる。偶然であろうが，『金鰲新話』は作品の形式だけではなく注目されるに至る経緯までもが，『剪燈新話』とよく似ているのである。

(2)『剪燈新話句解』

　『剪燈新話』は朝鮮の知識人によく読まれたようだが，よく読まれたこと自体だけでは対象作品が高く評価されたことにはならない。むしろ，「昔も剪燈新話，太平閑話があったが，遊びの一種」[20)]，「（孝廟［後の孝宗］が潜邸に居たとき，瞿佑の新話句解について聞いたところ，公［沈光洙］が答えて……）淫乱・虚妄にしてふまじめな書で，人の志を乱れさせるもの」[21)]と言われたり，また「（惑者が私を嘲弄して）……瞿氏のこの書は駁雑なもの」[22)]と言われたりしている。つまり，否定的な評価がほとんどなのである。否定的な評価者の一人である奇大升（1527 〜 1572）は宣祖 2 年（1569）次のように述べている。

　　剪燈新話は驚愕きわまりのないほど鄙褻なのに，校書館で私的に材料

を支給して刻板するようになって，識者は皆心を痛めました。その板本を無くそうともしましたが，そのまま現在に至りました。閭巷では争って印刷して読んでいるが，その内容には男女間のみだらな話や神怪不経の話が多いのです[23]。

　この内容を理解するためには『剪燈新話句解』の刊行経緯を知っておく必要がある。その詳しい内容は句解を行った林芑が書いた跋に記されている。それによれば，1547年礼部令史である宋糞が林芑に『剪燈新話』の句解を頼み，1549年に木活字で印行する。しかし，欠字が多かった。その後，尹春年が，校書館[24]の提調を兼任したとき尹継延が『剪燈新話句解』の木版刊行を要請する。その要請が受け入れられて以前の木活字本を「煩を刪り簡に就い」て，1559年に木版として刊行したという。奇大升が「校書館が材料を私的に支給して刻板するようになった」というのは尹春年の承諾を得て，1559年に尹継延が刊行したことを指している。奇大升のこの言及から見れば，朝鮮では士大夫たちが『剪燈新話』を「淫誕」「鄙褻」「駁雑」と非難したにもかかわらず，『剪燈新話句解』の板本を廃絶することもできず，10年もそのまま放置したということである。果たしてその理由は何であったのだろうか。

　現在残っている『剪燈新話句解』については，43種の刊本の書誌事項が報告されている〔閔寬東 1998:47-57〕。朝鮮の刊行物としては決して少なくない数である。その中で刊行年代が分かるものとしては1614年，1704年のものがある。これだけでも1559年に初めて刊行された後，150年にわたって刊行され続けたことが分かる。このような刊行状況は中国における『剪燈新話』の刊行状況と比べれば大した規模ではない。しかし，当時の朝鮮と中国を同レベルで比べることはできない。寡聞のせいかもしれないが，朝鮮で小説が句解され，しかも写本としてではなく刊本としてこれほど長い間残っている小説は『剪燈新話句解』以外にはないのではないかと思う。その意味で『剪燈新話句解』は非常に特異で珍しい存在だと言うことができ

る。それに，中国で忘れられてしまった『剪燈新話』と違って，『剪燈新話句解』は朝鮮において絶えず読み続けられ伝えられてきたということだけではなく，さらに日本にも伝わり，日本における『剪燈新話』受容に大きく寄与しているのである。

吏文の重要度

　朝鮮の知識人が『剪燈新話』を非難しながらも『剪燈新話句解』の刊行を黙認したという事実以外にも，さらに注目するに足る現象がある。それは，『剪燈新話』や『剪燈新話句解』の効用性についての言及が残されていることである。句解のほとんどを担当した林芑や，句解して版刷することに同意し，実際に一部の句解作業も行った尹春年の跋文は当事者のものだから論外としても，後代の人物である趙在三と李圭景のものは注目に値する。趙在三は『松南雑識』において，『十八史略』を編纂した曾先之と瞿佑とのエピソード[25]を紹介しながら「曾先之があわてて（江に投げ捨てられた『剪燈新話』）二冊を拾いあげて見て『百体が揃えてあるから吏文に役に立つであろう』と言った」[26]と述べている。また，李圭景（1788〜1856）は『五州衍文長箋散稿』で「今，閭巷の吏胥たちがもっぱら習っているものは剪燈新話一冊で，これを読めば吏文が上達するからである。これは刀筆吏の熟習で，志気が既にその中に絡んでいるからどうして責める必要があるだろうか」[27]と述べている。

　「百体が揃えてある」という指摘は林芑の跋文にも登場する表現で，これは『剪燈新話』に措辞・詩詞・典故などが多すぎて文学的な達成度が低いと評価する先行研究とも通じる内容のように思われる。特に，趙在三と李圭景の言及の中で注目すべきところは「吏文に役に立つ」という指摘である[28]。

　「吏文」というのは中国でいう吏牘文と同様で，朝鮮では主に明との外交文書に使われた特殊な文体である。その文体は「旧来の漢文にもあらず，さりとて又近世の支那語の如きものにもあらず，一種特別の構造を有する漢文・漢語を指す」〔小倉進平 1964：343〕という。または，「文言の文法を基

本としながらも文言の芸術的緊張はめざさず，口語的な語彙をふくむ吏牘特有の語を頻用する文体」〔吉川幸次郎 1954:367-396〕ともいう。「吏文というものは中国の官衙通文の特殊文体」〔李覲洙 1980:110〕という説明もある。しかし，その実体について具体的な研究はまだあまり進んでいないようである。とにかく漢文が分かったとしても吏文を理解するためには別途の学習が必要だったようで，高麗末から文禄慶長の役の以前まで，特に事大交隣を国是とした朝鮮としては吏文教育および担当者の問題がかなり大切であったようである。

　高麗末から朝鮮初には科挙の文科に合格した人の中から特に優秀な人材を選抜して吏文教育をさせたようで，吏学は承文院で，訳学は司訳院で分離して管掌していた。身分世襲の訳官が担当した訳学とははっきり区別したのである。その上，彼らには中国留学をさせたようである。ところが，世宗15年（1433），彼らは北京留学ができなくなり，その後司訳院で吏学と訳学を一緒に管掌するようになる。管掌が変わっても，吏文は依然として文臣たちが備えなければならない能力であったが，官職に就くのに吏文ができないということが決定的な障害にはならなくなったため，次第に文臣たちから軽視されるに至り，吏文がよくできる人は徐々に少なくなる。そのような人材不足の様相を深刻に受け止めた中宗は，家柄のよくない人や庶子[29]の中から能力ある人を選んで吏文学官にする〔李覲洙 1980:112-125〕。訳官出身として語学分野に多い業績を残した崔世珍（1465?～1542）もこの時代の人物で，吏文学習書である『吏文集覧』を残している。また『稗官雑記』『攷事撮要』などの重要な著述を残した魚叔権も庶子で，中宗20年（1525）に吏文学官になった。『剪燈新話』を句解した林芑も庶子で，この中宗代に吏文学官[30]として登用され，宣祖代まで活躍した人物である。

吏文学官としての林芑

　林芑が庶子でありながら抜群の人材であったことは，英祖朝[31]でも高宗朝[32]でも，庶子に対する差別の撤廃が論じられる都度[33]，その主張の根拠

としてとりあげられていることから分かる。彼の実力は，彼を非難する話の中にも彼の吏文をほめる内容が含まれる [34] ほどで，このことだけを見ても，吏文の制作が容易ではなく，それを得意とした林芑の優れた能力が推測できる。

　林芑の文書はほとんど残っていないが，明宗 11 年（1556）・宣祖 9 年（1576）の上疏内容は残されている。彼については，「庶子としては文章が上手くて漢吏学官になったが，性格が陰険で，悶着を起こすことが好きだった」[35] という非難があるが，いくつかの資料を総合してみれば，これはおそらく宣祖朝の上疏が原因ではないかと思われる。その上疏で問題になるのは士を非難した部分であり，そのため朝廷では彼の処罰を願う争論が 1 ヶ月も続いたが，結局宣祖が処罰を許さなかったという。このことから，彼についての王の信任が分かる。

　明宗朝の上疏は，ちょうど『剪燈新話』を句解していた時期に当たるのでこれについては詳しい内容を検討する必要がある。この上疏の冒頭は先行研究で既に紹介されたことがある。その内容は，先行研究の解読によれば「20年間，国家の公廩をやたらに浪費しないで家族を養ったが，国からの少しの報いをもらっていなかった」〔鄭容秀 2003:392-393〕ということだとされるが，この解釈は妥当ではないように思われる。この部分の原文は以下のようである。

　　　漢吏学官林芑上疏曰，臣聞夏書曰，工執藝事以諫，其或不恭，邦有常刑，臣待罪漢吏学官，幾二十年，徒費公廩，以養妻孥，而未效涓埃之報，日夜思慮，謀画唯是，宗系誥命等事，微臣之職，所當陳列者，謹條四件于左，伏乞聖慈留神焉 [36]。

　これは 20 年間国家の公廩で家族を養ったが何にも恩返しできず，その方法を探していたが，宗系誥命に関することは正しく自分の役目なので上疏をするという，上疏の序文にあたる。上疏の内容は全て中国と関連したもので

ある。

　一つ目は，宗系改正[37]である。「中国の『会典』がすでに改纂ずみなら礼部に命じ，本国の宗系に関する部分を一枚謄写して陪臣に渡して帰らせ，先臣の霊を慰め国祖の冤を伸ばしてくれるように」[38]と要求せよということである。

　二つ目は，聖烈仁明大王大妃と恭懿王大妃の誥命がなくなったので，もう一度くれるように明に要求せよということである。『大明会典』の誥勅に関する事例の中に「重授誥勅」ということがあるので，誥命がなくなったら再度要求することは当たり前であると述べている。

　三つ目は，孔子を文宣王とした文廟の神主を，至聖先師に改めるべきだということである。明でも既に正したので，中宗39年（1544）に正そうとしたが果たせず中宗が亡くなってしまったが，自分が確認したところ遼東と山海衛の文廟もすべて正してあるので一日も早く改めるべきだと述べている。

　四つ目は，海に出る舟に正しい文記を与えようとすることで，以下のようである。

　　わが国の官吏の文章には方言が混ざっていて，鄙俚無稽であります。そのため沿岸に住む民が中国に漂流すると，公文書があった場合でも文章のせいで疑われ，海寇として扱われ拷問を受けることがあります。また，上部に報告する文章の中に「持っている印信文字に夷語が多く使われているので盗賊ではないか思われる」となっているので，これを見れば本国の文章が分かりにくいせいで中国の辺将に殺される人もいるでしょう。私の考えでは，海洋に出る船の証明書を中国の路引のような格式にして，国号を明らかにし，中国の年号を備えた花闌票帖を書き，海辺の官司に与え，板木にそれを刻み，船に乗る人々が官司に申告したらすぐ印刷した様式に船員の名前と載せた品目を書いてやれば，もし中国に漂泊しても辺官がそれを印信文字として見て，海寇だとは疑わないでしょう[39]。

第3章　東アジア三国における『剪燈新話』の存在様相　　119

　上疏の内容は全て中国の文についてのものである。同年10月14日の記事によれば朝廷で『大明会典』を根拠とした一つ目と二つ目の提案はすぐ受け入れられる。このような提案が林芑によって行われ，受け入れられたということはその時期に至るまで『大明会典』を細かく読める人がいなかったことを意味するかもしれない。その理由は『大明律』と同じく[40]『大明会典』も吏文だったからではなかろうか。

　三つ目のものと四つ目のものは受け入れられない。その理由は次のようである。

　　　文宣王を先師に改称することは，中国で施行したのが既に久しく，我
　　国もそれに従って施行したのが久しいので改めることがとても難しい。
　　今改めても後日違う議論があるかも知れない。海に出る船に路引を与え
　　ることはよさそうだが，昔からやっていなかったことを今からはじめよ
　　うとするととても容易ではない。また，公私の全ての船にどうやって証
　　明書を発行して与えられようか。証明書を持っていく者はよいだろう
　　が，持っていない者にはもっと害があるだろうから，施行できない[41]。

　林芑は中国で直接自分が確認したことを根拠にして既に文宣王を至聖先師に正したと述べたのに，朝廷の人たちは「中国で施行したのが既に久しく」と言っている。このことから，ほとんどの朝廷の人たちが当時の中国の事情についてあまり詳しくないことが分かる。また「官吏の文章には方言が混ざっていて，鄙俚無稽である」と言った林芑の指摘について何の反論もなしに，「公私の全ての船にどうやって証明書を発行して与えられようか」といい，その実際の施行が困難であることを回答としたことは「官吏の文章には方言が混ざっていて，鄙俚無稽である」のを認めたことを意味する。すなわち，当時朝鮮の朝廷では中国との意思疎通が円滑にいっていない点について共通認識を持っていたのである。林芑が理想として提示した「方言が混ざら

ず，鄙俚無稽でもなく，夷語も多く使っていない，中国の朝廷で使っている路引式」というのは，まさしく「吏文」を意味するのではなかろうか。

句解の目的

　以上のような状況を総合すれば，林芑が「剪燈新話句解跋」で「これをもってたすけとし，文字を学べば役に立つことが少ないとはいえないだろう」[42]と言ったところの「文字」や，尹春年が「題註解剪燈新話後」で「……上には立身揚名の資質になるだろうし，下には文簿を扱うところに使われ，初学に大きく役に立つだろう」[43]と言った時の「文簿」が，「吏文」を意味する可能性は極めて高くなる。それに，崔世珍が中宗34年（1539）に『吏文集覧』を編纂し，魚叔権もその編纂に関与したという事実もこのような可能性を高める材料である。中宗代は吏文教育が以前より重要になり，本格的な学習書を編纂した時期であって，林芑が吏文学習書の有効性および編纂の必要性について認識できる環境は十分整っていたのである。

　林芑が『剪燈新話』を句解したのが，それを吏文学習書として提示するためであったとすれば，林芑が書いた跋文の内容も直ちに納得できる。林芑の跋文は，『剪燈新話』そのものの内容について理解を示した尹春年のものとは対照的である。林芑は他の人々と同じく『剪燈新話』を「符於語恠」といい，「稗説は実用に不適切である……」[44]と考えたという。また『剪燈新話』が「駁雑」であるという批判については答えを保留し，「古人は経伝すら道に到達するための筌蹄だと思った。ましてこの書が取るに足らないものであるのはいうまでもない。しかし，たとえそうだとしても初学者がこれで文を理解することができ，それで道を求めることができるなら，この書もやはり経伝の筌蹄である」[45]と述べ，『剪燈新話句解』は「経伝之筌蹄」であると主張している。つまり彼はここで，『剪燈新話』そのものの内容よりも，自分の作業結果である『剪燈新話句解』について評価を望む立場を表していると思われる。

　『剪燈新話句解』が吏文学習のためのものだったとみなすなら，『剪燈新

話』の内容について否定的な評価が圧倒的であったにもかかわらず，それ
ほど長い間，各地における『剪燈新話句解』刊行を放置した（?）事情も理
解できる。言い換えれば，『剪燈新話句解』はあくまでも「吏文学習」とい
う実用的な目的で刊行されたもので，『剪燈新話』の内容が，特別に人気が
あって長い間刊行されたわけではなかっただろうということである。このよ
うな流れを考慮するなら，長期間にわたって多くの朝鮮人たちに『剪燈新
話句解』が読まれたにもかかわらず『剪燈新話』が伝来した直後に『金鰲新
話』が創作された以外には『剪燈新話』のような伝奇物がほとんど見当たら
ないこともまた理解できるのである。『剪燈新話』の受容は，文学的な意味
を特にもってはいなかったのである。

4. 日本における『剪燈新話』の伝播のありさま

　禅僧である周麟（? 〜 1518）の詩文集『翰林葫蘆集』に，『剪燈新話』に
収められた「鑑湖夜泛記」を読んだ後に書いた「読鑑湖夜泛記」（1482）が
残っているので，朝鮮とそれほど変わらない時期に，『剪燈新話』は日本に
も伝来したと推定されている。もっと具体的なものとしては，禅僧として
室町幕府に命じられ明に渡った策彦周良（1501 〜 1569）の『策彦初渡集』
に，天文 9 年（1540）10 月 15 日寧波で，私費で『剪燈新話』と『剪燈餘
話』を購入したという記録がある〔澤田瑞穂 1937:183-186〕。『剪燈新話』
は慶長（1596 〜 1614）年間の古活字，慶安元年（1648）の刊本などが
残っている〔澤田瑞穂 1939:68〕。また，文禄慶長の役の時，朝鮮から『剪
燈新話句解』が伝わり 1646 年に刊行される。そして，1653 年には『金鰲
新話』も刊行される。
　日本における『剪燈新話』の伝播のありさまは翻訳・翻案・創作の三つに
要約できる。翻訳に属するものとしては『奇異雑談集』『霊怪草』『怪談全
書』，翻案としては『伽婢子』，創作として扱われているものは『雨月物語』
である。

(1)『奇異雑談集』

『奇異雑談集』(1532 〜 1555?) には「金鳳釵記」「牡丹燈記」「申陽洞記」が翻訳され,『霊怪草』(1648 〜 1651) には「滕穆醉遊聚景園記」「翠翠伝」「牡丹燈記」「愛卿伝」「緑衣人伝」「渭塘奇遇記」「申陽洞記」「太虚司法伝」が翻訳されて,元禄11年 (1698) 刊行された林羅山 (1583 〜 1657) の『怪談全書』には「金鳳釵記」が翻訳されている。

『奇異雑談集』は,全6巻が本朝奇異譚と唐土奇異譚に分かれていて,それぞれ30話・4話が載っている。そのうち,『剪燈新話』は唐土奇異譚に属している。『剪燈新話』の「牡丹燈記」と『奇異雑談集』の「女人死後男を棺の内へ引きずり込む事」を対比して考察した先行研究〔幣旗佐江子2002〕によれば,『奇異雑談集』は『剪燈新話』をほぼ忠実に訳しているが,一部に限って省略と付け加えの部分があるという。大きく省略された部分は登場人物達の「供述」と「判決」の内容である。省いた上で新たに付け加えたのは時代背景にあたる部分で,「牡丹燈記」の「方氏之據浙東也」を省略し「唐」に変え,燈籠祭は日本風に説明して訳したという。

『奇異雑談集』が全体のストーリ展開に関係がない「供述」と「判決」を省略したことは,朝鮮において『剪燈新話句解』がこの「供述」と「判決」の多い典故を一々長く註釈したことと対照的である。このような差は,『剪燈新話句解』が史文学習を目的としたものであるのに対して,『奇異雑談集』は「読み物」という性格が大きかったことによるであろう。

『剪燈新話』の冒頭は「方氏之拠浙東也,毎歳元夕,於明州張燈五夜。傾城士女,皆得縱観」になっている。これに対して『奇異雑談集』(1687年刊本) の冒頭は以下のようである。

　　唐には正月十五日の夜。家々の門にともしびをあかし。種々いぎやうのとうろをはりて。門にかくるゆへに。男女諸人是を見て。暁にいたるまで。あそびありく事。日本の盆のごとくなり。是は三元下降の日とい

ふて。一年に三度天帝あまくだりて。人間の善業悪業を記する日也。正
月十五日を上元といふ。此夜を元宵とも元夕ともいふなり。七月十五日
を中元といふ。十月十五日を下元といふなり。此ゆへに唐には。上元の
夜家家の門に。ともしびをあかして天帝をまつる。すなはち是七月否
卦。十五日に鬼霊をまつる日にあたるなり

　　牡丹燈記　牡丹の枝のさきに。花二つあひならぶかたちを燈籠にはる
なり。是を双頭の牡丹燈といふなり

　『剪燈新話句解』はこの部分について，「元夕」というのは上元の夕方で正
月十五日の夕方であること，そして「明州」の地名説明，「燈籠祭」につい
ては『史記』を引用し，天帝に捧げる祭祀が暗い時間に行われたので祭壇
いっぱい灯火をつけていて，今日の正月十五日に見る灯火もそこから伝来す
る風習である[46]と註釈している。このような差は，『剪燈新話』の「方氏
之拠浙東也」について，『剪燈新話句解』では「元末期の方谷珍のことであ
る」と注釈したのに対して，『奇異雑談集』ではいとも簡単に「唐」で済ま
せていることとも関連するようである。しかも，『奇異雑談集』は全体的に
原文をほとんど省略せず翻訳していることを勘案すれば，このような大幅の
変更には翻訳者の特別な意図があるとも思われる。すなわち，「鬼霊をまつ
る」というのは鬼霊と関係する何かが展開されるという暗示，「双頭の牡丹
燈」というのは作品に登場する美しい姉妹の暗示で，作品に入る前の雰囲気
作りをしている。これは「読み物」としての工夫ではないかと思われるもの
で，このような手法は『伽婢子』でも見られる。

(2)『伽婢子』と『雨月物語』

　『伽婢子』は，浅井了意の作で，13巻68話にのぼるが，主に翻案として
書かれたものに焦点を当てた先行研究によって，『剪燈新話』から16話，
『剪燈餘話』から2話，『金鰲新話』から2話などの影響が明らかになって
いる。『伽婢子』はかなり人気があったようで，その後，続けて『続伽婢子』

『新御伽婢子』(1683) が出た。浅井了意自らも続編である『狗張子』(1691)
を書いた。それ以外にも『百物語評判』『和漢乗合船』『拾遺御伽婢子』『怪
醜夜光珠』『太平百物語』『一夜船』『御伽厚化粧』『玉箒木』『怪談登志男』
『御伽空穂猿』『万世百物語』『御伽百物語』など模倣作が続出して，怪談物
という一つの系列を作る〔麻生磯次 1969:234〕。

　創作の範疇に属するものは上田秋成の『雨月物語』(1768) である。『雨
月物語』は初期読本を代表する作品として，中国の小説との関係についても
多数の先行研究がある。それによれば，これが創作された時期は明の白話小
説が伝来して影響力を発揮する時代で，白話小説の翻案である『英草紙』が
既に刊行されていた。このような中で『雨月物語』は，『剪燈新話』だけで
はなく白話小説である『古今小説』『古今説海』などとも関連性を持ちなが
ら以前のジャンルである浮世草子の方法を生かし，新しい物語を作った〔高
田衛 1977〕とされる。

　麻生磯次は『伽婢子』を『剪燈新話』の「換骨奪胎」といい，地理的な背
景だけではなく歴史的な背景まで考慮して，架空の人物を歴史上の人物に変
えて実在性を与えたとし，次のように指摘する。すなわち，人物が具体的に
描写されることによって情趣が深まり，男女関係もより濃密で入り組んだ
ものとなったし，情況が具体的に描写されることによって日本的な情趣が加
わった。原話の概念的かつ散文的な内容に浪漫的な色彩を加え，単純な怪
談ではない因果応報的・勧善懲悪的な解釈をも付け加えた――と〔麻生磯次
1969:235-236〕。『伽婢子』の文学的な特徴は中国文学の完璧な自国化であ
るという最近の研究〔坂巻甲太 1990〕も含め，『伽婢子』についての日本
における評価は大体このようなものであると言ってよいだろう。

　ところが，中国のものを受け入れて日本化する方法の一つとして『伽婢
子』には『剪燈新話』の艶詩や詞曲を和歌や漢詩に変えたという指摘がある
〔富士昭雄 1985〕。ここで注目したいのは先行研究が示した，『伽婢子』に
挿入されている約 80 首の和歌の中で 60 首の典拠が明らかであるという事
実である〔富士昭雄 1985:88〕。実は『雨月物語』も『伽婢子』と同じく漢

詩の代わりに和歌が多く挿入されていて，上田秋成の創作ではなく，典拠が
ある日本の詩である。

　『剪燈新話』からの影響を受けたという共通点を持っている金時習の『金
鰲新話』における挿入詩の方を見てみると，恋愛物語である「萬福寺樗蒲
記」には23首，「李生窺牆伝」には29首の挿入詩が入っていて，『剪燈新
話』のどの作品よりも数が多く，『詩経』からの2首以外は金時習の創作に
見える。一方，思想的な討論がその内容である「南炎部州志」には挿入詩が
一首も入っていない。内容によって挿入詩を取り入れたり取り入れなかった
りするこのような使い分けは，金時習が挿入詩を情緒表現の手法として認識
していたことを示している。おそらく彼はそこで自分の感情を表現したので
はないかと思われる。

　『金鰲新話』とは対照的に『伽婢子』も『雨月物語』も昔から伝わってき
た有名な歌を登場人物の歌として挿入したということは，浅井了意や上田秋
成が伝奇物の「挿入詩」についてどのように認識していたかを物語っている
と思う。もしかすると，浅井了意や上田秋成は『剪燈新話』『金鰲新話』な
どの「挿入詩」という形式自体を「型」として利用して，「日本伝来の詩を
吟じさせる」という別の目的があったのかもしれない。その可能性は浅井了
意が『伽婢子』の序文で「児女」啓蒙に一部の目的があると述べているとこ
ろから見受けられる。

　『伽婢子』や『雨月物語』に「日本伝来の詩を教える」目的があったかど
うかはもっと詳しい分析が必要であろうからそれは別問題としておくとして
も，読者層を「児女」，つまり一般大衆と想定していたと思われる点は特に
注目に値する。すなわち読者層に焦点を当てるとき，日本の読者が物語を
読んで楽しむ「児女」であったことは，『金鰲新話』の作者である金時習が
「後世に私を理解してくれる人がいるだろう」と述べたとき想定されている
読者が知識人であったこととは対照的である。この差は，『伽婢子』や『雨
月物語』が一般大衆向けの「読み物」であったのに対して，『金鰲新話』は
士大夫という特殊な知識人集団を対象にした「文章」であったということで

ある。作者が想定していた読者層の差は，作品に取り組む作者の態度の深刻さおよび創作目的など様々な面に影響していると思うが，その背景では日本の文化的伝統が作用していると思われる。

麻生磯次は「日本の作家は昔から日常周辺の生活に取材する作品を得意にし，伝奇的な作品についてはあまり創意を示さなかった。平安朝初期の竹取物語や末期の今昔物語にしても，伝奇的な趣向は中国や印度の伝説によるばあいが少なくない。近世文学になると，原拠として重要な意味をもつのは中国の小説・戯曲である」といい，その例として『伽婢子』を挙げている〔麻生磯次 1969:230〕。すなわち，『剪燈新話』は日本では，翻訳されて読まれながら定着し，素材として利用されることによって，近世文学に「怪談物」という新しい「読み物」を作り上げたのである。

5. おわりに

中国で『剪燈新話』が持続的な人気を得られず忘れられてしまった要因はいろいろあるだろうが，有力な一つの可能性は，明代という時代的な特徴にあったのではないかと思われる。明代は学問的にいうと，古典的な形式や内容に縛られず比較的自由に新しいことを追求できる時代だった。その背景には明の初代皇帝である朱元璋が庶民出身で，士大夫を嫌ったことも作用していただろう。文学は，古典的な士大夫文学（小説でいえば文言小説）より庶民文学（小説でいえば白話小説）が発達し，哲学的には「満街人都是聖人」を掲げる陽明学が発達した。『剪燈新話』はこのような時代が始まろうとする時期に書かれた「士大夫の文言小説」である。時期的には新しい時代にあたるかも知れないが，その表現様式は古い時代のものである。すなわち，『剪燈新話』が禁書になった後，本格的に庶民文学・通俗文学の時代が到来することによって新しい流れに合わなくなり，忘れられてしまったのではないかということである。

明とほぼ同じ時期の王朝である朝鮮の状況はまったく違っていた。朝鮮は

朱子学一辺倒で庶民文学どころか小説については特別に厳しく，排撃すべきものとして扱われた。特に『金鰲新話』が創作された朝鮮初期は政治的に混乱した時期である。このような朝鮮に『剪燈新話』が伝わったために，士大夫の文言小説としての理念的な側面が強調され，作品が含む意味がさらに複雑になったと思われる『金鰲新話』が生まれた。しかしその後の影響がほとんど見られないことからすると，受容はそれ以上は進まなかったのである。

　朝鮮の『剪燈新話』の受容は，文学とは異なる側面で重要性を帯びていた。それとかかわる一つのポイントは，朝鮮初期から後期に至るまでの外交的な立場が明との事大交隣であったことである。『朝鮮王朝実録』によれば，中国との意思疎通を円滑にするための人材育成は，朝鮮王朝初期から王が直接関与する大事な政策だったようである。特に吏学は，科挙に合格した人の中から人材を選抜して新たに教育したもので，最初から中人たちに任せた訳学とは違うものであったらしい。世宗代以降，選抜した人材に正しい中国語を学ばせるためには北京への留学が必ず必要であるという議論が絶えず行われるが実現できず，そのうち文臣たちは吏学から離れてしまう。そこでの解決策が，文臣の代わりに庶子のような他の人材を重用することと吏学学習書を作ることであった。『剪燈新話句解』の刊行はこのような流れの中のものではなかったか。

　一方，日本では『剪燈新話』が伝来し，早い時期に翻訳された『奇異雑談集』からすでに「読み物」として定着し始め，それから100余年が過ぎた時期に『剪燈新話』だけではなく『金鰲新話』まで素材とした怪談物という「読み物」の新しい流れが作られる。『剪燈新話』は，日本において新しいものを生み出すための「素材」として使われたのである。朝鮮とは違う日本の当時の社会的な条件は，大衆向け「読み物」の存在が否定されなかったこと，そして知識人がその読者層を意識しながら作品を作り上げ，その作品が商業の対象になっていたことである。専門的な作家が読者を意識しながら物語を「生産」した江戸時代の物語流通のありかたが，日本における『剪燈新話』受容にかかわっているのではないかと思われるのである。

『剪燈新話』は朝鮮と日本に伝播した後，中国では生命力がなくなってしまう。これに対して，朝鮮と日本ではそれなりの社会・文化的な状況があって，それに合わせた形に「変容」され，持続的に「利用」された。これは『剪燈新話』が本来持っていた文学的な水準，社会的な意味，作者の意図などとは関係のないことであろう。もちろん『剪燈新話』の中の或る要素がきっかけを作ったことは否定できないが，金時習がおかれた状況，吏文学習の必要性，新しい作品の量産の必要性など，朝鮮と日本が各々持っていた個別の条件がなかったなら，このような受け容れられ方はしなかったのではないか。これまでの比較研究は，相互間にどのような授受関係があったか，受け容れた側の作品にどのぐらい独創性があるかに焦点が当てられてきた。しかし，今後の研究では，受け容れる側の社会的・地域的な論理とは何であったのかを明らかにする作業が必要だろう。

　本稿は『剪燈新話』という一作品を素材にして，その作品の受け容れ方の違いに注目しそれぞれの地域の文化的差異を照らしだそうとした試みである。なお，筆者の力不足のため中国と日本における『剪燈新話』関連の先行研究にはすべて目を通すことができなかった。その失礼をお詫びしたい。

【注】
1)『英宗実録』巻90「近年有俗儒，仮托怪異之事，飾以無根之言，如剪燈新話之類，不惟市井軽薄之徒，争相誦習，至於経生儒士，多舎正学不講，日夜誦憶，以資談論，若不厳禁，恐邪説異端，日新月盛，惑乱人心。」
2)「剪燈新話，文題意境，並撫唐人，而文筆殊冗弱不相副，然以文飾閨情，拈掇艶語，故特為時流所喜。」〔魯迅 1925〕
3)「作者為了炫耀才学，加進許多詩詞，反而顯得支離蕪蔓」〔北京大学中文系 1978:194〕，「……小説の構成は単純なものが多く，志怪・伝奇の旧をおそいながら，むしろ措辞に力を用い，表現を凝らして特色を示そうとした筆のあとが目立つ。」〔内田道夫 1970:177〕，「「志怪の書」は，宋代以後，量はともかくとして，質的には下降線をたどっているように見える。その中では南宋の通儒洪邁の著した『夷堅志』と明初に文人瞿佑の書いた『剪燈新話』とが後世に記憶される作品であろうが，それも六朝・唐に及ばないし，また前者は四百二十巻余が残っているに過ぎず，後者は近年まで，中国ではほと

第3章　東アジア三国における『剪燈新話』の存在様相　　129

んど姿を消していた。」〔前野直彬 1975:256-257〕,「『剪燈新話』収伝奇小説二十篇,
成書於洪武年間。該書乃模倣唐人伝奇, 内容多為言情, 志怪其成就雖不如唐, 郤在宋元
之上。」〔李悔吾 1995:126〕

4)　尚基淑は『剪燈新話』の先行研究について, 中国における中国文学史および中国小説史,
　　それ以外の小説関係の事典類で断片的に扱われ, 作家と作品について簡略に紹介されて
　　いるだけで, それ以上には重視されていないと述べている〔尚基淑 1996:316〕。一方,
　　鄭琦鎬は,『剪燈新話』が後の中国文学に及んだ影響については〔孟瑶 1966〕に詳細な
　　記述があると述べている〔鄭琦鎬 1973:315-316〕が, 孟瑶の小説史以外の文学史や小
　　説史で『剪燈新話』をそれだけの比重で扱っているものは見当たらない。

5)　瞿佑「剪燈新話序」,「今余此編, 雖於世教民彝, 莫之惑補而勧善懲悪, 哀窮悼屈, 其亦庶乎,
　　言者無罪, 聞子足以戒之一義。」

6)　凌雲翰「剪燈新話序」,「是編雖稗官之流而勧善懲悪, 動存鑑戒, 不可謂無補于世。」

7)　『朝鮮王朝実録』燕山 12 年 4 月 13 日,「伝曰, 剪燈新話, 剪燈餘話, 效顰集, 嬌紅記,
　　西廂記等, 令謝恩使貿来。」

8)　『朝鮮王朝実録』燕山 12 年 4 月 13 日,「伝曰, 剪燈新話, 餘話等書印進。」

9)　朝鮮の官職は正・従に分かれて, それぞれ一品から九品までになっている。従より正が,
　　大きい数字より小さい数字が高い官職を示す。承旨は承政院の正三品官職。

10)　『朝鮮王朝実録』燕山 12 年 8 月 7 日,「伝曰, 聯芳集与他可見書, 令赴京人貿来。承
　　政院以香台集, 游芸録, 麗情集書啓, 伝曰, 此等書何所據而書啓耶。承旨等啓, 香台集,
　　游芸録, 則載在剪燈新話, 麗情集則姜渾以所聞書啓。」

11)　『金鰲新話』は「萬福寺樗蒲記」「李生窺牆伝」「酔遊浮碧記」「南炎部州志」「龍宮赴宴録」
　　という 5 話が残っている。創作当時は 12 話またはそれ以上あったという説もあるが確
　　認できない。

12)　金時習の法名である雪岑を指す。金時習の字は悦卿, 号は梅月堂・東峰・清寒子・碧
　　山・贅世翁など。

13)　金安老『龍泉談寂記』,「東峯金時習……入金鰲山, 著書蔵石室, 曰後世必有知岑者。
　　其書大抵述異寓意。效剪燈新話等作也。」

14)　金時習「題剪燈新話後」『梅月堂集』巻之四,「語関世教怪不妨, 事渉感人誕可喜……
　　眼閲一篇足啓齒, 蕩我平生磊塊臆。」

15)　尹春年「題註解剪燈新話後」,「……心有所感托之於文……後之人読其文, 便以為稗説
　　而忽之, 何足以知宗吉氏之心哉……若宗吉氏之心, 註未之及, 故仍書之……」

16)　瞿佑「剪燈新話序」,「莫之惑補而勧善懲悪, 哀窮悼屈, 其亦庶乎, 言者無罪, 聞子足
　　以戒之一義。」

17)　六朝の五言の「楽府」に対して, 七言の新しい形式という意味で白居易が完成した。
　　この形式の白居易の作品は政治や社会を諷刺している。

18)　朝鮮では刊行されたことがないと言われてきたが, 大連図書館所蔵のものが朝鮮刊本
　　であることが明らかになっている〔崔溶澈・張本義 1999〕。

19) 李滉「答許美叔」『退溪先生文集』巻之三十三,「梅月別是一種異人。近於索隠行怪之
　　徒。而所値之世適然。遂成其高節耳。観其与柳囊陽書, 金鰲新話之類。恐不可太以高見
　　遠識許之也。」

20) 『朝鮮王朝実録』中宗 6 年 12 月 13 日,「然古亦有剪燈新話, 太平閑話, 乃戯玩之為耳。」

21) 許穆「魯淵沈公墓碣銘」『記言別集』巻之二十,「(孝廟潛邸時也, 問瞿佐新話句解。
　　公対曰……) 淫誕不経之書, 蠹人志慮。」

22) 林芑「剪燈新話句解跋」,「(惑有嘲於余曰) ……瞿氏是書, 固駁雑之尤者也。」

23) 『朝鮮王朝実録』宣祖 2 年 6 月 20 日,「剪燈新話, 鄙褻可愕之甚者。校書館私給材料,
　　至於刻板, 有識之人莫不痛心。或欲去其板本, 而因循至今, 閭巷之間, 争相印見, 其間
　　男女会淫, 神怪不経之説, 亦多有之矣。」

24) 朝鮮時代に経書の印刷と香祝・印篆などを管轄した官庁。

25) 瞿佑と曾先之が 10 年の間本を書き, 後世に名を残す約束をする。瞿佑は『剪燈新話』
　　数百巻を, 曾先之は『史略』八巻を持って会う。瞿佑が曾先之のものは天下万世の人々
　　が読むものだが, 自分のものは稗官小説に過ぎないと嘆き, 江に自分の本を投げ捨てる。
　　曾先之があわてて二冊を拾いあげて見てみるに「百体が揃ってあるから吏文に役に立つ
　　であろう」と言ったという話。

26) 趙在三「剪燈新話」『松南雑識』巻 7,「先之急瞿只二巻云, 百体具備利於吏文, 故吏
　　胥家多読之。」

27) 李圭景「剪燈新話辨證説」『五州衍文長箋散稿』,「今閭巷里胥輩所習者, 有剪燈新話一書,
　　以為讀此, 則嫻於吏文云, 斯為刀筆之熟習, 志気已梏於其中, 則何必苟責也。」

28) 趙在三と李圭景の話に注目して,『剪燈新話』が「文章の勉強」に有効だったと指摘
　　する研究はある〔金台俊 1939:54〕〔尚基淑 1996:331〕〔鄭容秀 2003:382〕。しかし,「文
　　章の勉強」の具体的な内容についての説明は行われていない。

29) 朝鮮時代には庶子とその子孫を差別し, 両班の庶子でも官吏になる道が塞がれていた。

30) 漢吏学官とも言うが,『稗官雑記』によれば, 元々は吏文学官だったものが中宗 36
　　年 (1541) 金安国の意見で漢吏学官にその名称が変わったらしい。林芑が明宗 11 年
　　(1556) に出した上疏文に, 自分の経歴が約 20 年であると述べていることを見れば,
　　彼はこのような変化の渦中にいたのであろう。林芑の正確な生没年代は知られていない
　　が, これで崔世珍や魚叔権より少し後の時期の人物として推定される。

31) 『朝鮮王朝実録』英祖即位年 (1724) 12 月 17 日

32) 『朝鮮王朝実録』高宗 11 年 (1874) 2 月 15 日

33) 朝鮮時代は妾の息子である庶子の場合, 本人の能力と関係なく, 官職に就くことがほ
　　とんどできなかった。それに従って庶子の不満が高まって, 時には社会問題にもなる。
　　その差別を撤廃すべきであるという主張は絶えずあったが, なかなか行われなかった。

34) 『朝鮮王朝実録』宣修 9 年 7 月 1 日,「芑以庶孽, 善属吏文, 性陰巧詭険。自病以孽
　　産被錮, 毎思乗機発身。」

35) 李珥『石潭日記』巻之下,「萬暦四年丙子, 芑是庶孽能文, 初授漢吏学官, 性陰険喜事。」

第3章　東アジア三国における『剪燈新話』の存在様相　　131

36)『朝鮮王朝実録』明宗 11 年 10 月 8 日

37)『大明会典』に朝鮮朝を開国した李太祖が, 高麗の逆臣である李仁任の子孫として記
　　録され, 高麗の四人の王を弑殺したと記録されたことを指す。この記録についての修正
　　要求は宣祖 17 年 (1584) 黄廷彧によって成功する。1587 年, 兪泓が中国で修正ずみの『大
　　明会典』を持って帰国することで終結する。

38)『朝鮮王朝実録』明宗 11 年 10 月 8 日,「所有会典, 若已改纂, 乞勅礼部, 謄写本国
　　宗系一張, 給付陪臣領回, 以慰先臣之霊, 以伸国祖之冤。」

39)『朝鮮王朝実録』明宗 11 年 10 月 8 日,「我国官吏文字, 雑用方言, 鄙俚無稽。以故
　　沿船居民, 漂到中国地方, 雖有公幹, 以文字為疑, 必誘之於海寇, 而拷問備至。且於奏内,
　　亦云其所帯印信文字, 多用夷語, 恐係奸細。用是観之, 以本国文字之難暁, 為中朝辺将
　　之殺害者, 亦或有之。臣意海洋船隻文憑, 一依中朝路引式例, 明白備開国号, 又具大明
　　年号, 写於花闌票帖, 頒給沿海官司, 刊刻板面, 仍令船戸人等, 例告官司, 即与印刷書填,
　　在船人口姓名及所在物件, 則脱有漂泊於中国之地, 其辺官, 必以此為信, 而不致疑於海寇。」

40)『大明律』が吏文で書かれていたため, 誰でも理解できるものではないと『稗官雑記』
　　に記述が残っている。

41)『朝鮮王朝実録』明宗 11 年 10 月 14 日,「文宣王改称先師事, 中原行之已久, 我国遵
　　而行之亦久, 改之重難。今雖改之, 後之有議, 未可知也。海洋船隻路引事, 似好矣, 但
　　自古不為之事, 今始創為, 勢甚非便。且公私船, 豈能盡出文憑乎。若持去文憑者則為好
　　矣, 而不持則反有害, 不可為也。」

42) 林芑「剪燈新話句解跋」,「資是而学為文字, 則亦不可謂無少補矣。」

43) 尹春年「題註解剪燈新話後」,「……上焉為立揚之資, 下以焉為文簿之用, 其有補於初
　　学大矣。」

44) 林芑「剪燈新話句解跋」,「余以為稗説, 不適於実用……」

45) 林芑「剪燈新話句解跋」,「古人以為経伝, 道之筌蹄也, 況是書乎。雖然初学者誠能解
　　文於此而求道於彼, 則是書, 亦経伝之筌蹄也。」

46)「牡丹燈記」『剪燈新話句解』,「上元之夕即正月望夕……明州即今福建寧波府。張士誠,
　　仍唐旧号為明州府。史記, 漢祠太一, 祠以昏時, 列火満壇。今人, 正月望夕観燈, 是其遺事。」

【参考文献】

麻生磯次　1969「中国文学の影響」『講座日本文学の争点』(東京：明治書院)

崔溶澈・張本義　1999「『金鰲新話』朝鮮刊本の発掘と板本に関する考察」『民族文化研究』
　　32 (Seoul：高麗大学校民族文化研究所)

鄭琦鎬　1973「『金鰲新話』と『伽婢子』における受容の様態」『朝鮮学報』68 (天理：
　　朝鮮学会)

鄭容秀　2003『剪燈新話句解譯註』(Seoul：pu-reun 思想)

富士昭雄　1985「近世の剪燈新話受容の様相」『国文学研究資料館講演集』6 (東京：国
　　文学研究資料館)

幣旗佐江子　2002「『剪燈新話』と『奇異雑談集』の間1」『久留米大学大学院比較文化研究論集』11（久留米大学大学院比較文化研究科）

堀田文雄　1978「剪燈新話考」『集刊東洋学』39（東北大学 中国文史哲研究会）

金台俊　1939『増補朝鮮小説史』（京城：学芸社）

近藤春雄　1974「剪燈新話と唐代小説」『説林』22（愛知県立大学）

李悔吾　1995『中国小説史』（台北：洪葉文化事情有限公司）

李覲洙　1980「朝鮮朝の吏文教育」『国語国文学』82（Seoul：国語国文学会）

前野直彬　1975『中国小説史考』（東京：秋山書店）

閔寛東　1998『中国古典小説在韓国之伝播』（上海：学林出版社）

孟瑶　1966『中国小説史』（台北：文星書店）

成澤勝　1979「金鰲新話の伝奇的位相について」『弘大論叢』11（Seoul：弘益大学校）

小倉進平　1964『増訂補注 朝鮮語学史』（東京：刀江書院）

尾崎保子　1996「『補江総白猿伝』から『申陽洞記』へ──文言小説の文学的限界について」『学苑』681（昭和女子大学近代文化研究所）

北京大学中文系　1978『中国小説史』（北京：人民文学出版社）

魯迅　1925『中国小説史略』（北京：北新書局）

坂巻甲太　1990『浅井了意怪異小説の研究』（東京：新典社）

尚基淑　1996「瞿佑の『剪燈新話』研究」『新国語教育』53（Seoul：韓国国語教育学会）

澤田瑞穂　1937「剪燈新話の舶載年代」『中国文学月報』35号（東京：中国文学研究会）

澤田瑞穂　1939「林羅山と唐山小説・その他」『東洋文化』175号（東京：東洋文化学会）

高田衛　1977「『雨月物語』の世界」日野龍夫・諏訪春雄編『江戸文学と中国』（東京：毎日新聞社）

田中厚一　2002『雨月物語の表現』（大阪：和泉書院）

植田一夫　1988『雨月物語の研究』（東京：桜楓社）

内田道夫　1970『中国小説の世界』（東京：評論社）

吉川幸次郎　1954「元曲章に見えた漢文吏牘の文体」『東方学報京都』24（京都：京都大学人文科学研究所）

第4章

身体感覚としての孝
——二十四孝と宝巻にみる孝の実践形態——

前川　亨

「孝道は支那の国本で，又その国粋である」。「孝道は支那の生命であり，又その国粋である」。〔桑原 1928〕
「両親にたいする無制限の孝行 schrankenlose Kindespietät は，たえずくりかえししっかりと叩きこまれたように，すべての徳のなかの絶対的に根本的な徳であった。両親にたいする子供の孝は〔徳目相互に〕葛藤のあるばあいに，他の徳に優先した」。〔Weber 1920（1971）〕

1.　序論—孝は性的倒錯か—

　儒教道徳が地を掃って久しいかにみえる現代日本にあってもなお，孝・孝行・親孝行といった言葉は死語にはなっていない。このことは確かに，儒教がいかに深く日本社会に浸透したかの証左といってよい。蓋し孝こそは，儒教における「絶対的に根本的な absolut primäre」徳に他ならないのであるから〔Weber 1920（1971）:446（264）〕。しかし同時に反面，現代日本において人々に表象されている孝と伝統中国における孝の実践の実態とが余りにも著しく乖離していることも事実である。例えば，桑原隲蔵「支那の孝道

殊に法律上より観たる支那の孝道」〔桑原 1928〕に描かれた峻烈苛酷な孝の世界は、今日一般の日本人にはほとんど想像を絶するものと映るに違いない。自分を生み育ててくれた親への感謝と報恩という道徳的理念は共有されているにもかかわらず、孝の実践形態としての「割股行孝」や二十四孝の故事に対しては、多くの日本人が強い違和感を抱き、時に嫌悪感すら催すのは何故であろうか。

　そうした違和感や嫌悪感の由来を、過去の事象を理解することの困難さに帰するのみでは、何ら問題の核心に触れることはできない。今日より遥かに儒教道徳が身近であった江戸時代においてさえ、伝統中国における孝の実践形態がどこまで実感をもって理解されていたかを疑うに足る事例は少なくない。井原西鶴が二十四孝のもじり（パロディー）として著した『本朝二十不孝』もその一例である。西鶴はここで孝の理念を貶めようとしているわけではないが、二十四孝をもじる行為そのものが不謹慎な「茶化し」だという感覚は彼にはなかった。しかも彼はその序文において、二十四孝子の一人・孟宗の事例——真冬に笋を食べたがる母のために竹林に赴く故事——と、同じく王祥の事例——親に鯉魚を食べさせようと、自ら裸になって池の氷の上に横たわり、体温で氷を融かして鯉魚を採った故事——とを取り上げて、「雪中の笋、八百屋にあり、鯉魚は魚屋の生船にあり」と言って憚らなかったのである [1]。このことに言及したエッセイの中で古田博司氏が、もし儒教（朱子学）に凝り固まった李朝（朝鮮王朝）の社会でかかる言辞がなされたならば、「……土地の書院の儒生らが、きっと斧や棍棒を持って押し寄せ、たちまち打ち壊しに遭うであろう」と述べたのはおそらく正しい（『東アジアの思想風景』岩波書店 1998 年、48–49 頁）。伝統中国と朝鮮王朝とを問わず、西鶴の如き言辞を敢えてなす者は一人としていなかったに違いない。西鶴についていえば、彼は孝の理念を理解してはいたが、伝統中国における孝の実践形態を理解することはできなかったし、また理解する必要もなかったのだ。「割股行孝」や二十四孝の故事に私たちが共鳴できないのも、それらの実践がなされた時代から私たちが時間的に距ってしまったことによるので

第4章　身体感覚としての孝　135

はなく，それらの実践を支えるエートスを私たちが共有していないことによるのかも知れないのである。

　ここで想起されるのは，孝子説話にしばしば表われる「私達の日頃まず経験することのない，異常な場面」〔黒田 2001a:309〕をフロイトの精神分析の理論に依拠して読み解こうとした黒田彰氏の試みである。これに従えば，各説話の「異常な場面」はことごとく「性的倒錯」の反映とみなされることになる。曰く，後母との性的関係を父に疑われた尹伯奇のケースはエディプス・コンプレクスに関連し，自らを笞打つ母の力が衰えたことに涙した韓伯瑜のケースは「紛れもなくマゾヒズム」であり，年老いた父母を悦ばせようと「嬰児になって」戯れた老萊之（老萊子）のケースは幼児への退行および父母の小児愛（ペドフィリア）の表現であり，男である李善の乳首から乳汁が出るのはパラノイアの一症例（シュレーバー症例）である（以上〔黒田 2001a:311-327〕による）。更に，庾黔婁は汚物愛（スカトロジー），三州義士は同性愛（ホモセクシュアル），丁蘭や曾参や董黯は二重自我人格（ドッペルゲンゲル），張敷はフェティシズム……という具合である〔黒田 2001a:311-318〕。黒田氏は蔡順のケースと食人（カニバリズム）とを関連づけているが〔黒田 2001a:310-311〕，「割股行孝」の夥しい事例をここに付け加えることも当然許されるであろう。

　厳格な文献考証を主とする・黒田氏の他の論考とは際立って対照的な，この論文の大胆な試みについて，金文京氏は「大きな共感」を持ったとしながら，にもかかわらず「その手法には必ずしも賛同しない」といい，黒田説が「牽強付会」に陥る危険性を指摘する〔金 2003:64〕。確かに黒田論文には過剰解釈の傾向があると思うが，孝子説話の多くに「性的意味合いが隠されている」という金氏の仮説〔金 2003:64〕については特に異を唱える必要を認めない本論が，黒田論文に対しては残念ながら「大きな共感」を表し得ないのは，そのためではない。孝子説話に「性的意味合い」が認められるということと，それが「異常」ないし「倒錯」であるということとは決して同じではあるまい。孝子説話を「異常」「倒錯」と結びつけることは，伝統中

国の人々とはエートスを共有していない私たちの現状を過度に投影する結果
を導いてしまうのではないか。

　黒田氏によって「異常」「倒錯」と認定された孝子たちの事例は，伝統中
国や朝鮮王朝における孝の実践形態の平均ではなかったにせよ，その典型で
はあったに違いない。こう考えなければ，「割股行孝」が流行し，二十四孝
の故事がかくも広範な人々に受容された理由を充分に説明することができな
いであろう。それらが当時の社会通念と一体化し，日常生活に密着して存
在したからこそ，それらを批判したり茶化したりする行為にはそもそも存立
の余地がなかったのである。もしそれらを「異常」であり「倒錯」であると
するのであれば，それらを「異常」とも「倒錯」とも意識しなかった伝統中
国や朝鮮王朝の社会通念ないし社会的日常こそが「異常」であり「倒錯」で
あったということなのか——。しかし私たちは，このような断定を下す前
に，それらの実践の背後にあるエートスを理解するように務めるべきではな
いか[2]。そのためには，現在の私たちの価値判断を一旦「括弧に入れる」手
続きが必要になる。

　黒田氏の論考の最大の問題点は，孝の実践形態を精神分析の理論の援用
によって説明しようとしたために，孝の実践における身体性の契機が後景に
退いてしまったところにある。その結果，今日の私たちの眼には確かに「異
常」「倒錯」と映る行為が何ゆえ，またいかにして，「日常」化ないし「正
常」化されていたのかを解明する方途が見失われることとなった。本論は，
儒教の徳目のうち孝のみが有するこの身体性の契機にこそ注目したい。孝の
身体性を理解することが孝の精神性を理解するための必須の前提となる，と
いうのが私たちの仮説である[3]。

　本論は，孝の実践形態の意味の解読を目指す点では上に言及した黒田論文
と同じ側に立ちながら，そこに身体性という視点の導入を図るのである。私
たちはまず，孝の実践それ自体に内在し，孝の身体性と不可分の関係にある
孝の「弁証法的機制」を摘出する。そしてそれを踏まえて，孝子説話群を具
体的に検討していくことにしよう。対象とするのは主として二十四孝と宝巻

資料の孝子説話とである。最後に私たちは，伝統中国における孝の実践形態と日本（江戸時代）のそれとの本質的な差異の所在についての仮説をも提示する所存である。

2. 孝の身体性─孝と不孝の弁証法─

儒教典籍を読む者が誰しも逢着する素朴な，しかし根本的な疑問の一つは，孝とそれ以外の徳目とりわけ仁とがいかなる関係にあるのか，という点である。仁が義・礼・智と共に一つの系列を構成するのに対し，孝はそれらとは異なる次元に属するように思われるのであるが，では，この両者のいずれが優越するのか，或いはこの両者の関係はいかに調停されるのかという問題になると，歴代の儒者たちの見解は一向に一致を見ない。この問題の理論的な調停が達成されるには，朱子学の出現を待たねばならなかったのである。本論はこの歴史的経緯の概説を主題とするのではないから，簡略に要点を摘記するにとどめよう[4]。

儒教典籍のうち，「孝至上主義」的傾向を顕著に示すのは，曾参とその学派に由来すると推定される一連の文献，すなわち『礼記』祭義篇，『大戴礼記』の曾子大孝篇などの諸篇，『孝経』，および『呂氏春秋』孝行覧などである[5]。例えば孔子と曾参との対話の形式をとる『孝経』では，「孝は徳の本源である（夫孝，徳之本也）」（開宗明義章）と宣言し，『礼記』祭義篇では孝を明確に仁・義・礼・智の根幹に位置づけると共に，「孝は，これを置けば天地に充満し，これを広めれば四海に流布し，これを後世にまで及ぼせば朝夕を分かたず行きわたる（夫孝，置之而塞乎天地，溥之而横乎四海，施諸後世而無朝夕）」という曾参の言葉を伝える。しかるに，仁・義・礼・智を理＝性とする朱子学においては，当然ながらこのような解釈は採り得ない。『朱子語類』巻二〇の問答からは，『論語』学而篇の「孝弟也者，其為仁之本与」における孝と仁との関係をめぐって，朱熹と弟子たちとの間に多くの議論が交わされたことが窺われるが，そこでの朱熹の立場は終始一貫して

おり，決して動揺を示すことはなかった。『論語集註』学而篇註が要約するように，彼は，「性について論ずれば仁が孝弟の本源である。仁は性であり，孝弟は用である（論性則以仁為孝弟之本，仁是性，孝弟是用）」云々という程伊川の言葉に基き，孝弟を仁・義・礼・智と同一の次元に置くことを否定したのである。体が用に対して価値的に優越する体用論理の一般的な運用原則に照らせば，程・朱は孝を用の次元に限定し，体（性）の次元に属する仁・義・礼・智から峻別することによって，孝の重要性を逓減せしめたようにもみえる。しかし私たちは，程・朱の上述の論理があくまで「性（理念）について論ずれば」という限定された範囲の中で展開されていることを見落としてはならない。それとは区別される情（実践）の領域においては，「孝弟が家庭に行なわれてこそ，仁愛は物にまで及ぶ。それゆえ，仁を実践するには孝弟を根本とするのである（孝弟行於家，而後仁愛及於物，故為仁以孝弟為本）」と，逆に孝の本源性が承認される。蓋し，理の次元への仁・義・礼・智の昇華は，「仁を為す」という実践の次元での孝の優越をも帰結せしめたのである。仁・義・礼・智と孝との差異を際立たせながら，しかもこの両者の調停に成功した点で，やはり朱子学の出現は劃期的であった。

　斯く朱子学が定式化したように，仁・義・礼・智の抽象性に対して，孝はその具象性によって特徴づけられる。孝は「形而下」に属し，従ってそれは身体感覚として表現され得る。孝と仁とを同一視する謝上蔡の見解を朱熹は，「上蔡の病弊は，感覚を仁とみなす点にある。仮に感覚作用が仁であるとすると，針で股を刺した時に痛みを感ずることすら仁と言えることになってしまう。これは大変な誤りだ（上蔡之病患，在以覚為仁。但以覚為仁，只将針来刺股上，才覚得痛，亦可謂之仁矣。此大不然也）」と厳しく批判したが（『朱子語類』巻二〇），このことは，「形而上」なる仁とは逆に，「形而下」なる孝が身体感覚として表現され得ることをも，言外に示唆するものと解される。孝は子が親に対して表わす恭順 Pietät なのであるから，その身体感覚は生物学的事実に，つまり子の生命が父と母との肉体的結合によって母の胎内から産出された事実に究極の根拠を有する。孝は，それがいかに抽

象的・理念的に語られようとも，こうした具体性から完全に離れることはない。

　親と子との身体的・肉体的な連続性ないし一体性の感覚は，孝に関する言説に鮮明な特徴を刻印する。「身体髪膚は之れを父母に受く。敢えて毀傷せざるは孝の始めなり（身体髪膚，受之父母，不敢毀傷，孝之始也）」（『孝経』開宗明義章），「身体なるものは父母の遺体である。父母の遺体として行為するのに，敬まずにいられようか（身也者，父母之遺体也。行父母之遺体，敢不敬乎）」（『礼記』祭義篇）などのよく知られた言葉は，その僅かな例に過ぎない。毛髪であれ皮膚であれ，身体の全ゆる部位が「父母の遺体」と表象されるような身体感覚の裏づけがあるからこそ，親と子とが「同気」であるという常套句も決して空虚な抽象論ではなく，切実なリアリティーをもつのである。「同気」とは，親と子との肉 Leib の連続性ないし同一性の表現に他ならない。かかる身体感覚に根拠を有する孝が理（体）ならざる気（用）の次元に属する徳目として独占的な地位を獲得したのは当然といえよう。この場合，私たちが注目すべきなのは，子の身体が親の「遺体」と感覚される結果，儒教で要請される孝の実践が，自己の身体の管理・保全として実現されることである。前引『孝経』において，身体髪膚を傷つけないことが孝の原点とされていたことを想起せよ。また，『礼記』祭義篇には，自らの不注意で足を傷つけたことに苦悩する楽正子春（曾参の弟子）の逸話が記録されている。それによると，「父母は完全な状態で自分を生んでくれた（父母全而生之）」にもかかわらず，「子は完全な状態で自らの生を終える（子全而帰之）」という「孝の道」を保守できなかったことが，彼には悔やまれてならなかったのである。死に臨んで曾参が「わが足を啓け，わが手を啓け（啓予足，啓予手）」と命じて，自らの身体に損傷がないこと——自らが孝を全うしたこと——を門弟に確認させた逸話（『論語』泰伯篇）も同様の意識に基くことは言うまでもない。

　自己の身体の管理・保全としての孝の実践は，以下の二つの帰結を伴う。第一に，その実践が日常的に——瞬時も間断することなしに——，極度の緊

張を実践者に強いるということである。かくて，楽正子春は「一足歩くのにも父母を忘れず，一言話すのにも父母を忘れず（壹挙足而不敢忘父母，壹出言而不敢忘父母）」（『礼記』祭義篇），曾参は「戦戦兢兢として深淵に臨むが如く，薄氷を履むが如き（戦戦兢兢，如臨深淵，如履薄氷）」（『論語』泰伯篇）日常生活を自らに課したのであった。このようにしてこそ初めて孝は日常生活の一瞬一瞬にまで浸透する。一瞬一瞬が孝の実現である。生命活動の全ての局面，全ての瞬間が孝の実現に向けて集中されねばならない。身体を傷つけぬよう瞬時たりとも気を緩めない「戦戦兢兢」たる生活から解放されるのは，自らがその生命活動を終える時以外にはない。曾参は自らの死を目前にして，「今後は〔孝から逸脱しないだろうかと〕怖れずに済むよ（而今而後，吾知免夫）」という安堵のつぶやき 6) をふと漏らしたのであった（『論語』泰伯篇）。

　しかし第二に，かかる孝の実践は，かくも厳しい緊張を実践者に強制するにもかかわらず，「身体を傷つけない」という・あくまでも不作為的な営為として実現されることに注意しなければならない。自己の身体に具体的かつ明示的な孝の徴標を賦与するのでない以上，その実践の成果を外（社会）に向けて提示するのには著しい困難が伴う。前引の曾参の例でいえば，彼は門弟にわざわざ「わが手・足を啓け」と命じて，自らの身体の状態に周囲の人々の注意を振り向けることなしには，日常たゆまぬ自らの孝の実践成果を人々に知らしめることができなかったのである。孝が実践者の内面的な充足のみで完結する・徹底して個人的かつ非社会的な道徳の実践であったならば，実践の成果を外（社会）に提示することは，せいぜい副次的な意味しか持たなかったであろう。しかし，「五刑の属は三千あれど，不孝より大なる罪なし（五刑之属三千，而罪莫大於不孝）」（『孝経』五刑章）といわれ，不孝が刑法上の最も重い犯罪を構成する社会においては，自らが不孝ではなく孝であることを社会に提示し，証明することは本質的に重要であった。否，自らの孝の実践成果をいかにして社会に提示し証明するかということこそ，孝の実践者にとって最大の課題であったというべきである。

第4章　身体感覚としての孝　　141

　孝が自己の身体の管理・保全であること，及びそれが社会に向けて提示されるべき行為規範であって，逆に身体の後天的な欠損すなわち不孝はとりもなおさず社会（共同体）からの追放を意味することを，別の角度から示す興味深い資料がある。

　　「『風俗通』に曰く，「徒不上墓」と。新たに刑に遭い・罪の原解（ゆる）されたる者は，以て墓に上（まい）りて祠祀せしむべからざることを説く。謹んで『孝経』を案ずるに，「身体髪膚，受之父母」と。曾子は病困するに，手足を啓きて以て全きを帰せるなり。刑に遭いたる者は，髡首剔髪（まるぼうず）にせられ，身に枷・笞を被り，狴犴（かんごく）に薫染し，臭穢にして潔からず。凡そ祭祀なる者は，孝子，斎を致し，馨香（よきかおり）を貴ぶこと親の存するが如くするなり。時に，〔亡き親が〕子の刑せらるるを見れば，心に惻愴有らん。生に縁りて死に事うるに，〔神〕明の歆（まさ）承けざるを恐る。当に墓に上（まい）らしめざるべきのみ（風俗通曰，徒不上墓。説新遭刑罪原解者，不可以上墓祠祀。謹案孝経，身体髪膚，受之父母。曾子病困，啓手足以帰全也。遭刑者，髡首剔髪，身被枷笞，薫染狴犴，臭穢不潔。凡祭祀者，孝子致斎，貴馨香如親存也。時見子被刑，心有惻愴。縁生事死，恐〔神〕明不歆承。当不上墓耳）」。（『太平御覧』巻六四二「徒」。〔滋賀1976:27〕所引[7]）

滋賀秀三氏が『礼記』王制篇，『漢書』宣帝紀とその顔師古注，および『漢書』刑法志を引用していうように，「刑」という文字が「取りかえしのつかない奇形化」の意味を含むとすれば〔滋賀1976:33注（39）〕，刑を受けることは不孝に他ならない。また逆に，刑とは身体的欠損を与えて不孝を強制することだともいえよう。一般に，刑罰（行刑者，受刑者）には卑賤視と不浄視が伴うが，身体刑を受けた不孝者に対してもそうであったことがこの資料から確認される。むしろ，犯罪者に身体的欠損というかたちでの・不孝者の烙印を押し，社会（共同体）からの追放を帰結せしめるのが，伝統中国

における身体刑の目的であったと考えられるのである〔滋賀 1976:23-24,
28-29〕。

　宦官に対する卑賤視と不浄視も，このような視点から解釈されねばならな
い。宦官には，刑罰として宮刑に処せられた場合と，自ら志願して去勢した
場合（いわゆる自宮者）とがあるが，いずれにせよ，身体に深刻な欠損が生
じ，身体的特徴を大きく変えてしまうことは避けられない〔三田村 1963:7
-18〕。孝の実践が自己の身体の管理・保全である以上，宦官にされること
（宦官になること）が身体の欠損という・具体的かつ明示的な不孝の徴標を
身に帯びる行為であることはいうまでもない。まして，去勢によって欠損す
るのが男性生殖器であることは，親から継承されてきた肉の連続を自己の世
代で断絶せしめ，次世代への祖先祭祀の承継を不可能ならしめるから，その
不孝の度合は一層亢進することになる。かかる見地からして，自らの意思に
基いて生殖器に欠損をもたらす自宮者は，孝の道徳に真っ向から歯向かう反
社会的存在とみなされかねない。明代に，自宮者が反逆者と同様に死刑に処
せられたのは，その行為が単なる自損行為ではなく，社会秩序そのものへの
重大かつ明白な挑戦として意識されたからである〔三田村 1963:42〕[8]。宦
官は，孝の身体性をいわば負の側面から鮮やかに浮き彫りにするのである。

　以下，宦官については隋唐期以降その主要部分を占めた自宮者を念頭にお
いて論を進めよう。孝が自己の身体の管理・保全であるという原則に照らし
て，行為の意図・動機の面でも行為の結果の面でも，宦官と孝子とは対極に
位置する筈である。前者は徹底して不孝であり，後者は徹底して孝である。
前者は社会における醜悪なるものの凝集であり，後者は全き善性の体現であ
る。前者は卑しめられ，後者は賞讃される。これら全ゆる側面での対照性に
もかかわらず，現実には，身体を自ら毀損する点では宦官に類する行為を実
行する孝子（不孝者ではない！）が頻出し，また社会がそうした行為を絶讃
している事実を，私たちはいかに解すべきであろうか。恰も宦官が自ら志
願して自己の生殖器を毀損するように，自らすすんで自己の内股を毀損する
行為が孝の典型とみなされるのである。これは著しい矛盾であるようにみえ

る。いずれも能動的・積極的な身体の毀損である点では相違が認められない
のに，なにゆえ宦官の行為は不孝とされ，逆に孝子の行為は孝とされるのか
といえば，畢竟それは，後者が孝を希求する崇高な道徳的意思に基くのに対
し，前者がそうではない，という差異に帰着する。しかしそれにしても，孝
を希求する道徳的意思に基いて身体を毀損するということ自体が，そもそも
矛盾ではないのか。然り。私たちは，まさしくこの矛盾のうちにこそ，孝の
実践の本質を見出すことができると信ずる。

　上記の矛盾を整合的に説明するために，私たちは，孝の実践の二つの特徴
——それが日常的な緊張を実践者に強いるということ，及びそれが「身体を
傷つけない」という不作為性として表出されること——にまで立ち返らねば
ならない。日常不断に実践される孝の成果は，それが不作為的な実践である
限り，すなわち，具体的かつ明示的な孝の徴標を身に帯びるのでない限り，
それを社会に提示するのが困難である。この段階で既に孝の実践は，実践の
不作為性と実践の成果を社会に向けて提示する必要性との二律背反に直面し
ているといってよい。では，この二律背反は全く乗り越え不可能なのであろ
うか。否。ここにおいて孝子たちは，いわば命がけの跳躍 salto mortale を
試みることとなるのである。そしてその場合の根拠は，孝に優先するいかな
る道徳もあり得ないということ，つまり言葉の真の意味での・孝の絶対的根
本性に求められる。蓋し，人ハ孝タルベシという命題が一切に優先する・真
に絶対的に妥当する定言的命法であるならば，その実現のために用いられる
いかなる手段も正当化される。孝の実現のためには全てが許されるのだ。こ
の「全て」の中には当然，身体の毀損という不孝を犯すことも含まれる。む
しろ，不孝という大罪を犯してまで実現される孝こそが尊い。こうして不孝
は孝へと転化する。

　「割股行孝」を例にとるならば，自らすすんで自己の内股の肉を切り取る
ことは，それが身体の毀損である以上，紛れもなく不孝な行為である。しか
し，それが自己の身体を奇形化する不孝な行為であり，従って不浄な行為で
あることを承知のうえで，それでもなお敢えてその行為を実行してまでも

自らの肉を親の食事に供し，以て親の病気を癒したならば，それこそが至高の孝——自己犠牲によって実現される孝——ではないか。具体的かつ明示的な不孝の徴標としての身体的欠損は，さながらに，具体的かつ明示的な孝の徴標として機能するのである。自己の身体に刻まれた奇形性は，不孝という手段を用いて実現された至高の孝を，日常的に，しかも視覚的に明瞭なかたちで，社会に提示するのを可能にする。二律背反は止揚されるのである。もちろん，その人の行為を社会が孝と認定しなかったならば，彼の *salto mortale* は失敗に終り，単なる不孝者としての惨めな末路が彼には待っているに違いない。しかし「割股行孝」についていえば，それが至高の孝として社会的に認定される期待値は高かったといってよい。親が子と「同気」である以上，孝の真情をこめて子が切り取った自らの肉は，それを食する親の身体に対して何らかの積極的な反応（感応）を生ぜしめ得ると思われるからである。親に食されることによって，人肉片は特殊な力を発揮し，聖化されるに至る。私たちはここに，孝が一種の超常的―宗教的な傾向を帯びていることを看取せねばならない。吉川忠夫氏は，六朝時代に『孝経』が「あたかも宗教経典を読誦するがごとくに」読誦され，時には仏教経典とも並読されたという興味深い事例を紹介している〔吉川 1984:551-553〕。もっとも，『孝経』がこのような読み方をされたのは六朝時代に特有なことだとされるが〔吉川 1984:551〕，『孝経』の読誦に限定せず，ヨリ広く孝の実践の超常的―宗教的性格についてみるならば，それは孝の絶対的根本性が社会通念として定着して以後の伝統中国のいかなる時代においても一貫して発見されるというべきである。実際，このことを前提とすることなしには，二十四孝の故事や宝巻に語られる故事の多くのものが解読困難になることを，私たちは次節以下においてみるであろう。

　孝と不孝とのかかる弁証法的関係を理解してこそ初めて，孝の実践としての身体の毀損行為に対する禁令がいかに頻繁に，かつ厳しい罰則を伴って公布されようとも，遂に何ら効果を挙げ得なかった理由を知ることができる。身体を毀損する孝の実践に対する禁令は，『元典章』巻三三「礼部」六「孝

節　行孝」の項（至元3（1266）年「禁割肝剸眼」，同7（1270）年「行孝割股不当」）にみえ，それが明代に継承されたのであるが，明の劉仲達輯『劉氏鴻書』（続修四庫全書第1239冊）巻五〇「人品部」五「孝」の項に引く『皇明通紀』によれば，太祖洪武帝による禁令公布の直接のきっかけは江伯児なる者の事案であった [9]。江伯児は母の病気を癒そうと，自己の脇の肉を切り取ってそれを母の食事に供したのだが，効果がなかったため，岱嶽に願をかけ，「もし母の病癒えなば，子を殺して以て祭らん（母病癒則殺子以祭）」と祈った。果して母の病が癒えるや，江伯児は願のとおり，三歳になる自分の子を殺して祭ったという。（この事例に濃厚な呪術性に注意せよ。）これを耳にした洪武帝は激怒し，江伯児を逮捕して杖一百を加えたうえ，海南島に流すと共に，自己の肉を切り取ったり氷上に裸で臥したりする行為を「却って大なる不孝ではないか（豈不反為大不孝乎）」と厳しく糾弾したのである。洪武帝の立場は畢竟，自己の身体の管理・保全という地点まで孝の実践形態を引き戻そうとするものに他ならない。とはいえ，孝の絶対的根本性それ自体が何ら否定されていない以上，こうした禁令がごく短期間の一時的な抑止効果しか持たないのは当然であった。江伯児の如き孝の実践を「一時の激発」「詭異の行」として社会から追放しようとする洪武帝の試みは成功しない。そのように厳しい禁令をも乗り越え，厳罰にも値するほどの大罪を犯してまでも，ヨリ高次の孝の実現を図ろうとする・孝の実践の「弁証法的機制」が作動し始めるのを，何ぴとも阻止することはできないのである。むしろ，身体の毀損を禁止する公権的圧力の強化は，それをも超出して絶対至高の孝を実現せんと試みる宗教的な熱情を，却ってかきたてることにもなりかねない。洪武帝自身，身体を毀損する孝の実践を「却って大なる不孝」と称したところに，彼の心情の屈折が読み取れないだろうか。実際，彼が帝位にあった洪武年間には，氷上に裸で臥す王祥の事例や，わが子を生き埋めにしようとする郭巨の事例をも含む『全相二十四孝詩選』が刊行されているのである〔橋本 1995:4〕。更に，『劉氏鴻書』では，わが身を奇形にし，わが子を殺害し，それゆえに杖刑・流刑に処された江伯児の事例が帝舜や殷高

祖や子路や岳飛などと同列に並べて、「孝」の項に置かれているではないか。これが、江伯児の行為を非難するためではなく、逆にこれを顕彰する意図に出ることはいうまでもない[10]。孝の絶対性は貫徹されるのである。

　私たちは以上の論述によって漸く、孝の実践における身体性の契機について、その見取図を提供することができた。これを前提として、私たちはいよいよ、孝子説話の具体相へと検討を及ぼさねばならない。

3. 二十四孝の分析

　まず、やや煩瑣ではあるが、議論を進める準備段階として、取り扱う資料の範囲を確定し、分類・整理しておくことが必要である。本論では二十四孝に関する資料を、①狭義の二十四孝、②日用類書の中の二十四孝、③宝巻の中の二十四孝、④民間歌謡の中の二十四孝、⑤その他の文献にみえる二十四孝、に大別する。本論は二十四孝に関する文献を網羅的に検討することを最初から意図していない。もし資料を網羅的に検討するのであれば、例えば金文京氏が取り上げているように、劇本類に含まれる二十四孝を当然対象に加えねばならないであろう〔金 1989:76-77, 金 1994a:284, 金 1994b:77-81〕。本論ではそこまで検討の範囲を広げることを断念し、上記５種の資料に限って、そこからどのような傾向性を読み取ることができるかを調査するに留めなければならない。しかし、この調査は、将来、取り扱う資料の範囲を拡大した網羅的な検討が行なわれる際の予備的な考察としても、充分な意味を持つと信ずる。
　①狭義の二十四孝とは、「二十四孝」という明確なまとまりが意識され、多くの場合「二十四孝」という名称のもとに記述されている孝子説話の基本的な系統を指すことにしよう。これまでの文献学的な研究の成果によれば、狭義の二十四孝には孝行録系／全相二十四孝詩選系／日記故事系という３系統があり、歴史的にはこのうち孝行録系の成立が最も古く（唐代まで遡るかも知れない）、それが元代に至って全相二十四孝詩選系に変化し、

そこから更に日記故事系が分岐したと推定される〔金1989，金1994a，金2003〕。本論では，この3系統を①類に所属させることにしよう。『孝行録』のテキストについて橋本草子氏は尊経閣文庫本に依拠すべきだとするが〔橋本1996:4〕，詳細な書誌的な検討を目的としない本論においては，「権溥追加三十八事」を付加している点で興味深いテキストである東京大学附属図書館所蔵南葵文庫狩谷掖斎旧蔵本に依拠することにする。『全相二十四孝詩選』については橋本草子氏がその全文を紹介している北京図書館（現在の中国国家図書館）所蔵洪武版〔橋本1995:5-21〕を用いる。因みに，日記故事系のテキストには排列の順序の違いこそあるものの，故事の出入は見出されない〔黒田2001b:92-96〕。（日記故事系については，すぐ後に②日用類書の中の二十四孝においても言及する。）もっとも，二十四孝の成立ではなく，その普及・定着の側面に焦点を合わせた場合，このような系統の区別がどこまで有効かは別個に考える必要がある[11]。黒田彰氏が作成した表「二十四孝古資料一覧」〔黒田2001b:102-103〕からは，上記3系統それぞれについてもテキストによって相当の出入があることが知られるのであって，好評を博した孝子の故事は系統の違いを越えて採用されるようになり，他方，不評な孝子の故事は次第に淘汰される傾向があったに違いない。この点については後にも言及することがあろう。

　②日用類書の中の二十四孝とは，「日用類書」もしくは「日用百科全書」と総称される，「広く各階層の士民（四民）の日常生活に必要な実用的知識を記載していて，しかもその知識を敏捷に把握できるように編纂され」た〔坂出1999:8〕，南宋時代以降に出現する書籍群[12]の中に見出される孝子説話のうち，①類を除くものを指す。①類と②類との関係について，今仮に『新鍥類解官様日記故事大全』（和刻本類書集成第3冊）を例にとって説明しておこう。この書の冒頭には「二十四孝」が独立した一巻として置かれており，これが①類に属する。しかるに同書はこの他にも「孝行類」「孝感類」「孝念類」という類目を有し，そこにも「二十四孝」と重複する故事が多く含まれるのである〔黒田2001b:94-95〕。私たちはこの部分を①類か

ら区別して②類として取り扱いたい。たとえ「二十四孝」の名称は有していても，他の類目から区別されて独立した一巻を構成していない場合——例えば『新鍥全補天下四民利用便観五車抜錦』（中国日用類書集成第１冊）巻四「人紀門」は「二十四孝」の項をたてて二十四人の孝子の名のみを列挙している——は全て②類に含める。同一の書に①類と②類とが共在するのは不自然であり，なぜこのような体裁が発生したのかは，数多い孝子説話の中から二十四孝が抽出されていく過程を知る上で重要な手がかりとなるに違いないが，本論ではこの問題には立ち入らないことにする。

　③宝巻の中の二十四孝について。宝巻と総称される説唱文学のジャンルにおいて，孝が主題として占める比重は極めて高い。宝巻に固有の孝子説話については次節に譲り，本節では二十四孝に関わるものに限って取り扱う。私たちはそれを３つに下位分類することができる。第一には，二十四孝の故事全体を宝巻で構成し，書名にもそれを明記している作品であって，具体的には『新刻二十四孝勧世列伝』（早稲田大学中央図書館所蔵澤田瑞穂氏旧蔵風陵文庫本）と『二十四孝報娘恩』（京都大学人文科学研究所所蔵本 13)）とがこれに属する。第二には，二十四孝のうち特定の故事を主題として創作された作品であって，具体的には『董永売身宝巻』（早稲田大学中央図書館所蔵風陵文庫本）と『精孝流名』（宝巻初集第 39 冊）がこれに属する。第三には，二十四孝を主題とするのではないが，二十四孝の全てもしくは一部の故事への言及を含む作品であって，上記の第一・第二以外の全てがここに属する。

　④民間歌謡の中の二十四孝として注目すべきなのは，死者儀礼の際に歌唱される葬送歌（いわゆる「孝歌」 14)）である。『中国民間歌曲集成』『中国歌謡集成』の公刊は民間歌謡の研究に多大な便宜を提供してくれてはいるが，各地に遍在する・「孝歌」としての二十四孝の全貌を把握するのは，なお極めて困難である。『中国歌謡集成』湖南巻は懐化市で収集した歌曲「二十四孝」を節録のかたちで掲載すると共に，「《二十四孝歌》は省の各地に広く分布する。内容は大同小異だが，異文も多い。寧遠県のテキストでは“孟宗哭

竹生冬笋，王祥為母臥寒冰"のように，一人物ごとに一句の形態がとられている」と付記する。当該巻の編纂者は，湖南省全域で多くの《二十四孝歌》を収集したにもかかわらず，そのうちの一篇を節録で収録しただけで，それ以外の資料は——付記の中で言及された寧遠県のそれも含めて——一切収録しなかったのである。紙数の関係から，内容が「大同小異」と判断される資料に対してこのような処置が採られることには止むを得ない面があろうが，二十四孝に特に関心を有する本論にとっては，これは大きな損失であったといわざるを得ない。なお，田仲一成氏は祭祀演劇において歌唱される二十四孝として，香港新界に伝承されるそれ〔田仲 1985:820〕とシンガポールに伝承されるそれ〔田仲 1985:1018 - 1023〕を紹介しており，貴重である。こうした資料は他にも多く存在するに違いない。

　⑤その他の文献にみえる二十四孝とは，上記の類別に該当しない全ての文献に見出される二十四孝関連の資料を指すこととする。もっとも，私たちがそのごく僅かしか検索できていないのは遺憾である。非漢族（壮族）の演劇の中にすら二十四孝の故事（舜）に由来する演目が伝承されていること〔金 1994b〕は，やはり舜の故事に因む歌曲が非漢族の民間歌謡に含まれていること（畬族の「二十四孝」中国民間歌曲集成浙江巻，土家族の「大舜耕田」同湖北巻）〔前川 2002:200 - 201〕と合わせて，二十四孝の伝播がいかに広範な領域に及んでいるかを示しているが，この方面の資料の収集は困難な作業である。林同『孝詩』（文淵閣本四庫全書第 1183 冊）のように，個人の著作ないし文集の中に含まれる二十四孝関連の資料も相当な数量に達する筈である。私たちは，今後ともこれらの資料の更なる収集に努めなければならない。

　私たちは①②③の資料を対象として，それらにどの孝子の故事が出現しているかを，その故事の特徴と合わせて簡略に整理した〔表Ⅰ〕を作成して論を進めることにしよう[15]。故事の特徴としては，以下の諸点について記述する。(1) 行為の対象（孝の実践が父に対して行なわれるのか，母に対して行なわれるのか，それとも両親に対して行なわれるのかの区別），(2) 客

観的状況（孝の実践が行なわれた自然環境・社会背景・家庭環境などの外的条件），（3）装置（孝の実践を成り立たせるうえで特徴的な道具・設定・配置などの要素），（4）身体感覚（孝の実践において孝子，親，もしくはそれ以外の人の身体に発生した，或いは発生しようとした感覚），（5）行為の概要，（6）行為の結果，（7）備考。このうち（4）身体感覚について若干の補足を加えよう。現在の私たちの身体意識を前提とするならば，或る感覚（例えば痛覚）が誰に発生したか——孝子に発生したのか，その親に発生したのかなど——は重要な区別であり，それを一括して扱うのは妥当ではないように思われる。それは，行為の主体 agent と行為の客体 patient との決定的な差異と関わるからである。しかし，このような身体意識を二十四孝の身体感覚に持ち込むことは危険であると言わねばならない。前節に言及したように，孝の身体感覚は気の連続性ないし同一性に根拠をもつのであって，それは個体の境界を超えることができるのである。そこでは，感覚を与える側と感覚を受け取る側とはしばしば互換的である。孝の身体感覚を孝子が受け取るものに限定したり，逆に親が受け取るものに限定したりするわけにはいかない。これを峻別することは，却って孝の実践の実態からの乖離をもたらしかねない。例えば，亡母の像が傷つけられて，その像が血を流す故事（丁蘭）では，実際に痛覚を感じているのは亡母の像であって，亡母自身でも孝子でもない。わが子を生き埋めにしようとする故事（郭巨）では，生き埋めの苦痛を味わうのは孝子の息子であって，孝子自身ではない。また，同じ味覚といっても，親の糞便の味を孝子が感受するのと（庾黔婁），孝子が提供する母乳を親が味わうのと（唐夫人）では，感覚の発生する個体の立場が全く逆になっている。しかし，これらのうちのいずれかを孝の身体感覚から除外することは，孝の身体感覚を総体的に把握するのを困難にする。これらはいずれも孝の実践の過程で発生した点では孝の身体感覚とみなすことができるのである。むしろ，多様な形態での身体感覚の発生それ自体に，孝の身体感覚の本質をみなければならない。

以下の叙述の便宜のため，〔表Ⅰ〕作成に用いた資料は，次のような略号で表記することにしよう。（なお，書名の表記には巻首題・封面題・外題を混用しているので注意されたい。）①類：『孝行録』（既出）→孝，『全相二十四孝詩選』（既出）→全，日記故事所掲の二十四孝（既出）→日，②類：『新刊大字分類校正日記大全』（北京図書館所蔵。『中国古代版画叢刊』第2冊による）→校，『新鍥類解官様日記故事大全』（既出）→鍥，『書言故事大全』（和刻本類書集成第3冊）→書，『君臣故事』（同第3冊）→君，『金璧故事』（同第3冊）→璧，『勧懲故事』（同第3冊）→勧，『群書拾唾』（同第4冊。孝子の名のみ）→唾，『新鍥全補天下四民利用便観五車抜錦』（既出。孝子の名のみ）→錦，『新刻天下四民便覧三台万用正宗』（中国日用類書集成第3冊。孝子の名のみ）→台，『新刻捜羅五車合併万宝全書』（同第8冊。孝子の名のみ）→宝，『鼎鍥崇文閣彙纂士民万用正宗不求人全編』（同第10冊。孝子の名のみ）→人，『新板全補天下便用文林妙錦万宝全書』（同第12冊。孝子の名のみ）→妙，『読書紀数略』（文淵閣本四庫全書第1033冊）→読，『重刊増広分門類林雑説』（続修四庫全書第1219冊）→雑，『新編類意集解諸子瓊林』（同第1221冊）→瓊，『群書通要』（同第1224冊）→通，『群書類編故事』（同第1224冊）→群，『類雋』（同第1236冊）→雋，『劉氏類山』（同第1237冊）→山，『劉氏鴻書』（既出）→鴻，『蘭雪堂古事苑定本』（続修四庫全書第1247冊）→蘭，『広事類賦』（同第1248冊）→広，『類腋』（同第1248冊）→腋，『玉堂故事』（国立国会図書館所蔵）→玉，『新鐫編集人生八宝故事註釈精像』（同）→八，『是路録』（同）→路，『鼎鋟崇文閣彙纂士民捷用分類学府全編』（同。孝子の名のみ）→府，『天中記』（国立公文書館内閣文庫所蔵）→天，『稽古彙編』（同）→稽，『漱玉彙編』（同）→漱，『事詞類奇』（同）→奇，『山堂肆考』（同）→堂，『文苑類雋』（同）→苑，『雅俗稽言』（同）→雅，『詞叢類採』（同）→採，『臆見彙考』（同）→臆，『新鐫徽郡原板校正絵像註釈便覧興賢日記故事』（同。その巻一の前に付されている『鐫便蒙二十四孝日記故事巻之一』は①類とみなす）→賢，『便覧聯輝日記故事』（同）→輝，『標註日記故事大全』（同）→標，『精

選故事黄眉』（同）→黄，『新鐫註釈故事白眉』（同）→白，『新鐫編類古今史鑑故事大方』（同）→方，『麗藻』（同）→麗，『双金』（同）→双，『群書考索古今事文玉屑』（同）→屑，『新鍥曾太史彙纂素翁啓蒙琢玉鰲頭雑字』（同）→素，『新鍥増補類纂摘要鰲頭雑字』（同）→摘，『新増万宝元龍雑字』（同。孝子の名のみ）→龍，『新刻太倉蔵板全補合像註釈大字日記故事』（東京大学東洋文化研究所所蔵）→倉，『新刻類輯故事通考旁訓』（同）→旁，『鍥註釈増補書言魚倉故事』（同）→魚，『新鐫赤心子彙編四民利観翰府錦囊』（同）→赤，『幼学須知便読故事』（同。同所所蔵『増補幼学故事群芳』はこれに註釈を付したもの）→幼，『重刻聯対便蒙図像七宝故事大全』（同）→七，『鍥旁註事類捷録』（同）→捷，『新刊翰苑広記補訂四民捷用学海群玉』（同。孝子の名のみ）→海，『元魁官板全像日記故事』（関西大学図書館所蔵。巻首の『新刊二十四孝故事』は①類とみなす）→魁，『新鍥龍頭全像註釈日記故事』（同）→頭，『新鍥燕臺校正天下通行文林聚宝万巻星羅』（名古屋市立蓬左文庫所蔵。孝子の名のみ）→星，『新刻全像二十四孝日記故事餘芳』（祐徳稲荷神社所蔵中川文庫本。国文学研究資料館所蔵焼付写真による）→芳，『学堂日記故事図説』（宝巻初集第 39 冊。宝巻として収録されているが，実質的には日記故事の一種とみるべきもの）→学 16)，③類：『新刻二十四孝勧世列伝』（既出）→列，『二十四孝報娘恩』（既出）→娘，『董永売身宝巻』（既出）→董，『精孝流名』（既出）→精，『無為正宗了義宝巻』（明清民間宗教経巻文献第 4 冊）→無，『明宗孝義達本宝巻』（同第 6 冊）→明，『羅祖下八支因果経』（同第 6 冊）→羅，『混元弘陽臨凡飄高経』（同第 6 冊）→飄，『混源宝燈孤施食科儀』（宝巻初集第 17 冊）→孤，『衆喜粗言宝巻』（同第 20 冊）→喜，『新刻醒心宝巻』（同第 23 冊）→醒，『孝心宝巻』（同第 39 冊）→心。

〔表1〕

孝子名	出典	対象	客観的状況	装置	身体感覚	行為の概要	行為の結果	備考
舜	孝全日校鍥睡錦台宝人妙読雑瓊雋山鴻玉八路府臆標素摘龍赤七海星列娘無明羅喜醒心	父, 継母	父は頑, 継母は嚚。継子いじめ。	—	—	父と継母とに殺害されそうになっても, なお孝を尽くす。	動物たちが感応して舜を助ける。堯が舜に譲位。	※1
孟宗	孝全日校鍥君璧睡錦台宝妙通山広腋玉八路漱臆標麗双素摘龍七捷海星列娘明羅飄孤喜心	母	母が病気。冬。	笋, 雪	寒さ(触覚)	母の求めに応じ, 笋を採るために真冬に竹林に出かける。	笋が出現。	
丁蘭	孝全日校鍥睡錦台宝妙雑雋鴻玉八標素摘龍七海星列娘明羅飄孤喜心	母	母死亡。	木像, 針, 目, 血	痛覚	亡母を象った木像の目を妻が傷つけ, 木像が血を流す。	妻を離縁。	※2
閔損	孝全日校鍥君璧勧睡錦台宝人妙通雋蘭漱堂臆玉八路府屑素摘龍七海星列娘無羅孤喜	継母	継子いじめ, 冬。	衣服	寒さ(触覚)	継母が衣服をくれず, 寒さに震える。このことを知って離縁しようとする父を止める。	父が離縁を思いとどまる。	※3
曾参	孝全日鍥睡錦台宝人妙瓊通群雋山蘭玉八府天漱苑堂採臆白麗屑素摘龍海星列娘無羅喜心	母	野に出て薪を拾う。	指	痛覚, 動悸	母が自らの指を噛む。	胸騒ぎがして, 急ぎ家へ帰る。	※4
王祥	孝全日校鍥君錦台宝人妙通雋山広腋玉八路府漱堂雅採臆標双屑素摘流赤七海星列娘明羅喜心	継母	継子いじめ, 冬。	氷, 魚, 池, 裸	寒さ(触覚)	継母の求めに応じ, 鯉魚を採るために真冬に池に赴き, 裸になり, 体温で氷を融かす	氷が融け, 鯉魚が躍り出る。	※5

老莱子	孝全日校鎈君璧唾錦台宝人妙通山広腋標白方麗双屑素龍旁魚赤幼七捷海星列娘羅孤喜	父, 母	両親とも高齢。	五色燗斑衣	－	燗斑衣を着て，幼児の真似をし，両親が自らの高齢を感じないようにする。	両親が喜ぶ。	※6
姜詩	孝全日校鎈君唾台宝妙雑雋蘭広腋玉八路漱標麗素摘龍七捷列娘明羅喜	母	－	江水, 魚, 泉	－	江水を飲み，魚膾を食べたいと望む母に事えて，水を汲み，魚を採る。	泉が湧き出し，毎日魚が採れる。	※7
郭巨	孝全日鎈君唾錦台宝人妙通玉八府標素摘龍七海星列娘精無明羅孤喜醒心	母	家貧し。子供あり。	子供，黄金の釜	－	母に充分な食事を与えるため，子を生き埋めにして殺そうとする。	黄金の釜が地下から出現。	※8
董永	孝全日鎈君唾錦台宝妙雑通玉八雅臆標素摘龍七海星列娘董明羅孤喜醒	父	父死亡。	葬儀, 縑, 織女	－	父の葬儀を出すために借金をし，自らの身を奴隷に売る。	織女が妻となって縑を織り，それによって奴隷から解放される。	※9
陸績	孝全日校鎈君唾錦台宝人妙雑群雋広腋八府漱標麗双摘龍七捷海星列娘明羅喜	母	袁術の家に招かれる。	橘の実	－	母に食べさせるため，出された橘の実を盗み，袁に見咎められる。	陸績の孝を袁が讃える。	
蔡順	孝全日校鎈君雑通雋山広腋玉八漱堂苑採標麗素摘龍七捷列娘明羅孤喜	母	赤眉の乱。△母死亡。	椹, 賊, △雷, 墓	－ △聴覚	椹を赤と黒に分けて拾い，熟した黒い方を母に与える。△雷を怖がる亡母のために墓を守る。	それをみた賊が感動し，米と牛蹄を与える。	※10

第4章　身体感覚としての孝

韓伯瑜	孝校鍥書君璧唾錦台宝人妙雑瓊通広玉八路府漱臆賢輝標屑倉魚赤幼海星芳学無府漱臆明	母	母からの叱責。	杖, 涙	痛覚（触覚）	母に杖で打たれるが, かつてほど痛くないことに涙する。	－	※11
仲由	日校鍥書君璧錦台宝人妙雑瓊通群鴻広天玉八路府漱採臆標白方双屑素摘龍旁赤七海星列娘羅喜心	父, 母	－	米	重さ（触覚）	百里の外まで米を負う。両親歿後, 穀万鍾を得るも喜ばず。	－	※12
王裒	全日校鍥君璧錦台宝人妙腋玉八府堂採臆賢輝標素摘龍倉七海星列娘羅喜心	父	父死亡。	墓, 柏樹	－	父の墓の傍らに廬し, 朝夕, 柏樹に攀って号泣。	その涙で, 柏樹が枯れる。	※13
江革	日校鍥唾錦台宝人妙通玉八府標素摘龍七海星列娘羅喜	母	天下乱る。若くして父を亡くす。	賊	重さ（母を背負う）	母を背負って逃げる途中, 賊に遭う。母を助けるよう懇願。	賊は江革を殺すに忍びず, 却って物品を与える。	
黄香	全日校鍥読雑通広腋玉八標双素摘龍赤七列娘明羅孤喜心	母	夏, 冬。	枕, 扇, 寝床	触覚	夏には母の枕を扇ぎ, 冬には母の寝床を体温で暖める。	－	
張孝・張礼	孝全校鍥唾錦台宝人妙雑蘭賢輝標倉幼海魁頭星芳明	母	賊に捉われ, 煮られようとする。	賊,	（煮られる）熱さ	母を養うべき弟を助け, 肥えた自分を煮るよう賊に懇願。	賊が二人を釈放。	※14
田真・田慶・田広	孝全璧唾錦台宝人妙蘭府倉旁幼七海星芳学孤	－	財産の分配。	紫荊の樹	－	紫荊の株を三つに分けるといずれもが枯れた。	兄弟での財産分割を止める。	※15
朱寿昌	全日鍥通玉八標七列娘明羅孤喜天白麗	母	父が母を離縁。	血	痛覚（触覚）	自らの血で経を写し, 官を捨てて母を探す。	探し当て, 数年間を共に暮らす。	※16

楊香	孝全日鍥玉八漱堂標素摘龍列娘羅孤喜	父	父が虎に襲われる。	虎, 山	聴覚, 触覚 (虎と戦う際の)	父の叫びを聴き, 匍匐奔走し, 虎と格闘する。	虎は父を傷つけるを得ず, 楊香を乗せて敗走し, 死ぬ。	
剡子	孝全日唾玉八素摘龍列娘明羅喜	父, 母	両親は年老いて目を患う。	鹿, 鹿皮, 鹿乳, 箭	痛覚 (箭で射られる際の)	両親の眼病を癒すため, 鹿皮を着て鹿の群れに入り, 鹿乳を採ろうとして, 王の箭に射られる。	天帝より薬を賜って蘇生。	※17
漢文帝	全日八素摘龍七列娘無明羅喜	母	母が病気。	薬	味覚 (薬を嘗める際の)	母を三年間不眠不休で看病。薬は自ら嘗めてからすすめる。	—	※18
庾黔婁	全日鍥八稽漱標麗素摘龍捷列娘羅喜心	父	父が病気。	糞便, 北辰	(糞便の) 味覚, 嗅覚 (糞便の臭い)	父の病気のため動悸がし, 汗が流れる。父の糞便を嘗めてその味で病状を知り, 自分を身代わりにと北辰に祈る。	—	※19
呉猛	全日雑山玉八路漱採素摘龍七列娘喜心	限定なし	夏。	蚊	痒さ (触覚)	親の代りに自らが蚊に咬まれる。	—	
唐夫人	全日玉八素摘龍勧列娘羅喜	義母	義母が高齢でモノを嚙めない。	母乳	(乳房の) 触覚, (母乳の) 味覚	義母に自らの乳を飲ませる。	—	※20
黄山谷	全日鍥八標素摘龍列娘羅喜	母	母が病気。	溺器, 尿	嗅覚 (尿の臭い)	母の溺器を自ら洗滌する。	—	※21

王武子の妻	孝唾錦台宝人妙府海星	義母	義母が病気。	股の肉	（股の肉を切り取る際の）痛覚	重病の義母のために祈り，股の肉を割いて食べさせる。	義母の病が癒える。	
魯義姑	孝唾錦台宝妙群天海星	－	二子あり，うち大なる子は前妻の子。戦乱。	－	－	戦乱の際，前妻の子の方を抱いて逃げる。	「義姑のいる国には義士がいる」と，敵軍撤退。	※22
鮑山	孝唾錦台宝人妙雑府海星	母	飢饉。	筐，賊，絹	－	飢饉の際に，母を背負って逃げる途中，賊に遭遇。	賊，「孝子なり」とて絹数匹を鮑山に与う。	※23
劉殷	孝唾広玉八稽堂麗双捷	母	母が病気，冬。	芹	－	病気の母のために，芹を採りたいと思い，号泣。	天より芹を賜い，母の病も癒える。	
曹娥	孝鍥玉苑採標七	父	父が溺死。	父の屍	息苦しさ	溺死した父を求めて自らも入水。	曹娥の死体が父の死体を抱いて浮き上がってくる。	※24
元覚	孝唾群雋蘭稽奇堂黄	父	父の性行，不肖。	簀，山	－	山に親を棄てに行こうとする父を，戒める。	父が自らの非を悟り，親棄てを止める。	※25
劉明達とその妻	孝	母	飢饉，子あり。	子，乳房	（乳房を割く）痛覚	母の食を奪うわが子を売る。自らの乳房を割いて子に与える。	－	※26

補足 1.『校』は「愛親類」と「終養類」と「孝念類」と「孝思類」,『書』は巻一「父母類」
と「孝養類」,『君』は「人倫門」の「孝行類」と「孝感類」,『鍥』は「孝行類」と「孝感類」
と「孝念類」,『雑』は「孝行篇」と「孝感篇」と「孝悌篇」と「孝友篇」,『通』は丁集「孝
義門」の「孝行類」と乙集「人倫門」の「父母類」,『雋』は「人倫類」の「父子」と「母子」,
『広』は「戚族部」の「父子」と「母子」,『天』は「父母」と「継母」と「兄弟」と「姑」,『漱』
は「父母」と「孝子事」,『堂』は商集「親属」の「祖父祖母」「母」「継母」と角集「親属」
の「子」,『苑』は「人倫部」の「父子」と「母子」と「子」と「女」,『採』は「孝行類」

と「孝感類」と「貞淑類」,『玉』は「孝子類」と「孝婦類」,『八』は「帝王孝」と「士
民孝」と「婦女孝」,『標』は「孝行類」と「孝感類」と「孝念類」,『白』は「人道部」
の「孝養類」と「兄弟類」,『双』は巻七「孝」と「孝感」,『倉』は「親愛類」と「操守類」,
『旁』は「人道門」の「孝養」と「兄弟」,『幼』は「祖孫父子」と「兄弟」,『頭』は「親
愛類」と「友悌類」,『芳』は「孝行類」と「友悌類」とを,それぞれ併せて表記している。
補足2.　この表に挙げた以外で,登場頻度の高い孝子としては,次のようなものがある。
　・李密:『孝』の異本 (大阪府立中之島図書館所蔵石崎文庫『二十四孝』。徳田進氏蔵 (川
　　瀬一馬氏旧蔵) 七言詩註『二十四孝之詩私』未見)〔黒田 2001b:99〕,『校』『鍥』
　　『鴻』『蘭』『玉』『八』『苑』『輝』『標』『黄』『屑』『倉』『捷』『魁』『芳』。なお,
　　この故事は『二十四孝詩』(慶應義塾大学附属斯道文庫蔵) にも含まれる〔橋
　　本 1996:12〕。
　・毛義:『校』『書』『通』『広』『八』『天』『漱』『苑』『臆』『輝』『白』『方』『麗』『倉』『旁』
　　『魚』『赤』『幼』『七』『捷』『芳』。なお,この故事は『二十四孝詩』(慶応義塾
　　大学附属斯道文庫蔵) にも含まれる。
　・尹伯奇:『雑』『山』『路』『天』『漱』『堂』『採』『白』『屑』『旁』『七』『捷』。
　この他,狄仁傑,楽正子春,解叔謙 (解以謙) などの孝子も多くの文献に表れるが,彼
らについては,別個に後注 19 において言及する。

※1.　この故事は壮族の師公戯『舜児』,長編小説『開闢衍繹通俗志伝』,京劇『大舜耕田』,
　　桂劇『堯皇訪舜』にも出る〔金 1994b:77, 88-89〕。この故事については多くの研究
　　の蓄積があるが,本論と直接関係しないので,言及は差し控える。
※2.　この故事は,木像を父のものとする場合,父母のものとする場合,母のものとする
　　場合,という様々なヴァリエーションをもっていた〔下見 2002:73-90〕。妻が木像を
　　傷つけることの意味については〔下見 2002:103-116〕。
※3.　『孤』は「閔」を「憫」に作る。この他,「閔子騫」の名で表れるものも含む。
※4.　「曾子」の名で表れるものも含む。ただし,曾参の父・曾点の故事は含まない。また,〔表
　　Ⅰ〕に挙げた以外の故事を記したものも含まない。曾参の母が指を嚙むことの意味につ
　　いては〔下見 2002:60-67〕。
※5.　この故事は『弘陽嘆世経』(明清民間宗教経巻文献第 6 冊) にも出る。
※6.　『羅』では「姓萊,名領呈」とし,『孤』では「老来子」と作る。これら様々な表
　　記のものも,老莱子と同定できる場合には含める。この故事の分析としては,〔下見
　　1996, 下見 1997:22-46〕がある。
※7.　『列』は「江詩」に作る。この故事については〔大澤 2001, 下見 2002:117-125〕
　　を見よ。
※8.　この故事については〔下見 2002:125-135〕をも参照せよ。
※9.　この故事については,敦煌本董永伝を始めとして,多くの資料が存在し,それにつ
　　いての研究も蓄積されているが,本論と直接関係しないので,言及は差し控える。

※ 10. 故事の内容は前半と後半とに分かれる。後半の内容に関わる記述には△を付して区別した。蔡順については，曾参と同じ内容の故事が存したことが知られている〔下見 2002:68-69〕。後半の故事が王裒と共通する内容を含むことについては〔下見 2002:70-73〕参照。

※ 11. 「韓伯俞」などとも表記される。この故事については〔下見 1997:35-39〕参照。なお，※ 21 を見よ。

※ 12. 「子路」と表記されるものも含む。

※ 13. 『列』は「王宗」に，『喜』は「王裒」に作る。

※ 14. 『唾』『星』が「趙孝宗」とし，『蘭』が「趙孝 趙礼」とするなど，多様な表記がみられ，とりわけ『雑』には「趙孝」という表記（孝悌篇）と「趙孝宗」という表記（孝友篇）とが混用されている。いずれも全てここに含める。このような多様な表記が混用されるに至った理由については，〔黒田 2001b:119-120〕を参照せよ。黒田氏もいうように〔黒田 2001b:128 注⑥〕，孝行録系の「趙孝宗」と全相二十四孝詩選系の「張孝・張礼」との関係は更に検討を要する課題であるが，〔表 I〕でみる限り，この区別も諸文献で必ずしも貫徹されてはいないようである。例えば，同じく日記故事系に属する文献であっても，『魁』はこれを「張孝・張礼」と表記して「親愛類」に含めるのに対して，『頭』は「趙孝」と表記して「友悌類」に含めるという相違が見出される。

※ 15. 『孤』に「有三人，哭紫荊，枝葉発青」というのは明らかにこの故事を指す。この故事は一見，孝とは無関係であるため「対象」の項は空欄とする。ただし，〔黒田 2001c:394-396〕が〔滋賀 1967:35-36〕を引照していうように，この故事における家産分割の問題が孝と関連しているとすれば，この故事が孝行譚に入っているのも理解できないことではない。もっとも，この点についても更なる検討が必要であろう。『天』『白』『旁』『幼』『芳』がこの故事を「兄弟類」もしくは「友悌類」に分類していることからみて，これを孝行に関する故事というより兄弟の問題に関する故事と捉える見方も，かなり広く行なわれていたことは間違いない。

※ 16. この故事については〔下見 2002:92-101〕を見よ。

※ 17. 『唾』『明』が「睒子」とし，『羅』が「姓郯，名吽」とするなど，多様な表記が見られるが，同定できるものはここに含める。この孝子が仏教に由来することについては〔道端 1957:282-298, 道端 1968:122-132〕を参照せよ。

※ 18. 『列』は単に「漢王」と表記するが，これが「漢文帝」であることは明らかである。

※ 19. 『芳』の徐献章の故事は，庾黔婁のそれと全く同類である。

※ 20. 『娘』が「崔山南」としている故事を含む。（『羅』が「唐朝姓崔，名山南的祖母唐夫人」というように，正確には「唐夫人」は崔山南の祖母に当る。）

※ 21. 「黄庭堅」と表記しているものも含む。龍谷大学図書館所蔵本『全相二十四孝詩選』の注記から，黄山谷の故事の代りに韓伯瑜の故事が入る『全相二十四孝詩選』のテキストがあったことが知られるが，現行の『全相二十四孝詩選』のテキストはいずれも韓伯瑜ではなく黄山谷となっている〔黒田 2001b:85〕。

※22. この故事は一見，孝とは無関係であるため，「対象」の項は空欄とする。ただし，〔黒田 2001b:117〕がいうように，山崎純一『列女伝（中）』（明治書院 1997 年）556 頁「余説」の解釈に従い，魯義姑の行為は「兄の家をふくめた一家の男児を絶やさぬため」であったと考えれば，孝との接点が生じる。『天』はこれを「姑」の項に分類している。

※23. この故事の来源は，陳寿『三国志』巻一八注所引『魏略』「勇侠伝」，敦煌本「孝子伝」に出る「鮑出」の故事であると考えられる〔金 1994a:281-282〕。

※24. この故事については〔下見 1999〕を参照せよ。

※25. 『蘭』『雋』はこれを「原穀」と表記する。〔金 1994a:280-281，高橋 1995:105-108〕によって，当該孝子が「元角」「元穀」など様々に表記されたことが知られる。この孝子については，〔高橋 1995:108-109〕が仏典起源説をとったのに対し，〔黒田 2001b:127 注㊺〕はそれを批判している。私たちも，仏教に典故を求めるには及ばないと考える。

※26. この故事については〔金 1989，金 1994a〕を見よ。

　この表から私たちは幾つかの興味深い事実を読み取ることができる[17]。まず，前に言及したように，孝行録系／全相二十四孝詩選系／日記故事系という系統の区別が厳格ではないことを確認しておこう。例えば，黒田彰氏作成の「二十四孝古資料一覧」〔黒田 2001b:102-103〕によれば，韓伯瑜の故事は孝行録系に特徴的とされるのに対し（ただし〔表Ⅰ〕備考※21 をみよ），漢文帝の故事は全相二十四孝詩選系と日記故事系とに，また江革の故事は日記故事系のみに，それぞれ出現するのであるから，系統の区別が厳密であれば，韓伯瑜の故事と漢文帝もしくは江革の故事が同一の文献に表われることはあり得ない筈であるにもかかわらず，多くの資料で韓伯瑜と江革とが，そして『八』『無』『明』には韓伯瑜と漢文帝とが，共に見出されるのである。『星』は王武子の妻・魯義姑・鮑山の故事を含むから孝行録系に属することは確実であるにもかかわらず，日記故事系のみに属する仲由・江革，全相二十四孝詩選系と日記故事系とに特徴的とされる王裒の故事をも含む点で興味深い。また『雑』にも，日記故事系のみに属する筈の仲由の故事と孝行録系のみに属する筈の韓伯瑜・鮑山の故事とが——その現われる篇は異なるとはいえ——共に含まれている。韓伯瑜と仲由とがこの他の各書にもしばしば共通して採られていることは注目されてよい。『錦』『台』『宝』『人』

『妙』の5書は，登場する孝子の顔ぶれからして明らかに孝行録系に属するが，にもかかわらず日記故事系に特徴的な江革と仲由をもそこに含めている[18]。これらの事象もまた，各系統の差異が二十四孝の普及・流布の過程で希薄になり，人気のある故事が系統の枠を超えて採用される傾向の現われというべきであろう。他方，系統としては孝行録系のみに属し，それ以外の系統には属さないため，完全に淘汰されたかに思われがちな王武子の妻・魯義姑・鮑山・劉殷・元覚（原穀）・曹娥，および補足2.に言及した李密の故事が，出現頻度には違いはあるものの，後代の文献にまで残っていることも明らかとなった。（ただし劉明達の妻の故事だけは，孝行録系以外の系統に発見されない。）

　ここで④類の資料に目を向けてみよう。④類の資料に出現する故事のうち〔表Ⅰ〕に挙げた孝子をその順に並べ替え，〔表Ⅰ〕に見えない故事を後に付記するかたちで示せば，〔表Ⅱ〕のようになる。（引用の便宜上，各資料に番号を付し，〔表Ⅰ〕に表われる孝子名には下線を付す。）

〔表Ⅱ〕

番号	資料名（出典）	孝子名
（ⅰ）	二十四孝（中国民間歌曲集成河北巻，喪歌。1001-1002頁）	閔損，王祥，郭巨，董永，黄氏女
（ⅱ）	十二孝（中国民間歌曲集成陝西巻，孝歌。1435-1437頁）	孟宗，王祥，郭巨，董永，陸績，蔡順，子路（仲由），江革，淡子（剡子のこと），呉猛，唐氏（唐夫人のこと），孟姜女
（ⅲ）	十二月古人（中国民間歌曲集成湖北巻，孝歌。552-554頁）	孟宗，王祥，董永，黄香，王褒（王裒のこと），趙匡胤，李香蓮，朱氏（朱寿昌ではない），趙五娘，曹安，目連，安安
（ⅳ）	唱箇古代行孝人（中国民間歌曲集成湖北巻，跳喪鼓。749頁）	孟宗，丁蘭，王祥，董永
（ⅴ）	二十四孝（中国歌謡集成湖南巻。336-337頁）節録	舜，孟宗，閔子騫（閔損），曾参，老莱子，董永，仲由，崔玉蘭，趙五娘，孟日紅，王世朋，目連，姜郎，（＊崔玉蘭の故事は呉猛と，孟日紅の故事は王武子の妻と，王世朋の故事は王祥と，それぞれ類似する。）

(vi)	二十四孝（香港粉嶺郷〔田仲1985:800〕）	孟宗, 閔損, 曾参, 王祥, 老莱子, 郭巨, 董永, 蔡順, 王裒, 江革, 黄香, 朱寿昌, 楊香, 剡子, 漢文帝, 庾黔婁, 呉猛, 唐夫人, 黄庭堅（黄山谷）, 目蓮, 文学, 観音, 秦雪梅, 孫堅
(vii)	二十四孝（シンガポール莆田グループ〔田仲1985:1018-1023〕）	虞舜（舜）, 孟宗, 丁蘭, 閔損, 曾参, 王祥, 老莱子, 姜詩, 郭巨, 董永, 陸續, 蔡順, 子路（仲由）, 王裒, 黄香, 張孝・張礼, 田真・田広・田慶, 朱寿昌, 楊香, 剡子, 漢文帝, 庾黔婁, 呉猛, 唐夫人, 黄山谷, 劉殷, 目蓮,（＊孝子の数は24を越えている）

補足：「董永哭得痛心懐」（中国民間歌曲集成湖北巻559頁）は董永を，「大舜耕田」（同904頁）は舜を，「花名帯古人」（同1218-1220頁）と「報花名　上古人」（同1516頁）は王祥を，それぞれ唱っている。

　このうち，（ⅰ）「二十四孝」・（ⅲ）「十二月古人」・（ⅳ）「唱箇古代行孝人」の孝子は三系統に共通するものばかりであり，（ⅱ）「十二孝」は子路（仲由）と江革とを，また（ⅴ）「二十四孝」は子路（仲由）を含むことからみて日記故事系に属すると判断してよかろう。注目されるのは（ⅶ）「二十四孝」である。ここでは，孝行録系にのみ表れる筈の劉殷と孝行録系には表れない筈の王裒・黄香・朱寿昌・漢文帝・庾黔婁・呉猛・唐夫人・黄山谷が，揃って名を連ねているのである。この現象は，二十四孝が固定的な枠組として存在したのではなく，種々の故事を適宜取捨選択する流動性ないし柔軟性を備えていたことを示すものといえよう。各種の宝巻や〔表Ⅱ〕掲出の諸資料が黄氏女・孟姜女や次節で取り上げる目蓮（目連）・観音などの故事を二十四孝子に含めていても，私たちがそのことにさほど違和感を覚えないのは，やはりかかる流動性ないし柔軟性によるというべきである。この流動性ないし柔軟性のゆえに，例えば16世紀日本における筆写と思われる『二十四孝詩』（慶応義塾大学附属斯道文庫所蔵）の「二十四孝伝」には盛彦・范純仁・狄仁傑・梁彦光・解以謙・淳于公・陳淑達・楽正子春という，孝行録系／全相二十四孝詩選系／日記故事系のいずれにも属さない孝子の故事が採用され得たのであろう。これらはいずれも多くの文献に登場する孝子であって[19]，それらが時に二十四孝に採用される機会があったとしても異

第4章　身体感覚としての孝　　163

とするには及ぶまい。孝行録系のみに属する孝子の故事が完全には淘汰され
なかったのも，二十四孝の選定の流動性と関連するに違いない。下見隆雄氏
が指摘するような，伝承の継続に不利な条件があったにもかかわらず〔下見
2002:30 − 37〕，それらの故事が残存したことについては更に検討を要する
が，ここではこの問題を論ずる準備がない。

　次に，〔表Ⅰ〕を参考にしながら，故事の内容について立ち入った検討を
加えることにしよう。私たちが確認しておかねばならないのは，これらの孝
子説話において孝の絶対的根本性が貫徹していること，そしてそれがしばし
ば超常的‐宗教的な現象となって顕在化していることである。それは，孝と
いう至高の価値の実現のためにわが子の殺害を企てたり（郭巨），盗みを働
いたり（陸績）する極端な例についてのみ言い得ることではない。多くの孝
子たちは，恰も何かに憑かれたかのように，孝の実現のために，自己の身体
を毀損する行為——もしくは毀損しかねない危険な行為——へと，ひたす
ら邁進するのである。自己の身体を池の氷の上に横たえたり（王祥），自己
の身体を奴隷として売ったり（董永），はたまた自己の身体を蚊に咬ませた
り（呉猛）する行為は，自己の身体の管理・保全という孝の原則からの明白
な逸脱である点では不孝以外の何ものでもないにもかかわらず，彼らはいず
れも，かかる不孝を敢えて犯すことによってヨリ高次の孝を実現するために
は，「それはむしろ不孝を犯すことにならないか」との疑念を抱いて逡巡を
示すことなく，直ちにその行為に及ぶ。前節にみた孝の実践の「弁証法的機
制」がここにも作動して，孝の実践の宗教的熱情の亢進を担保しているので
ある。もとより，その実践が至高のものであるからには，その行為の結果も
それに見合うものでなければならない。かくて，真冬に笋が出現したり（孟
宗），突如として泉が湧き出したり（姜詩），或いは地下から黄金の釜が出て
きたり（郭巨），およそ孝の倫理の至高性——それは天と連続している——
を象徴するいかなる現象も生起可能なのである。極悪非道であった筈の賊
が，危害を加えるつもりだった相手が孝子だと知るや，急に柔和になって孝

子を釈放したり，あまつさえ自らすすんで物品を供与したりする例（蔡順，江革，張孝・張礼，鮑山）も，孝のもつ一種の宗教的権威性――「孝子に手出ししたら大変だ！」という観念――の存在を前提としなければ理解し難いのではないか。孝が至高の倫理である以上，たとえ他の倫理との衝突があろうとも，孝子には事実上，選択の余地はない。いかに錯綜した状況であっても，孝の実現が持ち出されれば，一切がその目的に向って整序される。まことに孝こそは，伝統中国において全ての矛盾を解決し得る機械仕掛けの神 *deus ex machina* であった。

　とはいえ，孝子説話における超常的―宗教的現象の生起を単純に奇跡と同一視するならば，孝の重要な側面を見落とす危険性がある。孝の実践の結果は確かにしばしば奇跡に類するものとして現われるけれども，それらは気の感応という物理的な因果関係から断絶していないことに注意せねばならない。母が指を嚙むとその痛覚が伝播して孝子の身体に動悸を生ぜしめるという曾参の例，父が病に倒れると，そのことが孝子の身体にも動悸や発汗などの生理現象をもたらすという庾黔婁の例は，その典型といえよう。これらの例では，親の身体に生じた変調が，親と子とが「同気」であることによって，個体の境界を超えて子の身体に伝達されるのである。下見隆雄氏が「一体感情」を基礎とした「親子間における超越的心身一体の状態」と表現しているのは，このことを指すに違いない〔下見 2002:60-61〕。もっとも，二十四孝においては，生物学的には親子関係が成立しない継母・義母も孝の対象とされている（舜・閔損・王祥・唐夫人・王武子の妻）。生物学的な意味での肉体（気）の連続性ないし同一性の存在しない関係について子の側からの孝の実践が要請されるところに，社会的要因の優越をみることも可能であろうし，逆に生物学的要因の優越をみることも可能であろう。蓋し，生物学的な事実の存在しないところに親子関係を社会的に擬制しようとする志向が働いていると考えれば，社会的要因が生物学的要因に優越していることになるし，他方，生物学的な事実のないところに敢えて生物学的関係を擬制しようとする志向が働いていると考えれば，生物学的要因が社会的要因に優越

していることになる。この二つの視点は相互に排除的ではない。親子関係の擬制という事象にはこの二つの側面が共に内在しており，具体的な状況に応じて，このうちのどちらが前景化するかが変化するのである。では，このような気の感応と王祥や姜詩や郭巨の故事の宗教性とはどのように関係するのであろうか。私たちはかつて，世俗的な社会秩序がさながらに「宇宙の秩序」の顕現として聖化される中国宗教の独自な存在様態について論じたことがあったが〔前川 1998:140-141〕，親に対する孝の実践という世俗的な価値の実現が天の感応に直接連続していることこそ，かかる中国宗教の特質の最も明瞭な表現である。孝という価値の実現は，世俗的であるが故に神聖であり，神聖なるが故に世俗的なのである。この性格は，孝子の身体性と神聖性との一体化とみてもよい。それは，親の葬儀における「孝歌」の歌唱にみられるように，孝の実践のすみずみにまで浸透する。私たちは後に，この身体性（世俗性）と神聖性とが相即しない社会においては，孝の実践がいかに伝統中国とは異なる様相を呈するかを見るであろう。

〔表Ⅰ〕の記載のうち，特に私たちが注意を喚起したいのは，孝の実践を及ぼす対象として，母が父に優越する傾向である。〔表Ⅰ〕所掲の孝子34人のうち，母（継母・義母を含む）を対象とする故事は半数以上の21例にのぼり，父を対象とするもの6例を遥かに上回る。（父母双方を対象とする事例は一応論外に置く。）父系出自による集団形成を原則とする伝統中国の社会構成に照応して，父との関係に焦点をあてて孝の倫理を規定する通説的な立場によっては，このことは充分に説明できないと思われる[20]。父に対する孝と少なくとも同等か，もしくはそれ以上の注目が母に対する孝に与えられねばならないのであって，父との関係からのみ孝を規定する見解は修正を要する。ところで私たちは，孝の倫理と母性との関係を追究した先行の研究としては，既に下見隆雄氏の業績を手にしている〔下見 1997，下見2002〕。儒教的社会の「父権構造の深層」に，それを支える「母性という実質的権威」を見出す下見氏の見解〔下見 1997:110〕，孝の身体感覚を「母子一体観念」の視点から把握しようとするその試み〔下見 2002:56-65〕か

ら，私たちは多くの示唆を受けた。以下，私たちは下見氏の著書との重複を避けながら，この問題について，主として理論的な方面から考察を進めたい。その際，現在の私たちの身体感覚や身体意識を一旦括弧に入れて，伝統中国における生活世界 Lebenswelt の只中における身体感覚そのものへの接近を図らねばならない。

　私たちは〔表Ⅰ〕の身体感覚の項に目を向けよう。そこに表われる身体感覚は，痛さ（曾参・韓伯瑜など），痒さ（呉猛），寒さ（閔損・王祥），或いは薬・乳・糞便の味覚（漢文帝・唐夫人・庾黔婁）と多様であるが，これらの身体感覚は全て皮膚と肉とによって感受されるところのものである。（ここでは当然，医学的・生物学的に正確な記述は意図していない。従って神経系統のことなどは論外に置いている。）例えば指を針で刺す行為は，皮膚を通貫して肉にまで尖鋭な異物が到達することであるから，当人にはその結果として鋭い痛覚と出血とが発生するに違いない。薬などの味は舌という感覚器官によって感受されるのであるが，その舌が肉によって形成された器官であることはいうまでもない。

　身体感覚が直接表現されているわけではないが（それゆえ〔表Ⅰ〕の身体感覚の項は空欄にしてある），その背景に皮膚と肉とが感受する感覚の存在を間接的に想定すべき事例も少なくない。自らの生命が危険に曝される事態（舜・江革・楊香・剡子など）についていうと，生命の危険とは具体的には自己の皮膚と肉とに加えられる重篤な損傷——それが可視的かどうかはともかく——を第一次的な表象とする。逆に，そうした損傷によって生ずる激甚なる身体感覚（苦痛）を全く，もしくはほとんど伴わない生命の危険は稀であろう。生命が危機に瀕する極限的な状態において当人が感受する身体感覚を最も強度が高く最も急性なレヴェルとすれば，それ以外のケースはかかる身体感覚が弱化もしくは慢性化した形態として理解することができる。もとより，閔損や王祥の例については，客観的な条件（寒さの程度や行為の継続時間）によっては生命に危険が及びかねない点で強度の高い身体感覚を想定しなければならないのに対して，呉猛の例については，全身を蚊に咬まれ

第4章　身体感覚としての孝　167

る不快感には堪え難いものがあるにせよ，それが生命を危殆に瀕せしめると
は考えにくいから相対的に低い強度の身体感覚を想定すべきである——とい
うように，それぞれの事例ごとに多様なレヴェルの身体感覚が想定されるの
であるが，本論にとって重要なのは，これらの身体感覚を最も強度の高いそ
れと最も強度の低いそれとの間の量的な分布として捉えることができ，皮膚
と肉とによって感受される感覚である点でそれらの間に質的な差異が認めら
れない，ということである。孝の実践の典型的な形態の一つである「割股行
孝」が，まさに自己の内股の肉に損傷を与える行為であったことが想起され
てよい。

　身体感覚としての孝が皮膚および肉と不可分の関係にあることを本論が特
に強調するのは，逆に，かかる意味での孝は骨とほとんど関連をもたない点
に注意を喚起したいからでもある。近代医学や生物学の知識を多少なりとも
植えつけられた現代人とは大きく異なる表象を，それ以前の時代の人々が骨
に対して抱いていた可能性が高いけれども，生命活動の維持に骨がいかに重
要な役割を果たしているかを知っている筈の現代人にとってすら，骨につい
ての表象は生命活動とは結びつきにくい。そもそも，正常な状態にある生命
体の骨を視覚的に直接確認する機会を，私たちはほとんどもたない。通常私
たちは，触感を頼りに，皮膚と肉とを通して，その更に内部に骨が存在する
ことを推定できるだけだ。もし仮に，骨が肉を排除し皮膚を突破して露出す
ることがあったならば，それこそ，生命の安定性が失われ，深刻な動揺に直
面している事態の明確な表現に他ならない。骨の現前は，生命の危機あるい
は生命の破壊を意味するのである。この点からみるならば，少なくとも一面
では骨とは生命に対立するもの，すなわち死の象徴であり続けている。この
ことはまた，皮膚・肉と骨とが，互いに相克し，他方を排除する対立項とし
て現われ得ることをも示す。前者は生命と感覚と運動と能動性と可塑性とに
よって特徴づけられる身体組織として，他方，後者は死と無感覚と静止と受
動性と不変性とによって特徴づけられる身体組織として。死とは皮膚・肉に
対する骨の勝利である。一般に，民俗的な意識においては，死は瞬間ではな

く一連の過程として捉えられるのであるが，それに対応させるならば，人間は死の過程の開始すなわち臨終と死の過程の完成すなわち骨の抽出という二つの終末（ターミナル）を経過することになる。そしてこの二つの終末の間には，身体から皮膚と肉とが脱落し，骨が結晶体として抽出されるまでの過渡的な段階（骨化）が介在する。葬制との関連では，第一の終末に第一次葬が，第二の終末に第二次葬が対応する。骨が墓地風水（陰宅）にとって決定的な役割を果たすのも，骨が死・死者のシンボリズムとして機能する以上，当然のことであった。

皮膚・肉と骨とのこうしたシンボリズムを前提として初めて，漸く私たちは，孝の具体的な実践が骨と関連をもたず，皮膚・肉，そしてそれによって感受される身体感覚と不可分の関係をもつことが理解できる。まことに，肉 Leib こそは生命 Leben の原質であり，かつそうであることによって身体性 Leiblichkeit の中核なのである。ところで，中国の伝統社会において広範に承認されている民俗知識によれば，生命体としての人間の身体は，父に由来する精液と母に由来する血（経血）との結合によって形成されるのであり，父の精液は骨を，母の血は肉を造るとされる[21]。この観念を背後に想定することが許されるならば，皮膚と肉とで感受される身体感覚としての孝が，母との繋がりを前景化させると同時に，父との繋がりを相対的に後景へ退かしめたのは必然であったといわねばならない。もちろん，ここには，子の生命（レーベン）—肉（ライブ）が母胎から産出されるという生物学的事実も反映しているに違いない。「母と子供は一身同体／子は母親で，母親は子／子の身体（からだ）こそ母の分身（母子原来共一身／子即母来母即子／子身就是母身分）」（『列』曾参の項）という表現を見よ。ここでは母と子との関係が設定されているからこそ，両者の肉の連続性ないし同一性が生々しく看取されるのである。父と子との関係について同様の表現が絶対に成り立たないとは断言できないが，仮にここでの「母」を「父」に置き換えたとしたならば，感覚や情緒を伴った・肉の連続性ないし同一性のリアリティーは著しく後退し，むしろ理念的な性格が濃化せざるを得ないであろう。父は母との性交，および母の性器内への精液

の放出によってしか子の生命―肉の産出に関与できないのに対して，母は受精・妊娠・出産，それに続く授乳・養育という一連の過程を通して，子との間の肉の接触，「一身同体」と言ってよいほどの関わりを構築するのであって，この差異が孝の実践の局面にも反映せざるを得ないのである。なお，子の立場からみて生物学的な親ではない継母や義母についても，それが自らの母の地位を社会的に占めている限り，生物学的な意味での母に対するのと全く同様の関係が擬制され，全く同様の孝の実践が要請されることは，前に言及したとおりである。

　「二十四孝はどなたもご存知／お話申すに及びませぬ（二十四孝人人暁／不必将来告你們）」（『三茅真君宝巻』宝巻初集第 27 冊）。かくも人口に膾炙した二十四孝の故事における母の優越が，父系出自を構成原理とする中国の伝統社会と矛盾しているとは考えにくい。では，矛盾しているかに見えるこの両者はどのような関係にあったのであろうか。本節の最後に，私たちはこの問題についての一つの仮説を提示しようと思う。孝が身体感覚として表現されること，従って肉を子に提供する母がこの局面において優越性を有することは，孝の実践における父の特権化を規制していると考えるべきであって，身体感覚としての孝の次元にまで，母に対する父の優越という定型的な先入見を持ち込んではならない。父の特権化に対する規制の解除は，身体感覚から理念と制度への孝の昇華を意味する。その解除の契機は親の死を措いて他にない。死亡した親の身体から肉が脱落し骨の抽出が実現していく骨化の過程とは，別の角度からみるならば，母に対する父の特権性が理念として確立していく過程でもあるのである [22]。理念としての孝の確立が家父長制という制度の確立となる所以である。子の立場からは，親の身体をこの過程に通すことによって，「骨を肉から自由にしなければならない」〔Watson 1982:181〕。何となれば，個体の死滅以後にも恒久的に伝えられていく親の身体組織は最終的には父に由来する骨しかないのだからである。「骨は出自なのである bones *are* descent」という Maurice Freedman 氏の言葉〔Freedman 1966 (1981):139 (179)，強調は原著者〕の真の意味は

この文脈において見出されるのである。James Watson 氏が紹介するところによれば，広東人社会において，墓の中央に埋められるのは男系祖先の骨壺であり，女系祖先の骨壺はその側に埋められねばならないという〔Watson 1982:179〕。これこそ，父の特権性の確立の最も鮮明な表現に他ならない。

このような観点にたつならば，二十四孝における母の優越と社会の構成原理としての父系出自とを矛盾とみなす必要はないであろう。むしろこの両者が補完しあうことによって，伝統中国の社会の総体は安定的な存立を保っていたというべきである。

4. 宝巻にみえる孝

これまでの論述から明らかなように，孝の倫理の絶対的根本性は中国の伝統思想の枠内で生成したものと考えてよい。そこに特に仏教の影響を想定する必要はないであろう。しかしこのことは，仏教が孝の倫理とその実践形態に全く無関係であったことを意味しない。むしろその逆である。祖先祭祀の承継を出家によって不可能ならしめる点でも，また，自己の身体の管理・保全という原則を剃髪によって破ってしまう点でも，不孝の教説であるとの誹りを社会から受けていた仏教教団にとって，孝の倫理への適応を実現することは，それが中国社会で広範に受容されるための必須の条件であったから，仏教側はその実現を目指して，積極的に孝の倫理を取り上げ，称揚したのであった。確かに個々の故事の内容は，そのほとんどが中国の伝統思想の枠内にあるにせよ，それが社会に普及し定着するに当って，仏教僧侶の講経，絵解きが重要な役割を演じたことは無視できない。こうした事情を考慮するならば，二十四孝に表われる剡子が仏教に由来する孝子であるところから，二十四孝の制作（二十四人の孝子を選び，ひとまとまりとすること）それ自体をも仏教と関連付ける道端良秀氏の仮説〔道端 1957:282-298，道端 1968:122-132〕は，高い蓋然性をもつように思われる。もっとも，本論は二十四孝の起源について再論するつもりはない。本論が提示したいの

第4章　身体感覚としての孝　　171

は，孝の絶対的根本性が「弁証法的機制」を作動せしめる際の触媒の作用を
したのが仏教であったという仮説である。自己の身体の管理・保全という孝
の原則が身体の毀損によってひとたびは否定され，しかもそれがヨリ高次の
孝へと止揚されていく図式は，孝の倫理との調停のために仏教側が主張し
た「出家大孝論」の論理——出家は不孝な行為であるようにみえるが，実は
そうすることによってヨリ高次の孝を実現しているのだ，という論理〔道端
1968:219-247〕——と，全く同一の構造ではないか。そしてこの機制が一
旦作動するや，ヨリ大なる不孝を通じてヨリ大なる孝を実現しようとする無
際限の意欲が，仏教信徒たちからの宗教的熱情の供給を受けて螺旋状に亢進
していくのを阻止することは，孝の絶対的根本性そのものが否定されない限
り，不可能となったのである。

　孝の倫理と仏教とは，かくして二度と分離することのできない関係を取り
結んだ。仏教側からすればもちろん，孝の倫理との結合によって初めて，中
国社会の中に安定的な地位を確保することが可能になったのであるが，他
方，孝の倫理も仏教との結合によって社会全体に——つまり士大夫以下の非
エリート階層にまで——効率的に，しかも強烈な内面的拘束力を伴って，浸
透していくことができたのだ。少数の極端な排仏論者を別とすれば，孝の倫
理を宣揚する者にとってこれほど利用価値の高い装置を利用しないという選
択肢はあり得なかった。仏教との内的連関を獲得することによって，孝の倫
理は急速に下降して社会の底辺にまで及ぶと同時に，「弁証法的機制」の螺
旋的な亢進を強めた。このことを如実に示すのが，孝の倫理を主要な教説と
する一群の宝巻に他ならない。

　今日知られている最初期の宝巻は『銷釈金剛科儀』と『香山宝巻』とで
あり，その成立はいずれも13世紀前半であったと思われる[23]。この二つ
の宝巻の制作と密接な関連を有する如如居士顔丙が，「孝を勧める」目的か
ら，孟宗・王祥・黄香・郭巨・丁蘭・董永の例を取り上げていることは興
味深い（「勧孝文」『如如居士語録』甲一一。京都大学附属図書館所蔵）。顔丙
は二十四孝に採用されるほどに代表性を備えた孝子たちの事例を意識的に

選択したのであろう。私たちが注目したいのは，まさにこの文章の同じ箇所に，観音・釈迦・目連の故事への言及が見出されることである。観音・釈迦・目連を二十四孝子と同列で並べた宋代以降の資料としては，宝巻では『明』（目連・観音を含む）・『孤』（目連を含む）・『娘』（釈迦を含む）を，また民間歌謡では〔表Ⅱ〕に示した（ⅲ）「十二月古人」（目連を含む）・（ⅴ）「二十四孝」（目連を含む）・（ⅵ）「二十四孝」（目連を含む）・（ⅶ）「二十四孝」（目連を含む）を，それぞれ挙げることができるが，顔丙の文章は，釈迦・目連を含む林同『孝詩』とほぼ同じ時期の例とみなしてよかろう[24]。

　では，顔丙は観音・釈迦・目連の孝行譚として具体的にどのような故事を念頭に置いていたのであろうか。私たちは，観音の故事と目連の故事とについては，容易にそれを特定することができる。まず観音の故事は，顔丙「勧孝文」が「観音菩薩は臂を断ちて，妙荘父王を救いたまえり（観音菩薩断臂，救妙荘父王）」といい，『明』に「妙善公主〔後の観音菩薩〕は手と眼を捧げ／明心見性して双親に報ゆ（妙善公主捨手眼／明心見性報双親）」というように，それが香山観音故事（その由来は北宋にまで遡り得る）を指すことは間違いない。次に目連の故事は，同じく「勧孝文」に「目連，仏の御もとに身を投じ，母は天に生るるを得たり（目連投仏，而母獲生天）」といい，『明』に「目連は，母に仏道勧めたれども母は信ぜず／母を地獄より救いたれば，母は回心したまえり（目連勧母母不信／地獄救母母心回）」というように，それが『盂蘭盆経』以来よく知られた目連救母故事を指すことは確実である。これに対して，釈迦の故事について「勧孝文」は，「釈迦如来が法を説きたまうは，摩耶仏母の御ためなり（釈迦如来説法，為摩耶仏母）」というのみであって，その故事の内容を特定する材料に乏しいが，『娘』（釈迦尊の項）に「シッダールタ太子は大孝を行ない／九族は昇天して彩雲を結べり（昔達太子行大孝／九族昇天結彩雲）」というように，釈迦の出家が実は大孝の実現であったという内容の故事と考えてよかろう[25]。顔丙によって言及されたこれら観音・釈迦・目連の故事は，いずれもやがて，独立した宝巻の主題を構成することになった。観音の故事は『香山宝巻』（宝巻初集第

26・27 冊）として，釈迦の故事は『悉達太子宝巻』（同第 25 冊）および
『雪山宝巻』（同第 30 冊）として，また目連の故事は例えば『目連三世宝巻』
（同第 27 冊）として[26]。顔丙は，宝巻制作のこうした方向性を先取りして
いたといえる。

　この他，宝巻に表われる独自の孝子説話としては，『回郎宝巻』（巻首題
『江南松江府華亭県白沙邨孝修回郎宝巻』。早稲田大学中央図書館所蔵風陵文
庫本[27]）も逸することができない。この作品は，澤田瑞穂氏がいうように，
「宝巻における孝行譚の最も極端なもの」「あまりに荒誕で惨酷」なもので
あって〔澤田 1975:138〕，暗い内容の作品が多い宝巻文学の中でもひとき
わ暗い輝きを放っている。孝を主題とする宝巻は数多いが，それを結晶化し
た代表作としては，観音・釈迦・目連の故事を取り扱った上記のそれぞれの
作品とこの『回郎宝巻』を挙げればとりあえず足りるであろう。以下，これ
らの宝巻の内容について考察を進め，そこにみられる孝の実践が従来の孝行
譚の限界を超えて亢進する様相を描き出すと共に，そのような亢進がもたら
された要因についても検討を加えようと思う。

　私たちは，宝巻に表われる上記の孝子説話が，前節に論じた二十四孝の場
合と同様，伝統中国における孝の倫理の本質的な特徴——その絶対的根本
性，実践の「弁証法的機制」，父に対する母の優越——を充足しつつ，それ
を著しく亢進せしめていることを，具体的に示そう。例えば，前に言及した
ように，釈迦の故事における「出家大孝論」は孝の実践の「弁証法的機制」
と共通の構造を有する。「願わくは我れ修行して正果を成じ／父母を帯同し
て天庭に上らんことを（願我修得成正果／帯同父母上天庭）」（『雪山宝巻』）
と悉達太子が繰り返し言うように，たとえ一時両親の意に背いて出家修行
したとしても，最終的にはまさにその行為こそが至高の孝を導くというので
ある。しかし，『雪山宝巻』において注目されるのは，悉達太子の行為が単
に従来の孝行譚と同様の構造をもつだけではなく，彼の行為の否定的な側面
が，おそらくは意識的に，著しく強調されるに至っていることである。『雪

山宝巻』では，度重なる忠告を頑として受けつけない悉達太子の出家修行の意志が「大逆不孝」とまで断ぜられる。出家修行が「父母に孝ならず（不孝父母）」「孝養する能わざる（不能孝養）」行為であることが，幾度反復して強調されたことか。出家修行を望む悉達太子とそれを思いとどまらせようとする彼の親との対立は遂に，彼の帰朝を促しにやって来た使者によって彼の手足が切断される異常事態にまで発展する。ここで私たちは，手足の切断（身体の奇形化）が不孝という犯罪の明示的な徴標であったことを想起しよう。手足の切断は不孝者の刻印を押す刑罰の実行に他ならない。「入山修道」を不孝として忌避する意識を斯く強烈に印象付けることによって，これほどまでに否定的な行為を敢えて実行してでもヨリ高次の孝を実現しようとする・孝子の宗教的情熱の亢進を，私たちは背景に読み取るべきである。

　『雪山宝巻』の制作に多くの示唆を与えたに違いない『香山宝巻』にも，従来の孝行譚を継承しつつ，それを超出する興味深い構成が見出される。『香山宝巻』全体を通貫するのがやはり，親の意に反する出家（不孝）が大孝に転化するという典型的な「出家大孝論」であることは言を俟たない。主人公・妙善公主は，出家修行を願い出て父王を激怒せしめたうえ，「報い
ヒロイン
難きは父母の恩／帰りてご恩に報ゆべし／今朝翻意せぬとなら／まことそなたは不孝者（父母養育恩難報／帰宮可報父娘恩／今朝再不回心転／果然不是孝心人）」と切々と訴える母皇后の懇願をも退ける点では確かに不孝と言わざるを得ないのだが，しかし父王が重篤な病に冒されるや，彼女は，「思念申すは報い難き育ての恩／出家学道せしも双親の御ため（奴思養育恩難報／
ふたおや
出家学道為双親）」と言い，不孝を敢えて犯したのが実はヨリ高次の孝の実現のためであったことを明かす。最後にはこの妙善（観音菩薩）に導かれて九族みな共に昇天を果たし，かくて妙善の「大孝」は成就するのだ。ところで，父王を重病から救うために妙善が実行した孝行とは何であったか。それは，自らの眼を剜り腕を断って父王に捧げるという・自己の身体の毀損以外
えぐ
の何ものでもなかった。（最終的には彼女の毀損された部位は原形に復するのだが。）「まことの娘にあらずんば／誰か我が身を自ら割かん／痛みも苦
むすめ

しみも何のその／ひたすら案ずるは父王の御身（若不是娘親生女／誰肯将刀割自身／忍痛受苦都不論／一身要救父皇身）」という彼女の言葉は，自己の身体の毀損こそが孝の証しであるとの思想を明確に表明すると共に，「何のその（都不論）」という表現によって逆説的に，それが激烈な苦痛（身体感覚！）を伴わずにはおかないことをも示している。孝のこうした実践形態が「割股行孝」と完全に軌を一にすることはいうまでもない。『香山宝巻』の孝行譚は，親の意に反する出家と自己の身体の毀損という二重の不孝の組み合わせによって，それを経て実現される孝の至高性を際立たせることに成功したとみてよい。『香山宝巻』の顕著な普及と流行は，宝巻のこうした構成によるところが大きいであろう。

　宝巻にみえる孝行譚がいかにして従来の孝行譚の限界を突破していくかを考える場合，『回郎宝巻』の事例ほど興味深いものはあるまい。この宝巻は，わが子・回郎を殺害してその肉を母の食事に供する曹文政（曹文正）なる孝子の故事を内容とする。その中で，「昔の孝子，名は郭巨／母ひもじきはわが子のせいと／夫婦図りて子を埋めんとするに／掘り出したるは金一蔵／官も取らねば民も奪わぬ／天の賜物，高堂に供せり（昔年孝子名郭巨／三歳子争祖母糧／夫婦商議将児葬／鋤見土内金一蔵／官不取来民不奪／天賜孝子供高堂）」というように，この故事が郭巨の故事から示唆を受けていることは間違いない。しかし，この故事は決して郭巨のそれと同じではない。私たちはこの故事の独自性を抽出するために，前節に掲げた〔表Ⅰ〕にまで立ち返る必要がある。その「身体感覚」と「行為の概要」の項からは，身体感覚を感受する部位として口が，また関連する人間の行動としては（食物や薬などの）経口摂取が，故事の構成にしばしば大きな比重を占めている事実を読み取ることができるであろう。孟宗・王祥・姜詩の場合には親が特定の食物を孝子に要求するのであり，陸績・蔡順・剡子・漢文帝・庾黔婁・唐夫人・劉殷の場合には親は要求していないにもかかわらず，孝子自身が時として生命の危険を冒してまで，食物を入手しようとしたり，薬や糞便を嘗めてみたりするのである。ところで，親に供すべき食物が欠けている状況におい

て，孝子がなし得る行為は他に二つあった。一つは王武子の妻のように自ら
の肉を切り取ってそれを食材として提供することであり，もう一つは劉明達
とその妻のようにわが子を売るか，もしくは郭巨のようにわが子を殺害する
か，いずれにせよ自らの子を犠牲にして食費を捻出することである。『回郎
宝巻』では，曹文政の妻がまず回郎を売りに出掛けるが，売れなかったため
に，止む無く夫婦図って回郎の殺害に踏み切る構成を取っているのであるか
ら，この点に着目するならば，この宝巻は劉明達型と郭巨型との合揉とみな
すことができる。また，二十四孝の故事にあっては，人肉を食事に供する故
事（王武子の妻）とわが子の殺害を図る故事（郭巨）とは類型を異にしてお
り，両者の結合はまだ見られないのだが，今や『回郎宝巻』に至って，王武
子の妻型と郭巨型との結合が実現し，自らの子・回郎は自らの親（子からみ
れば祖母）の食事にその肉を供せられんがために殺害されることとなったの
である。子の殺害が企てられるのは，もはや食費捻出のためではなく，その
子自身を食材とするためだ。しかも，殺害され，解体されて祖母に食べられ
た後，母に投胎して再生した回郎は，今度は母に対して，自ら股の肉を割い
て食に勧めるのである！　これらの点からみて，『回郎宝巻』は郭巨の故事
の単純な継承ではなく，王武子の妻・劉明達とその妻・郭巨の故事を合成し
て創造した新たな類型として理解されねばならない。このことは，曹文政の
妻が殺害に先立ってわが子の身体を洗う場面，および何も知らない文政の母
が孫の肉の入った䔖湯を食する場面の生々しい描写と相俟って，二十四孝の
故事を遥かに凌ぐ凄惨さをこの宝巻にもたらさずにはおかなかった。
　『目連三世宝巻』などに説かれる目連の故事は，以上に検討した『雪山宝
巻』『香山宝巻』『回郎宝巻』とは異なる側面，すなわちそれが母の救済に特
殊な意義付けを行なっていることに注目する時に初めて，孝の倫理の展開に
おいてそれの占める位置を定めることができる。この故事が敦煌変文にもと
りあげられ，演劇や歌謡の主題になるほどの普及・流行をみせたのには，地
獄巡りという趣向の劇的な効果と共に，子による母の救済という内容が与っ
て力があったに違いない。宝巻における目連の故事は，一方では敦煌変文な

どの目連故事と，他方では母を救済の対象とする二十四孝の故事と，明らかな連続性を有するのであるが，それら先行の故事から区別される宝巻の目連故事の独自性は，母の救済と血の池地獄（血湖池地獄または血盆池地獄）との結合として表現される。目連の母・劉青提が血湖池地獄で苦悶する場面は，『目連三世宝巻』を始めとして，目連故事を取り上げる多くの宝巻に見出されるけれども，女性のみが堕ちるとされるこの血湖池地獄は，12世紀末における『血盆経』の制作より以前には遡ることができず，従って敦煌変文の目連故事などには全く現われない。血の池地獄への女性の転落およびそこからの救済を目連故事に結びつけた『血盆経』の強い影響下にある・宝巻の目連故事では，出産の際の出血が堕地獄に値する深刻な罪であることが強調され，その罪は子の献身的な報恩すなわち孝によってのみ贖われるとの思想が鮮明に主張されるのである〔前川 2003b:33-36〕。出産は母の身体に耐え難い苦痛を与えるだけではなく，母を死後に地獄へと堕さしめる行為でもあるのであって，それゆえにこそ，母から生命を受けた子は母を救済する重大な使命を負っているのだ。『目連三世宝巻』の中で，血湖池地獄へ堕ちた母たちは次のように泣き叫ぶ。

> 「耐え忍び難き苦しみよ／涙は紛紛／氷の如き血の池の水／水はしかも深くて／皮膚を浸し／血は流れて淋淋／生きてありしそのかみ／腹より子供を産み落とすとて／受けし苦しみ再三ならず／死して後まで災いありとは誰か想わん／わが子来たりて母を救わずば／母はいかでか超生を得ん。（二更裡苦難忍／泪紛紛／血湖池内冷如氷／水又深／浸得皮／破血淋淋／思想在生日／腸中児降生／三番五次疼難忍／誰想死後还有災星／児不来救母／怎得超生）」

このような表現は，孝の対象としての母の存在を際立たしめ——そこでは出産という母の特性が重要な意味を付与される——，母への子の報恩＝孝の実践の意識を強迫的に亢進せしめたに違いない[28]。実際，母を捜し求めて地

獄を彷徨する目連の姿は，母の後を泣きながら追いかける幼児の様子を彷彿とさせるではないか。この宝巻が多くの人々に歓迎された一因はここにあると思われる。孝の対象としての母の位置を極限まで際立たせたのが，宝巻における目連故事だったのである。

　ここまでの検討によって私たちは，宝巻に表われた独自の孝子説話が，伝統中国における孝の倫理の基本的な特徴を継承しつつ，しかもそれだけにとどまらず，ヨリ高次の孝を実現するための前提となる不孝な行為についてその不孝の程度を高めたり（『雪山宝巻』），不孝を重畳せしめたり（『香山宝巻』），二十四孝では別の故事を構成していた要素を掛け合わせたり（『回郎宝巻』），更には二十四孝にみられた特定の要素（母の優越）に特殊な意義付けを与えたりして（『目連三世宝巻』），従来の孝子説話の限界を突破し，新たな段階に進んでいることを確認できたと考える。そこで次に問題になるのは，宝巻に至って従来の孝子説話の限界を突き抜けることを可能にした契機は何であったか，という点である。これについては，大きく分けて二つの契機が想定されよう。一つには仏教思想の介在であり，もう一つには朱子学の思想の普及である。後にも触れるように，この二つの契機は実際には連関していたとみられるが，便宜上，前者について考察を加えた後に，後者の考察に及ぶことにしよう。

　仏教教団が主張した「出家大孝論」が孝の実践の「弁証法的機制」を作動させる媒介となったことについては前に言及したが，更に具体的に説話の構成内容においては，宝巻に頻出する三つの要素——投胎，捨身，不殺生（肉食の忌避）——が従来の孝子説話との異質性を際立たせる役割を演じている。まず投胎について。これが最も顕著に表われるのは『回郎宝巻』においてである。私たちはこの故事を郭巨のそれと比較する時，一つの大きな差異に気付くであろう。すなわち，後者の場合，子が殺害される前に地下から黄金の釜が出現して，子は危ういところで難を逃れるのであるが，前者の場合には，子は容赦なく殺害され，肉片に解体されてしまうのである。この差異は，そこに死者の投胎の思想が介在しているか否かと関連するのではあるま

いか。蓋し，この思想が介在する『回郎宝巻』にあっては，たとえ子の殺害が実行されても，殺された後にその子が母に投胎しさえすれば，それで再生が可能となるわけである。この思想の介在によって，わが子の殺害を企てた郭巨の孝行は，わが子の殺害と解体を実現する曹文政の孝行にまで発展し，かくて郭巨型の故事と王武子の妻型の故事とが結合したのである。今ここに投胎の思想の歴史的な発展過程を述べることはできないが，『雪山宝巻』『悉達太子宝巻』『目連三世宝巻』を始め，『五祖黄梅宝巻』（宝巻初集第 30 冊），『銷釈白衣観音菩薩送嬰児下生宝巻』（同第 12 冊），『烏窩禅師度白侍郎回心向善修行帰西』（同 31 冊）など，宝巻において特に際立った横溢が見出されることは確かである。例えば『五祖黄梅宝巻』は，四祖道信と五祖弘忍との邂逅に関する・おそらく禅宗教団の中で伝承されていたのだと思われる説話に取材しながら，張懐（後の弘忍）が濁河に投身自殺して仙桃に変じ，その仙桃を食べた祝氏の娘に投胎するという・荒誕な一段を挿入することによって，もとの説話を神話的な方向へと完全に換骨奪胎してしまっている〔前川 2003a:251〕。『回郎宝巻』もまた，投胎の思想がその故事の宗教的－神話的な構成を決定付ける重要な機能を荷った一例とみてよい。

　次に，捨身については，中国の仏教史に長い伝統が刻まれている。それは，僧侶が行なう身体の喜捨（焼身自殺）と王侯貴族が行なう財物の布施とに大別され，その中間的な形態として身体の一部を奉納することも行なわれたが，このいずれの場合であれ，「他者を救うための惜しみない自己犠牲」である点では変りがないとされる〔明神 1996:99-107〕。特に示唆に富むのは，捨身による自己犠牲が自己の身体を犠牲に供する者の神化と再生をもたらすと共に，その儀式に参加する者に対しても利益を与える行為であり，そこには土着的なシャーマニズムと結びついた新たな儀礼の創造があったという Jacques Gernet 氏の見解である（Jacques Gernet, Les suicides par le feu chez les Bouddhistes chinois du Ve au Xe siécle. *Mélanges publiés par l'Institut des Hautes Études chinoises.* II. 1960. pp. 527-528.〔明神 1996:101-102〕より転引）。私たちは，『香山宝巻』における妙善公主の自

己犠牲に，この捨身の思想の反映を容易に認めることができる。妙善公主はまさにその「他者を救うための惜しみない自己犠牲」を通して，自らを慈悲に満ち溢れた観音菩薩へと神化せしめるのだ。父王によって奪われた彼女の生命は蘇り，父王を救うために毀損された彼女の身体は原形に復する。これは自己犠牲という否定が肯定に転化したことの象徴的な表現である。彼女の捨身が，病からの父王の回復と九族の昇天というかたちで，他者に利益を与える行為であったこともいうまでもない。自らの身体を毀損するという否定的な契機によってヨリ大きな利益をもたらす捨身は，孝の実践の「弁証法的機制」と結合し易かったのである。しかし同時に私たちは，孝の実践と結合した捨身の精神が，従来のそれとの間で示す微妙な差異をも見落としてはならない。一般に，仏教の捨身は，それが僧侶（出家者）の行為であれ王侯貴族（在家エリート階層）の行為であれ，少なくとも理念的には，一切衆生もしくは社会全体の救済を目的としていた。もとよりそれは建前や修辞であって，実際には亡き親への追善という孝の意識が彼らの行為の背景にあったにせよ，そのような建前や修辞が強く表面に出ていたことの意義を無視することはできないであろう。このことは，捨身の実行者たちが経済的に余裕のある上層階層に属したことと無関係ではない。しかるに今や，孝の実践と結合した捨身においては，救済の対象として意識されるのは，第一義的にはそのような普遍的な存在ではなく，自らの親（せいぜい拡大しても九族）に限定される。要するに，「他者を救済するための惜しみない自己犠牲」である点では変りはないものの，「他者」の内実が変化したのである。これは孝としての捨身の実践の意義が，出家者や在家エリート階層だけではなく，在家非エリート階層にまで浸透したことと照応する。自己・家族の生活の維持や生命の再生産に必要とされる以上の経済的な余裕をもたない在家非エリート階層の人々にとって，一切衆生や社会全体の救済が意識にのぼることはほとんどなかったであろう。それらは彼らにとっては余りに抽象的であったに違いない。他者が自らの親に局限される時に初めて，孝の実践としての捨身は切実な問題として意識される。捨身の実践者の階層的拡大（普遍化）は，そ

れによって救済されるべき「他者」の限定（特殊化・個別化）として現象し
たのである。救済の対象が普遍的な理念から個別具体的な実在に切り替えら
れることによって，実践者の自己犠牲の熱情もまた，その個別具体的な少数
者に向けて凝集され，そこに集中的に投下されることにならざるを得なかっ
た。

　宝巻の孝行譚に与えた仏教思想の影響として無視できないもう一つの要素
は不殺生（肉食の忌避）である。肉食に対する強い嫌悪感の表明は，『観音
十二円覚』（宝巻初集第 26 冊），『三茅真君宝巻』（同第 27 冊），『劉香宝巻』
（同第 30 冊）など多くの宝巻に夥しく見出される。目連故事において，目
連の母が落命する直接の原因は，彼女が不殺生戒を破り，肉食に踏み切った
ことにあった。『目連三世宝巻』には，肉に対する特異な感覚を窺わせる次
のような言辞がある。

　　　「「肉」の字のなか，人ふたり／ゆめゆめ殺生なさらぬよう／今生，十六
　　両を喰ったなら／来世には還す，両半斤／街の角では人，犬を喰い／
　　墓の穴では犬，人を喰う／諸君，この意が解せぬかな／よくよくおもえ
　　人，人を喰えるを。（肉字中間両個人／勧君切莫殺生霊／今生吃他十六
　　両／来世還他両半斤／十字街頭人吃犬／乱葬坑内犬吃人／諸君不解其中
　　意／仔細思量人吃人）」

共同墓地（乱葬坑）で人の屍肉を喰い漁った犬を，もし我々が殺して喰った
とすれば，それは実は人の肉を喰うのに等しいではないか，というのであ
る。殺生と肉食とへのかくも強烈な忌避の観念が各種宝巻に頻出する背景に
は，在家非エリート階層への浸透を図る仏教教団が，難解な教理ではなく最
も身近で切実な生活規範としての不殺生戒に教化の手がかりを発見したとい
う事情があるに違いない。ところで，殺生と肉食とへの忌避の強調は，自分
の股の肉を喰わせたり，あまつさえ自分の子を殺害してその肉を喰わせたり
することによって，親に人肉啖食を強いる行為――『回郎宝巻』が親に人肉

を喰わせることにいかに固執していたかを想起せよ——が孝行として賞讃されるのとは，明らかに矛盾するように見える。しかしこの矛盾は，孝の絶対的根本性およびその実践の「弁証法的機制」を考慮に入れさえすれば，たちどころに解消される。蓋し，親自身が希望するのではない人肉啖食を親に強いる不孝を敢えて犯してまで，孝子たちはヨリ高次の孝の実現を目指すのである。かくて，不殺生（肉食の忌避）の強調は，人肉を親に供する行為を孝行から排除する方向で機能するのではなく，実際にはむしろ逆に，人肉を親に供する行為を正当付ける方向で機能したとみなければならない。ここでも，孝の実現のためには一切の手段が正当化されるのである。

　宝巻に表われる孝子説話が従来までの限界を突き抜ける契機となったのは，上述のような仏教思想の介在だけではなく，朱子学の思想の普及でもあったと考えられる。桑原隲蔵氏によれば，「割股行孝」の風習は，唐以前においては絶無に近く，唐代においても中期以降に僅かに3例を見出すのみであるが，宋代以降には急激な増加傾向を示すのである〔桑原 1923:51-52〕。胸・脇・股の肉を切り取り，或いは肝臓を割いて，それを湯や羹^{スープ}として親に供する人士たち——その多くは生没年もはっきりせず，孝行によって辛うじて史乗に名を留めた人たちであることに注意——は，とりわけ元・明の史書に頻出するのであるが，このことが朱子学の普及・定着と無関係であったとは考えにくい。特に私たちが着目したいのは，国家体制を支えるイデオロギーとしての特権的な位置—— James T. C. Liu（劉子健）氏のいう「国家正統 state orthodoxy」〔Liu 1973〕——を朱子学が初めて獲得する13世紀前半が，まさに『香山宝巻』が制作されたと思われる時期と重なっていることである。私たちがかつて論じたように，それまで「偽学」の烙印を国家から押されていた朱子学は，この時期に，非エリート階層へと下降してそこに浸透することによって，「国家正統」への上昇を実現したのである〔前川 1994a:78〕。その際，朱子学派は，非エリート階層への浸透を容易ならしめ，かつその階層への内面的拘束力を強固ならしめるための手段として，仏教や道教を積極的に利用した。かくて，儒仏道三教の対立面で

はなく，それらの共通面が強調されるようになり，「三教の別を超えた中国的パンテオン」〔松本 1983:190〕の形成に到達したのである。于君方（Yu Junfang）氏は『香山宝巻』の観音故事に関して，それが民間信仰と相互に補完し影響しあう関係にあることを指摘したが〔于 1994:343-345〕，このような関係の生成は，儒仏道三教の枠組を超えた単一の宗教体系の形成に対応する。この点からみるならば，『香山宝巻』が制作され，朱子学が「国家正統」となった 13 世紀前半は，中国宗教史上における最も問題的な時期の一つであったというべきである[29]。

　この時期の朱子学派の動向を体現している人物が真徳秀である。彼こそは，南宋後期（理宗朝）に朱子学が「国家正統」の地位を占有する――そしてその地位は清末に至るまで一貫して揺らぐことがなかった――のに最も貢献した人物であり，かつまた仏教や道教を利用して朱子学が非エリート階層に浸透していく通路を開拓した人物でもあった〔前川 1994a〕。その彼が一面，「割股行孝」の際立った讃美者でもあったことは注目に値する。『宋史』巻四六〇「列女伝」によれば，呂仲洙の女・良子なる者，父が重篤な病を得た時，香を焚いて祈り，わが身を代りにせんことを請うと共に，「股を割いて（その肉で）粥を作って進め（刲股為粥以進）」，良子の弟・細良もまた姉と同様に拝禱した。真徳秀はこれを嘉し，その居を表彰して「懿孝」と名付けたという。真徳秀は，彼自身の亡母に対する祭祀――それが道教的な儀礼であることに注意――において，生前の母の孝行に言及し，母が「早くより割股の高風を顕彰していた（早彰刲股之高風）」ことを絶讃してもいる（「太乙醮青詞」「黄籙十王表」いずれも『西山文集』巻四八。文淵閣本四庫全書第 1174 冊）。更に興味深いのは，「泉州勧孝文」（同巻四〇）の記述である。その冒頭で真徳秀は，母を救うために自らの肝臓を割いた黄章，父を救うためにやはり自らの肝臓を割いた劉祥，および重い病に罹った母を救うために自らの股の肉を割いた周宗強なる者の事績を掲げ，「その孝の真心は切なるものであり，まことに賞讃に値する（其孝心誠切，実有可嘉）」と讃える一方で，親不孝に対しては「王法」による厳罰を下すべきこと，「官司」が

人民を「訓励」すべきことを力説するのである。それに続けて彼は昔日の孝子の例を引照するのであるが、そのうちの一人は「両親が高齢なので、（そのことを意識しないで済むように）常に派手な服を着て、童となって戯れた（双親年高、常著綵衣、為児童戯）」という老莱子であり、もう一人は名前を明記しないものの、「母が病を得てより三年、夜にも帯を解かない人がいた。……子たる者、自らの親のお世話をし、薬は自分が先ず嘗めてみなければならない（昔人有母病三年、夜不解帯者、……人子当躬自侍奉、薬必先嘗）」という記述からして、漢文帝を念頭に置くことは間違いない。真徳秀は孝の実践の典型例として二十四孝を強く意識しながら、この文章を著したのである。

　真徳秀は、身体の管理・保全という孝の原則と身体を毀損する孝の実践との関係についても関心を払っていた（「問父母惟疾之憂」『西山文集』巻三〇）。「『孝経』に照らしても、身に危険が及ぶことを省みない「義士」の行為は不孝ではないか」とする質問を受けて、真徳秀は次のように答えた。

　　「義士の行為は、身体を毀損する・それ以外の行為とは異なる。蓋し身を犠牲にする行為は仁を成就する基盤であって、仁を成就したとすれば孝はその中に含まれる。身体を犠牲にして仁を成就するという以上、肉体に欠損が生じたとしても、その理は欠損することがなく、身が死滅したとしても、その性は失われないからである。これこそ、孝の実践の根本である。（此与其他毀傷不同。蓋殺身所以成仁、既成仁則孝在其中矣。因為説殺身成仁、則形雖虧、其理不虧、身雖殞、其性不失、乃所以為孝也）」

ここで真徳秀は、「身を犠牲にして仁を成就する」行為が孝の実践と矛盾しないことを明言し、そのことを理論的に弁証しようとしている。その際に援用されたのが、「形」「身」（気）の可変性・限定性と「理」「性」の不変性・普遍性との対比という・朱子学の理気論の図式であった。身体の毀損は

あくまで可変的な気の次元に属する。このことは、「2. 孝の身体性」でみたように、実践倫理としての孝が気の次元に限定されたことに対応する。身体の毀損が孝の実践として実行されたならば、それを通して人はそこに不変なる孝の理念を読み取ることができるのである。逆にいえば、不変の真理である孝の理念を視覚的に明らかなかたちで表出するのには、身体を毀損する実践が有効であり得るのだ。かくして孝の実践の「弁証法的機制」は、朱子学の基礎理論によって正当付けられた。真徳秀にとって、朱子学の理念体系と身体を毀損する孝の実践とは何ら矛盾するものではなく、相互補完的な関係にあるとみなされたからこそ、彼は何のためらいもなしに「割股行孝」を讃美したのに違いない。金文京氏は、元代から明代にかけて、身体を毀損する孝の実践に対する禁令が発布され、劉明達とその妻や王武子の妻の故事が二十四孝から除外される傾向が生じた背景には「朱子学に代表される新しい思想、文化」、「近世合理主義、もしくは人道主義」の勃興があったと指摘するのであるが〔金 1994a:285-286〕、本論は残念ながらこの見解には同意できない。朱子学的な「合理主義」は身体を毀損する孝の実践を否定したとはいえないばかりか、むしろこれを基礎付ける方向で作用した。それゆえにこそ、「国家正統」としての朱子学の地位の確立によって「割股行孝」などの実践は減少することなく、却って急激な増加の傾向すらみせたのである。『香山宝巻』や『回郎宝巻』の制作とその普及がこの一連の流れの中にあることは言うまでもない。身体を毀損する孝の実践に対する禁令の発布は、公権力による抑止が必要なまでに、身体の毀損への熱情が社会全般に亢進していた当時の状況の反映とみるべきなのである。そして、かかる公権的な抑止が、それをも乗り超えようとする・孝子たちの熱情を更に強化したことは、「2. 孝の身体性」に述べたとおりである。

　「国家による農民支配をイデオロギーの面で正当づけ」るものとして、また「小農民経営を保全するための理念」として、勧農文と題される一群の文章が「北宋の中期に出現し南宋に盛行した」ことも〔宮沢 1983:241-243〕、以上の点と無関係ではあるまい。勧農文の主要な部分を孝の説論が

占めるのは，それが「政治の実際面というより理念の面」に重点を置く文章
である以上当然であって〔宮沢 1983:241〕——ヨリ直接的に孝を勧める文
章としては勧孝文があるが，勧農文と勧孝文とは題名こそ違うものの，同類
の文章として扱って差し支えない——，なかでも朱子学者は熱心に農民に対
して孝の倫理を説いて回った。彼らは『孝経』を各戸に頒布して教化の材
料としたのである〔宮沢 1983:232〕。真徳秀ももとより例外ではない。彼
は『孝経』を毎朝一字ずつ読誦することを農民に勧め，「そうすれば，郷村
にあっては良民となり，家にあっては孝子となり，現世においては王法を犯
すことなく，死後においては天刑に遭わずに済むであろう（如此則在郷為
良民，在家為孝子，明不犯王法，幽不遭天刑）」という（「再守泉州勧農文」
『西山文集』巻四〇）[30]。六朝時代には貴族たちが『孝経』を宗教聖典のよ
うに読誦したのであるが，南宋後期にあっては，農民たちが『孝経』を宗教
聖典のように読誦するのである。私たちはここに，『孝経』を宗教聖典とし
て信仰する主要な社会的階層の歴史的変遷の跡を見ないだろうか。勧農文・
勧孝文は，朱子学が非エリート階層にまで下降する重要な通路として機能し
たのである。

　真徳秀の著した勧農文・勧孝文の歴史的意義は，ほぼ同時期の制作と思わ
れる・如如居士顔丙の「勧孝文」（既出）との対比によって，一層鮮明にす
ることができる。非エリート階層への下降を志向した朱子学派（真徳秀）と
禅宗教団（顔丙）とが，時期を同じくして勧孝文を制作しているのは偶然で
はない。それまでエリート階層を教化対象としてきた両者が非エリート階
層を教化対象として意識し始めた時，両者の眼は共に，孝の倫理とその実践
へと注がれたのである。このことが，両者の勧孝文に顕著な類似をもたらし
た。それは単に，顔丙が王祥・孟宗ら6人の，他方，真徳秀が老莱子と漢
文帝の2人の，いずれも二十四孝に含まれる孝子の事例を引照するという
だけではない。不孝者は必ず雷（顔丙は「雷霹」といい，真徳秀は「雷霆」
という）に打れ，天地や鬼神から災いを与えられる，という言辞そのもの
に，孝の実践についての両者の共通する観念の表象が見出されるのである。

真徳秀の文章には，香山観音故事や目連救母故事はまだ引照されないけれども，そのことによる差異はごく僅かでしかない。そしておそらく，この僅かの差異が完全に消滅する時，勧農文や勧孝文の制作によって朱子学者が農民たちに孝の倫理と実践を奨励する必要性も消滅するに違いない。その段階では，非エリート階層の間に，孝の倫理とその実践を主題とする宝巻の説唱が定着・普及し，朱子学者がわざわざそのような文章を発布する意味がなくなるからである。勧農文の制作が明初（洪武年間）で途絶することは示唆的である。このことを指摘した宮沢知之氏は，農業振興と教化とが「明代里甲制下で郷村組織に完全に移管された」ことにその理由を求めているが〔宮沢1983:243〕，制度面でのこの変容過程と勧農文・勧孝文から宝巻への移行過程とは並行関係にあるといってよい。地方官による上からの説諭を俟つまでもなく，郷村社会それ自体の中で孝の倫理とその実践が生産・再生産されるに至ったのである。

　孝の倫理が社会の底辺に到達した時，そこには朱子学とか仏教とかいう区分が撥無された光景が立ち現れる。これこそ「土着化」の完成形態に他ならない[31]。ここでは中国宗教は一つに統合されており，しかも社会構造の末端にまで浸透しているから，それの及ぼす・個々人の内面への強烈な拘束力からその社会の構成員が逃れる方途はない。孝の倫理は，大にしては社会構造，小にしては個々人の身体感覚と完全に一体化し（大宇宙と小宇宙との一体化），外と内の両方向から，その人の生を規制する。それを逸脱しては，ひとが生存を確保することは難しい。伝統中国においては家族が「聖なる共同体 the holly community」＝教会であったという Joseph M. Kitagawa 氏の見解〔Kitagawa 1960（1963):32（114)〕は，かかる孝の倫理とその実践を念頭に置く時に初めて，その深刻な意味を充分に理解することができるに違いない〔前川 1998:140-141〕。

5. 身体感覚なき孝の世界

　一般に，自らの属する社会の規範を普遍妥当的な準則とみなす傾向から
完全に自由であり得る人はいないであろう。このことは，日本の社会におい
て人々が規範として意識する孝の倫理についてもあてはまる。伝統中国に
おける孝の実践に対して，多くの日本人が抱く違和感とは，自らが普遍妥当
的と考えていた孝の倫理の様態が，実は儒教の本家本元である伝統中国のそ
れと大きく乖離している事実に直面した際の衝撃の表現に他ならない。逆に
いえば，日本人は，自らが生活する世界の外に，自らが普遍妥当的と考えて
いたのとは異なる孝の世界があることを知って初めて，自らの所属する社会
の空間的（地理的）および時間的（歴史的）な限定性を自覚させられるので
ある。中国という巨大な中心の周辺に位置する日本は，このような限定性を
度々自覚させられる立場にあった。もっとも，日本の儒教も，流入した当初
からかかる限定性を自覚していたわけではない。江戸時代に至るまでの儒教
は，五山禅林もしくは博士家で伝承されるにとどまり，日本社会の全体に
「開かれて」いなかったから，日本社会の現実との深刻な相克に直面する機
会をほとんど持たなかった。しかるに江戸時代に入り，仏教勢力の相対的な
退潮と期を同じくして，「儒者」と称される特殊な身分の台頭をみた。彼ら
は，或いは五山僧に代わって外交の職務を荷い，或いは博士家に代わって儒
教イデオロギーの発信拠点となった。特にこの場合，日本の「儒者」身分が
伝統中国の士大夫階層とは際立って対照的に，中央もしくは地方の行政に恒
常的に責任を負う官僚の位置を占めたのではなく，却って被治者としての町
人身分に近接した社会的位置を占めたことが重要であった。彼らが儒教イデ
オロギーを発信する対象は，自らと近いところに位置する被治者一般であっ
たから，ここに儒教は初めて，日本社会の現実と真正面から向き合うことと
なったのである。江戸時代において，儒教イデオロギーと日本社会との軋
轢・矛盾・摩擦・相克が多方面にわたって惹起したことは，津田左右吉以来

第 4 章　身体感覚としての孝　　189

しばしば指摘されるとおりであるが，このような現象は，儒教イデオロギー
を社会全体に普及せしめ，定着せしめようとするイデオローグ（儒者）たち
の活動がそれだけ活発であったことを，逆方向から照らし出してもいるので
ある〔前川 1994b:94〕。孝の問題についていうと，江戸時代以前にも御伽
草子『二十四孝』が制作され，孟宗の故事に取材した謡曲『孟宗』が制作さ
れていたのであるから，孝の倫理とその実践の問題に江戸時代以前の日本人
が全く無関心であったというわけではないのだが，注目すべきなのは，孝
の倫理とその実践に対する格別の反撥や違和感の表明が江戸時代以前には稀
であるのに対し，江戸時代以降の資料においては，他ならぬ儒者自身の口か
ら，激しい批判の声が聞こえてくることなのだ。これこそ，孝が身体感覚と
して機能している伝統中国とそうでない日本との差異の鮮明な顕在化といわ
ねばならない。もとよりこの差異は——名誉 Ehre を土台とする封建制と恭
順 Pietät を土台とする家産制との差異に関して M. Weber が用いた表現を
借りるならば——，「〔はっきりした〕対照というよりは，むしろアクセント
のちがいであった」〔Weber 1920（1971）:445（263）〕。とはいえ，Weber
が封建制と家産制とに関してそうしたように，私たちも，この「ちがい」に
注目し，それをはっきりした対照として取り出すことによってこそ，中国と
日本との儒教倫理の本質的な差異を抽出することができると信ずる[32]。

　「俗にいう二十四孝とは，好んで恠異を語るものであって，有道者の所説
では決してない（俗所謂二十有四孝者，嘉語恠異，寔非有道之者所述也）」
と断じたのは誰あろう，江戸時代初期を代表する朱子学者・林羅山その人で
あった（「羅山随筆一」『羅山林先生文集』巻六五・京都史蹟会編，平安考
古学会刊）。『儒門思問録』（続日本儒林全書第 2 冊）をみるならば，当時の
林家にあって，二十四孝をも含めた孝の倫理とその実践のあり方がいかに中
心的な論題となっていたかが窺われる。実際，門弟たちの発する疑問は，孝
の倫理の絶対的根本性を前提としない限り，当然提起されてしかるべき論
点を衝いていた。それに対する羅山の回答には，彼が宣揚しようとする孝

の理念と，彼自身が強い違和感を覚えずにはいられなかった伝統中国におけ
る孝の実践形態との間の深刻な乖離の弥縫に努める彼の苦心の跡が看取され
る。彼によれば，「凡世俗ハオロカニシテ深キ道理ヲ知ラヌ故ニ，奇特ナル
コトヲ云ヒノベテ，孝ノシルシナリト」したのが二十四孝なのであって，董
永・郭巨・孟宗・王祥の類はいずれもこの域を出ない（『儒門思問録』巻一
下）。これは二十四孝に対して羅山が下した最大限に積極的な評価というべ
きであり，別の問答では，例えば郭巨の行為について，「郭巨ヲ孝アリトイ
ハバ，天理滅亡スベシ」「古今孝ヲヨクスル者多シトイヘドモ，郭巨ガゴト
キモノ道理ヲ知ラズ。……郭巨ガ孝ハ愚ナルモノナリ」という極めて厳しい
糾弾が加えられるのである（同巻一下）。とすれば，「割股行孝」の風習に対
しても，彼が批判的な態度を採るであろうことは想像に難くない。果たせる
かな，彼は，洪武年間における江伯児の事例に言及して，江伯児を処罰した
洪武帝の判断を好意的に引用するのである。「割股行孝」は，羅山によれば
明らかに「人情ノ常」に反する非人間的な蛮行であった（同巻一下）。同じ
朱子学派に属するとはいえ，「割股の高風」を讃美して止まなかった真徳秀
といかに対照的な立場に羅山は立っていることか。慶長9（1604）年の時
点で羅山が既に読んでいた書目（「既読書目」。『羅山林先生文集』附録「羅
山先生年譜」による）には真徳秀の文集が含まれているから，羅山は真徳秀
が「割股行孝」を讃美した文章を著していることを知っていながら，敢えて
それと同調しようとしなかったのであろう。もっとも，「真実ノ心アリテ親
ヲ養ヒ，或ハ其疾病ヲイヤサントテ己ガ肉ヲサクトモ，又必シモワルシト定
ムベカラズ」と言わざるを得なかったところに，私たちは彼の苦渋をも読み
取らねばならない（『儒門思問録』巻一下）。ここでも羅山は「割股行孝」を
極めて局限的に，かつ消極的に，承認する可能性を示唆したに過ぎず，決
してそれを肯定したわけでも，ましてやそれを賞讃したわけでもないけれど
も，彼としては，伝統中国の典籍に頻出する「割股行孝」の実践を完全に
は否定し切れなかったのである。彼は，「旌表ヲ求メ」「徭役ヲマヌカレント
テ」自己の股の肉を割くのではなく，「真実ノ心」がある場合に限って，「割

股行孝」を容認する余地を残しておこうとしたのだが，このような弥縫がどこまで説得力を持ち得たかは疑問とせねばならない。旌表を求め，徭役を免れようとする行為と真実の心情に基く行為とを，誰が，いかにして判別するのであろうか。そもそも，旌表されんがため，徭役を免れんがためにそのような行為がなされるのは，「割股は至高の孝の表現である」という社会通念が形成されているからであって，そのような社会通念が前提となっていなければ，「割股行孝」が旌表や徭役免除に値する行為として社会から賞讃されることもなかった筈である。羅山は意図してか意図せずしてか，原因と結果を転倒しているといわねばならない。

　親が過ちを犯した場合に子が取るべき対応について問われて，羅山は次のように答えている。

　　「カヤウノ事ハアラカジメ定メガタシ。小サキ僻事ナラバ，随フコトモアルベシ。大ナル僻事ナラバ，子タル者ノ気分ニヨリ力量ニヨリ分別ニヨリテ，親ヘノアテガヒヤウアルベシ」。(『儒門思問録』巻一上)

しかし，「僻事」の大小によって子の対応の仕方が異なり得るとの見解，すなわち子がいかに行為すべきかは「アラカジメ定メガタ」く，子自身がそれを決定するのだという見解自体，羅山が表象する孝と伝統中国における孝の実態との乖離を如実に示していないだろうか。伝統中国における孝は「絶対的に根本的な徳」であったが故に，「〔徳目相互に〕葛藤のあるばあいには，他の徳に優先した」のであって，「親ヘノアテガヒヤウ」を子が選択する余地はなかった。親に対する子の孝は「無制限」であって，そこに子の「気分」や「力量」や「分別」が考慮されることはあり得なかった。孝はそこでは子に課せられる絶対的な準則として表われているのであるが，羅山にあっては，孝の実践のこのような絶対的根本性が承認されていないのである。孝の実践の絶対的根本性が承認されていない以上，その「弁証法的機制」が彼に理解されなかったのも当然であった。かくて，羅山においては，身体を毀

損する孝の実践の可否も「アラカジメ定ムベカラズ」ということにならざるを得ないのだ。

　身体を毀損の危険に曝す義士の行為が不孝に当らないことについての弁証が真徳秀にあったように、羅山にもやはり、戦場で自身を危険に曝す戦士の行為が不孝か否かをめぐる問答がある（『儒門思問録』巻一上）。羅山もまた、自己の身体の管理・保全を「孝の始め」とした『孝経』の言葉があるにもかかわらず、戦士の行為は不孝には当たらないことを弁証しようとするのであるが、その理由付けの仕方は真徳秀と大きく異なっている。私たちは両者を比較することによって羅山と真徳秀との重要な分岐点を明らかにできるであろう。

　　「我ガ身ヲツツシンデ身体ヲヤブラズ，父母全ウシテ生ム，子全ウシテ
　　帰スベシ。此ハ形ノミニアラズ，心ニモ僻事ナキヤウニセヨトイフノ教
　　ヘナリ。形サヘ毀ラザルコト如此。況ヤ心ヲヤ。或ハモシ軍ニノゾンデ
　　死スベキ時ニ死セザルハ，義ニアラズ。義ヲヤブルハ心ヲソコナヒヤブ
　　ルナリ。何ゾ孝トセンヤ。ナマジヒニ生キテ恥辱ヲカキ，親ノ名ヲモ
　　クダスハ不孝ナリ。但死ヌマジキトキニ死ヌルハ，オロカニシテ孝ニア
　　ラズ」。

羅山はこの発言を，「軽キヲステテ重キヲトルベシ。小ヲステテ大ヲトルベシ」と結ぶのであるが，この場合も問題は，自らの置かれている状況が「軽」「小」なのか「重」「大」なのか，つまり身体・生命を犠牲にすべきなのかどうかを，何（誰）が決定するのか，という点である。真徳秀においては，その判断は，普遍妥当的な基準としての理に根拠していた。そこには孝子自身による主体的な態度決定の契機は見出されない。真徳秀の論理の中で孝子の「心」が何ら占める位置を持たなかったのは当然である。孝子には行為を選択する自由意志は与えられておらず，彼はいわば理のロボットとして行為するのである。むしろ彼の身体がそのように反射的に動いてしまう，といった

方が正確であるかも知れない。羅山の場合はそうではない。自らがいかなる状況にあるのかを判断し，取るべき行為を決定する最終的な主体は，あくまで行為者の「心」である。真徳秀が援用した「理」や「性」のように，行為者各人の「心」を超えた何らかの普遍妥当的な判断基準はここには想定されていない。羅山の論理において行為者は，真徳秀の場合とは逆に，自由意志を持った主体として現われる。これこそ，真徳秀と羅山とを分かつ最も重要な差異に他ならない。

　しかも私たちは更に一歩を進めて，ここから導かれる重要な帰結を見落とすべきではない。すなわち，真徳秀においては，自らの身体の毀損が孝であるか否かを判断する自由意志が孝子自身に認められていないが故に，孝の絶対的根本性が前提されている社会の中で孝子たちが現実に採る行為は，身体の毀損という不孝を通じてヨリ高次の孝の実現を企てる一か八かの賭け（*salto mortale*！）として現われたのに対し，羅山にあっては，行為者の「心」の主体的判断の介在によって，孝の実践のそうした「弁証法的機制」の発動自体が阻止される。不孝な行為はどこまでいっても不孝な行為に過ぎない。不孝な行為が高次の孝の前提となり得るとの発想は後者には生れない。一つ一つの個別の行為について，それが孝であるか否かの判断が行為者の「心」によってその都度下されるから，不孝な行為が孝に転化する契機が発見されないのである。行為者の「心」が介在しない前者においては行為者の身体性が，他方，行為者の「心」が介在する後者においては行為者の精神性が，それぞれ前景化する所以である。かかる差異は，もとより真徳秀と羅山という個性の違いに還元できるものではあるまい。伝統中国において孝がヨリ身体的・感覚的な次元で捉えられ，日本においてはそれがヨリ精神的・理念的な次元で捉えられる一般的な傾向を，私たちは指摘し得るのである。

　おそらく羅山にとって，身体的・感覚的な次元における孝の実践形態は甚だ理解し難いものであったに違いない。孝の実現のためとて，何ら逡巡することなしに身体を毀損する孝子たちの行為は，「心」の主体性を喪失した異様で奇怪な振る舞いとして彼の眼には映じた。

「末世ノ愚カナル民，人ニカハレル孝行ヲセントテ，アヤシキワザヲナ
シテ世俗ヲ驚シ，旌表ヲネガヒ徭役ヲマヌカレントスルナリ。股ノ肉ヲ
割イテ親ニ食ハシメ，或ハムネ〔胸〕ヲサイテ肝ヲ出シ，或ハ子ヲ殺シテ父母
ノ命ニカヘントス。道理ニタガヒ，人倫ヲヤブルコト甚シキ者ナリ。父
母トシテ如何ゾ子孫ヲソコナヒ，其骨肉ヲ食ハンコトヲオモハンヤ」。
（『儒門思問録』巻一下。傍点引用者）

という痛烈な批判は，身体感覚としての孝の呪縛から自由な地点にある者が
当然抱く不快感や違和感の表明なのであって，ひとり羅山のみならず，江戸
時代を通して広く共有されていたところとみるべきであろう。ただ，羅山が
ここまで激烈な言辞を用いなければならなかったのは，彼が日本における儒
教（朱子学）の普及と定着を企てる「儒者」であったことと無関係ではな
い。蓋し彼は，朱子学を自らの信条体系とし，それを何とかして日本社会に
定着させようとしたからこそ，その自らの意図にそぐわない，自分自身をも
含めて日本人が一般に反撥を感じこそすれ共感し得ない・孝の実践形態には
我慢がならなかったのである。
　儒教（朱子学）を特に信条体系とするのではない人々にあっては，二十四
孝や「割股行孝」の如き孝の実践形態に対する反応は，羅山よりもむしろ遥
かに醒めていた。もちろん彼らも，理念としての孝が実現されるべき倫理的
価値であるということは認識していたが，それが「絶対的に根本的な徳」で
あるとは考えていなかったに違いない。また，彼らにとって，二十四孝や
「割股行孝」の如き行為が自らの属する生活世界において現実化する可能性
を想定する必要はほとんどなかった。それは彼らには，およそ現実とは無関
係な世界の事象であった。かくて，御伽草子の『二十四孝』のように単に中
国の二十四孝をなぞっただけの説話を一応別とすれば，日本の（とりわけ江
戸時代の）孝行譚には，大別して二つの顕著な傾向が見出されることとなっ
た。一つは，孝の身体性の契機が説話の構成において後景に退き，その説話

第4章　身体感覚としての孝　　195

の内容そのものが時として「孝行」譚の枠組から逸脱していく傾向であり，もう一つは，孝の身体性の契機を社会的文脈から切り離して積極的に前景化することによって，それを別世界の奇異な物語として，もしくは常識はずれな（文字通り ex-zentrisch な）変人たちの笑話として，再構成・再解釈する傾向である。

　この二つの傾向は相反するもののようにみえるが，実際には一つの作品に重畳して表われることもある。第Ⅰ節に言及した西鶴『本朝二十不孝』はその典型である。まことに彼がいうとおり「雪中の筍，八百屋にあり，鯉魚は魚屋の生船にあり」で，真冬に筍を入手したければ竹林などに行かず八百屋に行くべきだし，鯉魚を入手したければ池の氷の上に臥すよりは魚屋へ行った方がよい。その方が確実に筍や鯉魚を入手することができ，従ってそれだけ確実に筍や鯉魚を親の食事に供することができるというものだ。孝の身体性を前提としないで考えれば，西鶴のような結論が導かれるのは当然といえよう。しかし，孝の身体性を前提とする二十四孝の発想はこれとは全く異なるのである。そもそも，ここで最も重要なのは，筍や鯉魚を親に食べさせることではない。真冬に筍を採るために竹林に赴き，鯉魚を採るために氷上に臥してこそ初めて，真に孝の名に値する行為なのであり，またそれゆえにこそ天の感応が筍や鯉魚の出現をもたらすのである。八百屋で筍を買い，魚屋で鯉魚を買うような孝の実践では，到底このような天の感応は期待できない。身体感覚としての孝が宗教性と，他方，身体感覚なき孝が世俗性と，それぞれ結びつくことはここからも容易に理解される。宗教性から切り離された世俗の視点から——ヨリ正確にいうならば，孝という世俗的な価値が聖化されない，聖とは判然と区別される世俗の視点から——，例えば孟宗の行為を眺めた時に初めて，それは異様な，もしくは滑稽なものに映る。これを，

　　「親孝行といふものは，日本にはすくないはづ，唐の四百餘州にさへたつた二十四人，其内にも孟宗などは親玉だ」「なぜ」「ハテ雪の中で竹の

子をとつて来たはサ」「なあにそりやう̇そ̇だあらふ」「ほんの事よ」「ほ̇んならさぞ高かつたらう」。(『譚嚢』孟宗。近世文藝叢書第六冊。傍点引用者)

と問答形式に仕立て上げれば，これで充分に笑話として通用する。ここから落語『二十四孝』までの距離は，もはやごく僅かしかない。

　しかし，身体感覚としての孝を笑話の題材にするだけではなく，身体感覚なき孝を説話の主題として構成しようとしたとたんに，作者は甚だしい困難に逢着することとなる。八百屋や魚屋で買い物をするような孝は，余りにも世俗的かつ日常的過ぎるのである。そこで『本朝二十不孝』において西鶴は，これを反転せしめて，親不孝者たちの悪行と彼らの末路を描写することによって，劇的な構成を維持しようとした。しかし，この構想に依拠しても，身体感覚なき孝を主題とした「孝行」譚の創出に西鶴が成功したとは言い難い。本書の序文に，「生きとしいける輩，孝なる道をしらずんば，天の咎めを遁がるべからず。その例は，諸国見聞するに，不孝の輩，眼前にその罪を顕はす」という西鶴の言葉は一見，彼が孝の実践の宗教性を理解し，それを念頭に置いて本書を創作した証左のようであるが，実際の作品を一読すれば直ちに，「天の咎め」という宗教性と孝の実践の世俗性との乖離が表面化していることが看取される。西鶴の関心は，「孝にすすむる，一助」(同序)に供すべき作品の創作という本来の意図から逸れて，欲望のままに悪を重ねていく人間性の暗黒面の仮借なき摘出と，中世の仏教説話を思わせる因果応報の非日常性そのものの創出とに分裂せずにはおかなかった。まず前者についていうと，「今の都も世は借物」「大節季にない袖の雨」(いずれも巻一)の主人公たちの行為は確かに不孝ともみなし得るけれども，西鶴の目はヨリ広範に，人間の醜悪な欲望の総体に向けられているように見えるのだ。これらの説話では，不孝は，幾重にもなった人間悪の構成要素の一部に解消されているから，不孝に特̇に̇説話の焦点が合わされているとは思われない。これは，西鶴が孝の倫理を，他の倫理的価値に対して絶対的に優越するとみ

ていなかったことと照応するであろう。『本朝二十不孝』の説話も，前節に検討した『回郎宝巻』も，非常に暗い内容である点では共通するが，後者は少なくとも行為者・曹文政（実際にはその宝巻の制作者）にとっては善と意識されていた孝が暗さの原因であるのに対し，前者は不孝をも含む人間悪の総体が暗さの原因なのである。孝の絶対的根本性という前提のないところでは，孝の「弁証法的機制」が発動する契機もないことはいうまでもない。「慰み改て咄の点取」（巻一）を見よ。ここでは，「浮世念仏のつれ声」を聞いたことによる息子の出家は「無用の道心」「無我無分別の発心」とされ，この息子はひたすら「競びなき不孝坊」と貶められるのみである。出家（不孝）を通してヨリ高次の孝を実現するという「出家大孝論」の方向へ説話を展開する意図を西鶴はそもそももたなかった。これを『雪山宝巻』『香山宝巻』と対比するならば，彼我の差異は明白といわねばならない。

　『本朝二十不孝』における因果応報の非日常性の創出については，「人はしれぬ国の土仏」（巻二），「心をのまるる蛇の形」「当社に案内申程おかし」（いずれも巻三）などが注目される。これらは「孝にすすむる」ことを目的とする「孝行」譚というよりは，奇異な題材を取り上げた「因果」譚の性格が強い。これらの説話における孝は，既に主題の位置から転落して，単なる装飾にまで後退している。岩波文庫本『本朝二十不孝』（横山重・小野晋校訂，1963年）の「解説」[33]が，本書の中に「主題を見失っているかのような観を呈した説話」があると指摘したのは（251-253頁），まさにこの点を衝いたものに他ならない。本書が後に『新因果物語』と改題されたのも故なしとしないのである。世俗的な孝がさながらに聖化されている伝統中国においては，孝の実現と非日常的な宗教性とが密接に連絡していたのであるが，世俗的な孝があくまで世俗の次元に局限され，聖化への途が閉ざされている江戸時代の日本においては，「孝行」譚の枠組から離れて「因果」譚が自己増殖を始めてしまう。世俗的な「孝行」から「因果」譚を導出するのは著しく困難であるからである。所詮，「雪中の笋，八百屋にあり」云々という世俗的な孝の世界と「天の咎を遁がるべからず」という宗教性との不整合

は，その実作においても解消されなかったのである。

　月尋堂『今様二十四孝』（近代日本文学大系『浮世草子集』）にも，西鶴と同様の状況をヨリ鮮明に看取することができる。その序文に，「郭巨が子を埋む無分別，老莱子がよい年してのあいだれ，是れ孝行とは合点まゐらず」とあるのは，月尋堂にとっても身体感覚としての孝がいかに理解し難いものであったかを証する。彼が郭巨の行為を「無分別」と非難したのは，「父母トシテ如何ゾ子孫ヲソコナヒ，其骨肉ヲ食ハンコトヲオモハンヤ」という前引の羅山の見解と共通する立場によるのであろう。月尋堂が「無分別」と難じたまさにその点に，郭巨の行為の本質が存するのであるが，身体感覚を共有していない月尋堂にとっては，そこが「合点」がいかない。孝が身体性に根拠付けられ，その実現のためには全てが許されるという絶対的根本性が「天の感応」という宗教性に連続するところに，月尋堂は却って常識はずれなもの Exzentrik を見出したのだ。孝の絶対的根本性が社会通念として承認されている生活世界にあってこそ有意的とみなされる行為は，ひとたびその社会的文脈から切り離されて，それが社会通念として承認されていない社会に投げ出されるや，崇高なる道徳的実践から単なる突拍子もない奇行にまで，一挙に転落する。これは老莱子の行為についても同様である。月尋堂が表明した・老莱子の行為への違和感が，この故事を用いた次の笑話と共通の基盤を有することは明らかである。

　　「きさまはもはや四十に及んで，親に不孝な事だ。もろこしの老莱子は，
　　七十に餘りて子供の小袖を着てたわむれしは，歳わかしと親におもわせ
　　んとの心づかひした人さへ有に，たしなみやれとの教訓。不孝もの尤
　　〔も〕と思ひ，大しまの布子をこしらへ，おやのまへで飛んだりはねた
　　り，とんぼがへりしたりして見せければ，お袋なみだをながし，さてさ
　　て長生きすれば色々のかなしひ事を見る，どうぞあいつがほんの気ちが
　　ひにならぬ先に行たい」。（『鳥の町』不孝。近世文藝叢書第 6 冊）

なぜここにおかしみが醸成されるのかといえば，それは畢竟，孝の身体性が
社会通念として人々に共有されていないところへ突如，「飛んだりはねたり，
とんぼがへりをしたり」という身体性が侵入することに基く。落語『二十四
孝』がこれと同じ手法を全面的に駆使して，二十四孝の故事を笑いの対象に
改変したことは言うまでもない。

　月尋堂『今様二十四孝』は，西鶴『本朝二十不孝』の影響下に創作され
たのであるが，西鶴の場合のように説話の内容を不孝譚に反転させる構成を
とっていないため，「孝行」譚からの逸脱の様相もヨリ直接的に表われるこ
とになる。それは，『本朝二十不孝』には限定的にしか取り上げられなかっ
た女色・男色に関する話題の前景化となって現象した（例えば「抜けば玉ち
る菖蒲刀」巻二，「おもはず知らずの入婿」巻二，「五十両の礼に左の小指」
巻四など）。中国の二十四孝に言及されないわけではないが，庾黔婁を念頭
に置くと思われる記述は説話全体の中で装飾的な意味しか持たず（「脈に知
れぬ継母の心」巻一），孟宗の行為は現実離れしているとして否定的に言及
されているに過ぎない（「寒のうちの真桑瓜」巻二）。このいずれの場合にお
いても，孝は主題として焦点を結ばない。更に興味深いのは「我が思ひは灸
の皮切」（巻二）の例である。主人公・平七は或る家の娘と結婚する予定に
なっていたのだが，その娘の母から灸を背中にすえてもらったのがきっかけ
となって，その母にも恋情を抱かれてしまった。娘とその母との三角関係に
進退窮まった平七は，「命にも小判にもかへぬ男の大事の物をきつて」，それ
を娘の母に進呈し，自らは庵を結んで出家したのである。この話がなぜ「孝
行」譚になるのかは，例によって分かりにくいが，それがどうであれ，作者
の関心が——浮世草子の作者に相応しく——男を巡る娘と母との三角関係，
およびそれを陽根の切断によって収拾する結着の付け方に集中しているこ
とは否定できない。この説話は身体の毀傷を内容に含んではいるものの，男
性生殖器の切断が不孝であるとの認識が前提されていないため，孝の実践の
「弁証法的機制」が発動する余地がない。もしこれをなお「孝行」譚と呼ぶ
とすれば，それは孝の比重を極小化した「孝行」譚の極限形式という他はあ

るまい。

　孝の身体性の契機が後景に退き，「孝行」譚の枠組から逸脱していく傾向の極限形式が『今様二十四孝』であるとすれば，他方，孝の身体性の契機を社会的文脈から切り離して前景化することによって笑話として再構成・再解釈する傾向の極限形式は，落語『二十四孝』に求められる。落語は語りの藝能であるから，内容も時と場によって即興的に変えられ，また同じ演目でも演者によって差異が生ずるのは当然である。落語『二十四孝』も例外ではない。その差異の中にそれぞれの演者の個性が表われていて興味深いのであるが[34)]，ただ本論の論旨に関わる点に限っていえば，どの演者に依拠するかによって大きな変動はない。本論は便宜上，意外なほど「古典的」な立川談志の演例によることにしよう（『立川談志独り会』第五巻。三一書房刊）。談志がそこで取り上げる孝子は，日本の孝子（小佐治）を除けば，王祥・孟宗・呉猛の３人である。この３人は，孝の実践における身体性の故に，そして「天の感応」という孝の宗教性の故に，笑いの種とされる。孟宗の例を挙げて不孝者の店子を諭す長屋の家主に対して，その不孝者は，「冬によ，雪の中から筍が"ニュウ"なんて，出てくる理由がねえだろうよ。そういうことを他所で言うと，馬鹿にされるよ，嘲笑れるよ。気を付けなよ」と，昂然と反論する。なおも，「それがお前，雪中筍を得られたというのも"孝行ノ威徳ニヨッテ天ノ感ズルトコロ"だ」と孟宗を賞讚する家主に，不孝者は「話が嘘っぽくなると感ズリやがんね」と痛撃を食らわす。孟宗の孝行は「馬鹿にされ」「嘲笑れる」べき愚行として，天の感応は虚偽を隠蔽する一種の詐術として，暴露されているのである。伝統中国において身体感覚として表象されていた孝は，まさにその身体感覚の故に，それを共有していない日本社会においては却って，人々の日常的な感覚から乖離し，反撥されるのを免れなかった。

　以上に検討してきた・身体感覚なき孝の世界を，伝統中国における身体感覚としての孝と比較するならば，そこに更にもう一つ，注目すべき対照を発見することができる。伝統中国における孝はあくまで子の恭順 *Kindes*pietät

なのであって，その行為の実行に際しては，親の心情は却って関心の外に置かれる傾向が顕著であった。孝とは，親がどうであれ，子として務めなければならない準則なのである〔前川 2003b:44 注 20〕。これは，孝の倫理の絶対的根本性の必然的な帰結であった。他方，孝の倫理の絶対的根本性が社会通念として承認されていないところでは，孝の実践に当って親の心情を忖度することの重要性が強調される傾向がみられるのである。割股する孝子であれ，『回郎宝巻』の曹文政のようにわが子を犠牲に供する孝子であれ，親からみて子や孫にあたる者の肉を親に食べさせる際に，「そのような行為を親は望んでいるだろうか」と自省を巡らす者は誰もなかったのに対し，林羅山はといえば，「父母トシテ如何ゾ……其骨肉ヲ食ハンコトヲオモハンヤ」と，子や孫の肉を親に勧める孝行を，親の心情を顧慮して非難したのであった。老莱子を真似た孝行をやってみせる息子の姿を目にして，「どうぞあいつがほんの気ちがひにならぬ先に行たい」と「なみだをながし」た母親の話が笑話にされているのも想起してよかろう。落語『二十四孝』が冒頭に「改めて孝行するも不孝なり [35] ／大事な親の　肝や潰さん」と語るのも，もとより無関係ではない。「二十四孝のような常識はずれな孝行は，親自身がそれを望まない以上，むしろ不孝な行為だ」という感覚は，多くの日本人に共有されているであろう。孝の倫理の絶対的根本性が前提されていないため，その実践の「弁証法的機制」の発動が阻止され，不孝がヨリ高次の孝へと昇華する途が閉ざされているのである。前に私たちは，伝統中国における孝の実践では行為者の身体性が優越し，日本における孝の実践では行為者の精神性が優越するという対比を指摘したが，同様の対比は行為者のみならず，孝行を受ける親の側についても妥当するのである。

　私たちの論述の最後の段階を占めるのは石門心学である。何となれば，石門心学こそは，身体感覚なき孝が社会に一定程度まで浸透し普及したことを前提として思想界に登場し，かつまたそれを理念として提示し積極的な教化に携わることによって逆に，社会へのその浸透と普及に一定程度まで役割を演じた思想集団である点で，特に注目に値するからである。『都鄙問答』巻

一（孝ノ道ヲ問ノ段。石田梅岩全集上巻）によれば，或る門人が次のよう
な質問を梅岩に投げかけた。自分はこれまで「何ノ不孝モイタサズ，随分
心一盃ニツトメ」てきたけれども，「是ホドノ孝行ハ，世間ニモ有コトナレ
バ，天下ニ誰ト，名ヲ呼バルルホドノ，孝行ヲ勤〔テ〕見申度候。如何様ニ
致シ然ベク候ヤ」（傍点引用者）と。この門人は，日頃「世間」一般に行な
われているありふれた孝行に物足りなさを感じ，「郭巨の孝行」とか「王祥
の孝行」とか，「天下ニ誰ト，名ヲ呼バルルホドノ」非日常的な孝を実践し
てみる積りになったのだ。彼が二十四孝の事例を念頭に置いていたことは，
「但雪中ニ笋抜〔ク〕程ノコト」であってこそ「孝ノ至」といえるのではな
いか，と梅岩に食い下がっているところからも明らかである。林羅山であれ
ば，そのような非日常的な孝の実践は「人ニカハレル孝行ヲセントシテ，ア
ヤシキワザヲナ」すことでしかないと一蹴するに違いないが，梅岩は言を左
右して，二十四孝の実践形態それ自体についての否定的な言及を慎重に避け
ている。これは朱子学者と心学者との立場の相違によるとみてよい[36]。し
かし，「父母ノ心ニ逆ハズ，我ガ顔色温和ニシテ，親ノ心ヲ痛〔マ〕ザルヤ
ウニ事ラバ，孝行トモ云ベキカ」「父母ノ心ヲ痛マシムルホドノ不孝ハナカ
ルベシ」（傍点引用者）と，孝の実践における親の心情の重要性を反復して
強調したこと[37]は，間接的なかたちではあれ，二十四孝の如き孝の実践を
「孝行ノ至」とみなす立場に対する梅岩の不同意の意思の表明であったとい
うべきである。

　林羅山も石田梅岩も，伝統中国における・孝の実践形態といかに向き合う
かを問われる状況の中から，それと区別される・自らの属する生活世界に適
合的な孝の実践形態を探り当てようとした点では共通する。ただ，二十四孝
の如き孝の実践に対する反撥が，梅岩にあっては羅山とは比較にならないほ
ど微弱になっているのは，今しがた述べたように朱子学と心学との立場の差
異によると共に，伝統中国における孝の実践と同次元で対立する必要を思想
家が感じないまでに，日本に独自の孝の実践が社会に定着し始めた時代背景
にもよるであろう。梅岩のかかる思想傾向は，彼の門人たちには一層強く顕

第4章　身体感覚としての孝　　203

在化することとなった。例えば鎌田柳泓は，「人間のよき果報」の五番目に
「子孫の孝順」を挙げるのだが，彼のいう孝順とは「必ずしも郭巨孟宗のご
とき孝子を持〔つ〕といふにはあらず，実体にして父母の命に背ず能〔く〕
家業を相続する」ことに他ならなかった（『道の衠』上。大日本風教叢書第
六輯。傍点引用者）。「必ずしも郭巨孟宗のごとき孝子を持つというにはあら
ず」というこの表現に注意せよ。ここには，郭巨・孟宗の孝行を羅山のよう
に積極的には排撃せず，しかもそれとは異なる孝の実践様態を主張する石門
心学の典型的な立場が表われている。

　もっとも，「何とぞ心誠に，父母の御心安からん事を願ひ求め，深く思ひ
入りて事りなば，初て是までの不孝を，やめる程にはなるべきか。不孝や
みなば，漸〔く〕にして孝行に進むべし」と，師・梅岩と全く同様の孝行観
を有する手島堵庵が，二十四孝における曾参の故事——母が指を嚙んだ時，
胸さわぎを覚えた曾参があわてて家に戻ったという故事——については「曾
子と母と二ッなし」といっていることは，一見したところ，堵庵が孝の身体
感覚を共有しているようでもある。しかし，堵庵のこの見解を二十四孝の身
体感覚と同列に扱うことはできない。堵庵によれば，曾参が胸さわぎを感じ
たのは，曾参が「母の御心安からん事を，片時も忘れたまはず，外にありて
も今は母の何か御用はあるまじきか，御きげんは何とあるやらんと，思ひ暮
し」ていたからに他ならない（『為学玉箒』上。大日本風教叢書第六輯。傍
点引用者）。堵庵のこの「心理学的」解釈を突き詰めていけば，母が指を嚙
む行為は一種の象徴的な修辞とみなしても構わないことになる。彼がここで
主張していることは結局，孝とは母の心情を思いやる子の心情以外の何もの
でもない，ということに尽きるのだからである。曾参の孝に対しては違和感
を覚える者も，堵庵のこの解釈についてはさほど抵抗感を感じずに受け入れ
られるのは，前者が孝の身体性を前景化しているのに対して，後者が孝の精
神性を前景化しているからであろう。曾参の故事に対する堵庵の解釈は，親
と子とが「同気」であるから母の身体感覚が個体の境界を超えて伝達され
る，というのとは決して同じではない。伝統中国における孝の身体性・感覚

性と日本におけるそれの精神性という対比は，曾参の故事に対する堵庵の解釈にも妥当するのである。

　石門心学によって理念として提示されたような・身体感覚なき孝の世界を具体化した孝行譚の集成が，享和 1（1801）年に刊行された『官刻孝義録』といってよい[38]。もちろんその中には，二十四孝の例に倣ったと思しいものも皆無ではないが，全体として，伝統中国の孝子伝との差異は明らかである。現在まで一般の日本人が表象する孝の実践形態の原形がここに出現しているのである。おそらく『孝義録』の孝行に対しては，多くの日本人が共感することができたのではないか。孝の倫理は，伝統中国においてそれに付きまとっていた身体性を希釈し，或いは無化することによって，日本社会に普及し定着したのである。

6. 結語

　金文京氏によれば，二十四孝の受容形態として朝鮮と日本とは対照的な位置を占める。すなわち，日本においては「能楽の「孟宗」から落語の「二十四孝」まで，文藝的もしくは藝能的な側面が強く，倫理的な要素にはむしろ乏しいように感じられる」のに対し，朝鮮においては李朝に入って以来「ますます倫理教育的性格を強め，文藝や藝能の素材とはならなかった」のである〔金 1994a:287〕。このような対比が生じた背景には，日本と朝鮮とで占める儒教とりわけ朱子学の比重の相違があるに違いない。前にも言及したように，日本においては，朱子学を社会に普及・定着せしめようとする儒者たちの努力は著しい困難に直面し，朱子学の教義によって社会を改変するのではなく，むしろ社会の現実に合うように教義を修正する必要に迫られた。社会を改変する実力を彼らが持たなかったのは，彼らと国家権力との間の距離的隔絶の反映に他ならない。これに対して，朝鮮においては，李朝以降，思想界は朱子学派にほぼ独占されたまま推移した。しかも，国家権力を握っていた両班階層が朱子学を奉ずる文人であったから，そこでは儒教（朱

第4章　身体感覚としての孝　　205

子学）の教義によって社会を改変することが可能となったのである。日本社会には遂に受け入れられなかった・孝の倫理の絶対的根本性も，李朝においては社会通念として受け容れられた。朝鮮においては，孝が倫理的規範として純粋に結晶するに至ったのである。一見「合理主義的」な朱子学の・社会への普及と定着が決して単純に孝の倫理の・非合理性——その発酵源は孝の身体性に求められる——からの解放をもたらすとは言えず，むしろその逆の方向で機能するという本論の主張はここにも妥当性を見出す。

　金文京氏はまた，伝統中国においても元代以降，孝行譚が演劇の素材として用いられたことを指摘し，文藝・藝能への傾斜をみせる中国および日本と倫理への純化の傾向をもつ朝鮮とを対比している〔金 1994a:287〕。しかし，この図式については若干の補足を必要とするであろう。確かに，演劇に限らず，本論が取り上げた宝巻の如き説唱文学にも，また各地の民間歌謡にも，孝行譚が頻出するのであるから，文学のジャンルという外形からみるならば，金氏の図式が当てはまることは間違いない。しかし，内容的にみるならば，金氏の図式とは異なる様相が立ち現れてくる。すなわち，同じく文藝や藝能への傾斜とはいっても，その文藝や藝能の志向するヴェクトルの向きが正反対であることをも，私たちは見逃すべきではないのである。伝統中国における文藝や藝能は孝の意義を高唱する機能を荷っており，孝の実践の「弁証法的機制」を強めこそすれ，それを弱めることはなかった。他方，日本における文藝や藝能は必ずしも孝の意義を高唱する意図をもたなかった。とりわけ江戸時代以降には，伝統中国における孝の身体性の契機に対する批判的な意識が自覚され，それが結果として孝行譚の著しい変質と笑話への転化をもたらしたのである。ジャンルとしては共に語り物文藝に属するとはいえ，『香山宝巻』『回郎宝巻』と落語『二十四孝』との間には深淵が横たわっている。ジャンルや形式ではなくその内容に着目する限り，身体性と宗教性に裏打ちされ「弁証法的機制」を有する中国および朝鮮と，身体感覚や宗教性をもたず，「弁証法的機制」とも無関係な日本とを対比させる図式を描くことも充分に可能なのではないか。

近代的な人間類型の創造という課題からみるならば，日本の方が中国・朝鮮より有利であったことは否定できない。林羅山にせよ石門心学にせよ，彼らの孝行観は事実上，孝の倫理を個々人の内面（心）の領域に局限していく傾向を有していた。これは，日本において孝の絶対的根本性が社会通念として前提されなかったことの表われともいえる。しかも，孝の倫理が身体感覚として表象されないため，行為者の「心」が身体性の拘束を免れ，自由意志をもった主体として現われて来た。もちろん，前近代の社会において外面（規範）と内面（道徳）とを制度的に二元化することは不可能ではあったけれども，日本社会は近代社会の大原則であるこの二元論を受け容れるのに，さほど大きな抵抗感をもたずに済んだのである。日本の植民地統治下に入ってしまった朝鮮の場合は暫く措くとしても，中国の状況は日本の場合とは違っていた。孝はどこまでいっても，身体化された「絶対的に根本的な」社会的準則であった。人は社会にある以上，その準則に従って行動せざるを得ない。それに反することは，社会生活を営む正常な人間として受け容れられないことを意味した。それゆえにこそ，伝統中国において不孝は，清末に至るまで，刑法上の犯罪であり続けたのである。このことが，近代化を自覚的な課題として意識した中華民国初期の知識人たちにとって，いかに大きな呪縛となってのしかかっていたかは想像を絶するものがある。彼らは，自らに身体化された孝の呪縛からいかにして脱却すればよいのであろうか。規範があくまで道徳の延長として観念されるところでは〔桑原 1928:30〕，個人の内面を自律的に支配する道徳の・社会関係からの自立に繋がる契機を発見することは難しい。孝の実践は行為者の自由意志とは結合せず，いわば盲目的な身体感覚からの脱化を阻止されるのである。道徳が無媒介的・直線的に社会通念に拡張される伝統中国において，道徳は人を裁く手段であってはならない，というカント的な道徳観念ほど理解し難いものはなかったに違いない。道徳を自己の内面に局限することこそ，社会からの個人の自立であり，個人からの社会の自立でもあったのだが，そのような意識を個人が獲得するには苦難の道が待ち受けていた。

第4章　身体感覚としての孝　　207

　「そもそも孝とは天の経、地の義〔永遠に不変の，在りて在るもの〕である（夫孝，天之経也，地之義也）」。(『孝経』三才章)

　私たちは，中国近代の精神革命の闘士であった胡適が，亡母の葬儀に当っていかなる精神的苦闘を演じなければならなかったかを知っている〔前川1992:2-6〕。「天経地義」の呪縛からの解放[39]！　この余りにも重い課題は今や，新しい中国を荷う若者たち（Young China）の双肩にかかってきたのである。

【注】
1) 岩波文庫本（横山重・小野晋校訂）は，鯉魚に関する故事を姜詩のものと解している（27頁，182頁注二）。しかし，それ以外の諸家が一致して説くように，ここは王祥の故事と解するのが妥当である。
2) エートスをもともと共有していない時，およびそれを共有できなくなった時に，ひとはそこに「異常」と「倒錯」を看取する。魯迅「二十四孝図」(『朝花夕拾』所収。1926年発表）は，そのような意識の覚醒を示す例である。しかし，孝の実践に対する魯迅や胡適の反抗の歴史的意義を理解するうえでも，彼らが登場する以前には二十四孝などが決して「異常」や「倒錯」とはみなされていなかった事実を直視せねばならない。下見隆雄氏は，「……「二十四孝」説話それぞれの内容は，極端でも奇怪でもなく，孝そのものがきわめて象徴的で示唆に富んだ題材として示されていることを認識しておかねばならない。奇異であるとすれば……儒教倫理としての孝そのものが本来的に奇異なのである」と述べているが〔下見1997:43-44〕，妥当な見解というべきであろう。
3) 孝の身体性に注目したものとしては，既に池澤優氏の研究がある（例えば〔池澤2002:153-154〕など）。本論はこれから多くの示唆を受けたが，池澤氏が主に対象にしている時代と本論が対象とする時代が異なることもあって，方法や見解を異にする場合も当然少なくない。
4) この問題については夙に桑原隲蔵や津田左右吉にも言及があるが，本論にとって特に興味深いのは，後漢末から六朝時代にかけて繰り広げられた「仁孝前後論争」である。この論争を詳細に検討した渡辺信一郎氏によれば，「仁―郷里社会を第一義とするか，あるいは孝―宗族を第一義とするか」という分岐にこそ，この論争の本質が見出されるという〔渡辺信一郎1994:268〕。この見解に従うならば，朱子学はまさに郷里社会と宗

族との関係の調停に成功したのだとみることができる。

5) これら「曾子学派」の文献については,〔池澤 2002:249-290〕に詳しい。なお本論では,『礼記』祭義篇・『大戴礼記』曾子大孝篇・『呂氏春秋』孝行覧に同一もしくは類似の文章がある場合,便宜上,『礼記』祭義篇から引用することにする。

6) 池澤優氏は次のようにいう。「子は自己の全存在を親に負っているが故に,彼には恣にすることができる私有というものは存在せず,自己の肉体と人格に破壊的に働くような放縦は全て否定される。この意味での親は内面化されている(彼の肉体自体が親の象徴となる)から,その権威からは決して逃れることができない。死において「孝」の責務を完了したときにのみ,それから解放されるのである。曾子の最後の言葉……は「孝の道」を全うした子の満足と自信,そして安心をよく表現している」〔池澤 2002:154〕。孝の身体性についての的確な指摘といえる。ただ,曾参の最期の言葉については,「満足と自信」よりは「安心」に重点が置かれているように思われる。

7) 滋賀秀三氏は,この資料を引照する先行研究として,A. F. P. Hulswé, *Remnants of Han Law. I.*, Brill, Leiden. 1955, p. 128, no 94 を指示しているが〔滋賀 1976:36 注(69)〕,私は Hulswé 氏の著作を未見。なお,滋賀氏が引用するテキストと本論が依拠した文淵閣本四庫全書のテキストには若干の文字の異同がある。また,訓読は必ずしも滋賀氏に従っていない。

8) もっとも,このような刑罰を設けざるを得なかったこと自体,自宮志願者がいかに多かったかを示している〔三田村 1963:39-47〕。孝が至高の価値とされる儒教的社会においてなにゆえ自宮者が跡を絶たなかったのかは,別個に検討を要する重要な問題である。おそらくこの一見矛盾する事態は,皇帝権力がしばしば,読書人階層ではなく宦官勢力に依拠しようと図る傾向をもった,その体制秩序の本質的な性格を無視しては理解できないであろう。いま,この点についての立ち入った考察を行なうことは避け,Max Weber と三田村泰助氏の優れた記述の参照を求めるにとどめよう〔Weber 1920 (1971):426-431 (226-230),三田村 1963:169-208〕。Max Weber は宦官勢力のことを「読書人階層の政敵 politische Gegner des Literatentums」と表現している。

9) 陳建『皇明通紀』(国立公文書館内閣文庫所蔵)にはこの件についての記述は見当たらないが,万暦 33 (1605) 年卜世昌・屠衡合撰『皇明通紀述賛』(中国史学叢書三編)巻三および万暦 48 (1620) 年沈国元校『皇明通紀従信録』(続修四庫全書第 355 冊)巻九はこの事案を取り上げ,洪武 27 (1394) 年 9 月のことと明記する。この件は『明太宗実録』巻二三四に記され,『明史』巻一三七および巻二九六にも取り上げられている。また,この事件の結果,公布された禁令は,上記の諸書の他,『礼部志稿』(文淵閣本四庫全書第 597 冊)巻二四にも挙げられている。江伯児の事案には,「5. 身体感覚なき孝の世界」で言及するように林羅山も注目しており,これがショッキングな事件として広く知られていたことを窺わせる。〔桑原 1923:54-55,下見 1997:56〕をも参照。

10)『明史』が江伯児の事例を「孝義伝」(巻二九六)の中に置くのも,もちろん同様の評価に基く。『劉氏鴻書』は,江伯児の事例の後に朱吾旌なる者の事例を掲げるのだが,

これもまた濃厚な呪術性を帯びた事例であることに注意すべきである。周囲は彼を顕彰
しようとしたにもかかわらず、彼がそれを断ったことが特筆大書され、しかも却ってそ
のことによって彼が顕彰されている点も興味深い。朱吾旌については未詳であるが、こ
の事例は万暦戊戌（1598）年のことであるという。

11）橋本草子氏が『孝行録』と『全相二十四孝詩選』とについて、「たまたま現在まで
伝存した両書にばかりとらわれるなら、当時の孝子説話伝播の実態を見誤る恐れがあ
る」とし、二十四孝で採用される故事にも流動性がみられる点に注意を喚起しているの
は至当である〔橋本 1996:10 - 12〕。もっとも、二十四孝を検討する場合に、①狭義の
二十四孝の３系統が中心的な位置を占めることも間違いないところである。本論が②類
以下の資料と並べて①類を設けたのも、これを置くことによって、それとの異同から各
資料の特徴を記述し易くなるからである。

12）このようなジャンルの書籍が出現したこと自体、非エリート階層が社会に占める地位
の向上を表わしているように思われる。このことは次節との関連で特に注意を要する。
このジャンルの書籍の資料的重要性については、夙に仁井田陞氏が注目して資料の精力
的な収集を行ない、その後酒井忠夫氏がその影響下に研究を推進した。このような研究
史の概略は『中国日用類書集成』巻首の酒井忠夫「序言――日用類書と仁井田陞博士」
（1999 年、汲古書院）から知ることができる。今日では宋代以降の社会状況を知る上で
日用類書の重要性は広く認識されるに至っている。日用類書のテキストについての最も
詳細な紹介は〔酒井 1956〕である。

13）早稲田大学中央図書館所蔵風陵文庫本の『二十四孝報娘恩』も、京都大学人文科学研
究所所蔵本と同一のテキストであるが、前半に欠損がある。

14）「孝歌」の概念とその内容については〔前川 2002〕において詳しい検討を加えたこ
とがある。併せて参照を求めたい。

15）各資料に掲載されている孝子の全てについて調査することは不可能である。それゆえ
〔表Ⅰ〕では、①類の資料のいずれかに登場する孝子 34 人について表示することとし、
①類に出てこない孝子のうち、比較的出現頻度の高い若干名の孝子を補足２に挙げるこ
ととした。

16）国立公文書館内閣文庫が豊富な日用類書のテキストを所蔵していることについては、
〔酒井 1956〕によって知られる。また、長沢規矩也氏旧蔵本である関西大学図書館所蔵
『魁』『頭』と祐徳稲荷神社所蔵（国文学研究資料館に写真版）『芳』の所在については〔橋
本 2006〕によって知った。この他、橋本氏の同論文には多くの日記故事のテキストが
紹介されているが、それらの多くを未見のままに本論を草さねばならなかったことは筆
者の特に遺憾とするところである。

17）〔表Ⅰ〕の※ 15、※ 21 に言及した問題も、二十四孝の性格を考える場合、重要であ
ることは確かであるが、本論ではここには立ち入らないことにする。本論は孝行譚とし
ては異例に属するそれらの事例ではなく、むしろ二十四孝の大部分に共通する傾向性の
分析に関心を集中したいのである。

18) ただし，『孝』の「権溥追加三十八事」に江革と仲由がいずれも採られていることは
注意を要する。権溥による故事の追加の基準に，この2人の故事が孝行録系に加えられ
る明代の日用類書の傾向が反映している可能性があるからである。

19) 斯道文庫所蔵『二十四孝詩』について初めて紹介したのは〔橋本 1996:11-13〕であ
る。『二十四孝詩』のうち「二十四孝伝」以外の箇所にも，この3系統いずれにも属さ
ない孝子の故事が含まれることは橋本氏の指摘するとおりである。なお，このうち盛彦
の故事は『鍥』の「孝感類」・『玉』『八』『賢』『標』の「孝感類」・『倉』の「親愛類」・
『魁』『芳』の「孝行類」および林同『孝詩』に，范純仁の故事は『校』の「終養類」・『鍥』
の「孝念類」・『堂』『八』『賢』『標』の「孝念類」・『倉』の「親愛類」・『魁』『芳』の「孝
行類」および『孝詩』に，解以謙（解叔謙とも書く）の故事は『校』の「終養類」・『腋』
『麗』『玉』『八』『賢』『標』の「孝感類」・『倉』の「親愛類」・『七』『捷』『魁』『芳』の「孝
行類」に，陳叔達の故事は『校』の「愛親類」・『稽』『堂』『八』『賢』『輝』『倉』の「親
愛類」・『魁』『頭』『芳』の「孝行類」および『孝詩』に，淳于公の故事は『校』の「愛
親類」・『八』『賢』『標』の「孝感類」・『芳』の「孝行類」に，狄仁傑の故事は『校』の「終
養類」・『鍥』の「孝念類」・『通』『玉』『八』『路』『漱』『雅』『賢』『輝』『屑』『倉』の「親
愛類」・『魁』『芳』の「孝行類」および『孝詩』に，梁彦光の故事は『校』の「終養類」・
『鍥』の「孝感類」・『麗』『八』『賢』『標』の「孝感類」・『倉』の「親愛類」・『捷』『魁』
『芳』の「孝行類」に，更に楽正子春の故事は『校』の「愛親類」・『鍥』の「孝行類」・『読』
『玉』『八』『採』『賢』『輝』『標』の「孝行類」・『倉』の「親愛類」・『魁』『頭』『芳』の
「孝行類」および『孝詩』に，それぞれ見えている。特に，『八』『賢』『芳』が，この全
ての人物を含んでいることは注目される。

20) 例えば，孝の倫理の研究に宗教学的な視点を導入した池澤優氏も，孝を「「父として
の地位」──集団構成の原則（principle）であり，集団の秩序の核となるもの──への従順の倫理」と規定し，「孝の倫理がなければ父系出自集団の形成自体が不可能であ
る」として，孝の倫理における父の特権的な地位を重視する立場を維持している〔池澤
2002:93〕。

21) このことは多くの論者によって指摘されているが，ここでは〔中生 1991:196〕の参
照を求めておこう。このような観念の成立がいつ頃まで遡れるかははっきりしないが，
南宋には成立していたと推定される『葬経』の中には既に明確にそれを見出すことがで
きる〔渡辺欣雄 2002:85-86〕。『葬経』はいうまでもなく墓地風水に理論的な根拠を提
供する古典であるから，この民俗知識と墓地風水との密接な連関が想定される。また，
Stuart Thompson 氏によって紹介された台湾の死者儀礼に関して Emily Martin 氏が，
「それらの儀礼は，幻想ではなく現実の子孫の存続に必要とされるものは何か，すなわ
ちそれは男と女，精液と血液であることを表現しているのである」と述べていることも
興味深い〔Martin1988（1994）:178（207）〕。

22) 池澤優氏は，主として漢代の儒教を対象とした研究の中で，「親子間の連続性を永遠
に達成することが「孝」の責務であるなら，死という断絶が存在すること自体が既に非

「孝」の現れなのであって，「孝」規範からの逸脱なのである」との注目すべき指摘を行なっている〔池澤 2005:90〕。池澤氏の指摘は，本論の論旨と必ずしも矛盾するものではあるまい。本論も親の死という事態が親子関係にとって最大の危機——しかも不可避的な危機——であることを否定しない。しかし，制度化される前段階に身体感覚としての孝を設定する本論としては，かかる危機の存在が孝の制度化を却って促進する決定的な契機となる逆説を主張したいのである。

23)『銷釈金剛科儀』と『香山宝巻』の成立時期，その思想，顔丙との関連については〔前川 2003a〕で論じた。

24)『孝詩』の著者・林同の生没年は不詳であるが，その序文を劉克荘（1187-1269 年）が書いているから，『孝詩』は遅くとも 13 世紀半ばには著述されていたことが確実である。

25) 顔丙「勧孝文」が釈迦に続けて玄沙師備にも言及し，「玄沙出家,而父来謝徳」として，やはり「出家大孝論」を称揚していることをも参照すべきである。

26) この二つの宝巻は巻首題を異にし，文章も一致しないから，別個の宝巻とみなすべきであろうが，取り扱っている故事の内容は同じである。澤田瑞穂氏はこの二つの宝巻を併せて「太子宝巻」の名で立項し，その内容を紹介している〔澤田 1975:122-123〕。その成立年代は不明であるが，『香山宝巻』の影響下に，明代中期以降に制作されたのではなかろうか。羅祖の思想を反映する〈五部六冊〉の宝巻のうち，最も成立が遅れるであろう『巍巍不動太山深根結果宝巻』（開心法要本。明清民間宗教経巻文献第 2 冊）には，多くの宝巻の名を列挙してそれに対する評価を述べたてる箇所があるが（「受持鬼神耳報知人好来知人歹来品第二十四」），その中に「太子巻」の名は見当たらない。これはもとより決定的な論拠とはならないものの，『科儀巻』『香山巻』『目連巻』などがそこに含まれていることを考えると，「太子宝巻」はその成立が『銷釈金剛科儀』や『香山宝巻』より遅れること，〈五部六冊〉の制作の段階ではまだ成立していなかった可能性が高いことは推測してよいであろう。なお，本論では以下，『雪山宝巻』で「太子宝巻」を代表せしめることとする。

27) 澤田瑞穂氏旧蔵の風陵文庫には，『回郎宝巻』の 5 つのテキストが収められている。このうちの 1 本は上述の『列』と合冊され，巻首題を『曹文正殺子救親回郎宝巻全本』という。その巻頭の葉には「殺子救親」と題して，曹文正が今まさに息子・回郎の殺害を実行しようとしている傍らで文正の妻が悲歎の涙にくれ，何も知らぬ文正の母が別室に坐っている場面を描いた挿画がある。本論では，同じ風陵文庫本のうち，『七七宝巻』『花名宝巻』などと合刻された光緒 12（1886）年のテキストを用いることにする。国会図書館所蔵本はこの光緒 12 年本に他ならない。また，『中国宗教歴史文献集成 民間宝巻』第 16 冊所収の光緒 19（1893）年本はこの光緒 12 年刊本を重刊したものである。

28) もっとも，宝巻の目連故事には，罪を犯し易い性（セックス）としての女性の性質を強調する別の文脈があり，この側面も『目連三世宝巻』に表われている。女性に対しては「節を守り」「淫慾の情」を制御することがとりわけ強く求められる。さもなくば，女性は死後に地獄に

堕ちて，身体を二つに鋸かれることになるのである。「守節不終重改嫁／将他一鋸両開分／要知能免鋸鰤苦／莫説姦邪淫慾情」。魯迅の小説『祝福』の主人公・祥林嫂を絶望の淵に追い詰めたのは，まさしくこの観念であった。目連故事についての全面的な理解のためには，この側面にも注目しなければならないが，本論ではここには立ち入らない。〔前川 2003b〕において若干の検討を加えておいたので，参照されたい。

29) この時期は，「看話」禅を標榜して士大夫階層の絶大の支持を集めた禅宗教団が，まさにそのことによって教義上の行き詰まりに逢着し，思想的な完結性（ゲシュロッセンハイト）を喪失する時期とも符合している。禅宗教団のかかる変容，如如居士顔丙のような禅者の出現と宝巻の生成との内的連関については〔前川 2003a〕に論じた。『血盆経』の出現が 12 世紀末であり，やはり顔丙がこの経典に関心を寄せていたことも想起されるべきである。

30) 同様の表現は，遡って朱熹の文章にも見出される。彼は「不孝之人」について，「天所不容，地所不載，幽為鬼神所責，明為官法所誅，不可不深戒也」と言っているが（「示俗」『朱文公文集』巻九九），これは本論の引用した真徳秀の文章と同じ趣旨を否定的な方向から述べたものとみることができる。ただし，質的にも量的にも，真徳秀に至って勧農文・勧孝文が著しく増加しているところにこそ，行政への朱子学派の関与の度合の大きな変化の様相を窺うべきである。

31) 「土着化 indigenization」の概念については〔前川 1998:134-149〕で論じたが，その後，〔前川 2005:123-127〕においてかなりの修正を加えた。

32) 特に二十四孝に関する資料は〔徳田 1963〕に詳細に調査されており，本論もその恩恵を受けている。ただし，本論は資料についての網羅的な検討を意図していないことを予めお断りしておきたい。

33) この「解説」の執筆者は明記されていないが，同書冒頭の「凡例」の記述からして，小野晋氏の執筆と考えられる。

34) いくつか例を挙げれば，柳家小さんの演例が『名作落語集 酒呑居候篇・花柳廓噺篇』(成光館書店刊)・『名作落語全集』第 2 期第 3 巻（普通社刊）に，林家正蔵の演例が『古典落語 正蔵・三木助集』(筑摩書房刊)に，三升家小勝の演例が『落語全集 中』（大日本雄弁会講談社刊）に，柳家小せんの演例が『新選小せん落語全集』(盛陽堂刊)に，更に三遊亭圓生の演例が『圓生全集』第 5 巻（青蛙房刊）に，それぞれ収録されている。落語『二十四孝』の起源がいつ頃かは分からないが，徳田進氏は西沢狂言「魁の事」を引用して，嘉永年間には「盛んに行なわれたものと推定される」と言っている〔徳田1963:598〕。おそらく江戸時代末期には，現行の落語『二十四孝』の原形が出来上がっていたとみてよいであろう。

35) 『立川談志独り会』のテキストでは「不幸なり」とするが，ここはもちろん柳家小さんや林家正蔵の演例のように「不孝なり」でなければならない。

36) 石門心学の折衷的な性格は，伝統中国における孝の実践形態に対して明確に否定的な立場をとることを不可能にしている。舜の暗愚な父・瞽瞍が殺人を犯した場合，天子たる舜は天下を棄て，父を背負って逃げるべきであるという・孟子と桃応との対話（『孟子』

尽心章句上）について，石田梅岩は，「一家ヲ治メ父を養フ」立場の者には舜の採った行為が，他方，「臣下タル者」には公正無私な判断を貫く皐陶の採った行為が，それぞれ則るべき規範となるとして，対立する見解の調停を図っている（『石田先生語録』一。石田梅岩全集上巻）。梅岩は舜の行為を決して否定しようとはしていないが，それが規範として妥当する範囲をごく少数の者に限定することによって，孝の倫理の絶対的根本性については，事実上否定しているというべきである。『孟子』のこの箇所に関する朱熹の註（『孟子集註』）が孝の絶対無制限を説いていることを梅岩の見解と対比するならば，両者の相違は明らかであろう。

37) 親の心を痛めさせないことこそ孝の根本であるとの思想が石田梅岩の重要な主張であったことは，既に先学によって紹介されている〔逆井 1979:58，古田 1979:183〕。しかし，伝統中国における孝の実践形態との対比がそこでは意識されていないため，折角の分析の視点が充分に生かされていないのは残念である。

38)『官刻孝義録』については，〔菅野 1999〕を始めとして，江戸時代後期の下層社会の生活を復元する研究においてしばしば言及されるが，ここでこの方面に検討を及ぼす余裕はない。塚本学氏によれば，この他，『大阪市史』第三巻・第四巻所収「町触集」もまた，18世紀末以降における孝子褒賞の実例を知り得る貴重な資料である〔塚田 2005〕。

39)「胡適がアメリカでプラグマティズムに共鳴した時，その共鳴板として彼の脳中に真先に鳴り響いたものは，いわば何にもまして中国の文明社会を緊縛する「天経地義」という言葉ではなかったか……」〔野村 1986:194-195〕。また，〔前川 1998:149〕をも参照。

【参考文献】

Freedman, Maurice 1966 (1981) *Chinese Lineage and Society; Fukien and Kwangtung.* The Athlone Press of the University of London.（田村克己・瀬川昌久訳『中国の宗族と社会』弘文堂）

古田紹欽 1979「『都鄙問答』をめぐって――その孝行論」『石田梅岩の思想』ぺりかん社

橋本草子 1995「「全相二十四孝詩選」と郭居敬――二十四孝図研究ノートその一」『人文論叢（京都女子大学）』43

―――― 1996「『孝行録』と『全相二十四孝詩選』所収説話の比較――二十四孝図研究ノートその二」『人文論叢（京都女子大学）』44

―――― 2006「「日記故事」の現存刊本及びその出版の背景について」『中国――社会と文化』21

池澤優 2002『「孝」思想の宗教学的研究――古代中国における祖先崇拝の思想的発展』東京大学出版会

―――― 2005「「孝」の文化的意義――漢代における生者―死者関係を中心に」『両漢の儒教と政治権力』汲古書院

金文京 1989「『孝行録』の「明達売子」について――「二十四孝」の問題点」『汲古』

15

―――　1994a「『孝行録』と「二十四孝」再論」『藝文研究』65

―――　1994b「敦煌本「舜子至孝変文」と広西壮族師公戯「舜児」」『慶應義塾大学言語
文化研究所紀要』26

―――　2003「書評：黒田彰著『孝子伝の研究』」『和漢比較文学』30

Kitagawa, Joseph M.　1960（1963）　*Religions of the East.* Philadelphia,
Westminster Press.（井門富士夫訳『東洋の宗教――近代化をめぐる苦しみ』未来社）

黒田彰　2001a「孝子伝と性的倒錯――物語成立の地平へ」『孝子伝の研究』思文閣出版

―――　2001b「二十四孝の研究」『孝子伝の研究』思文閣出版

―――　2001c「三矢の訓と荊樹連陰――二十四孝の受容」『孝子伝の研究』思文閣出版〔原
載：『愛知県立大学国際文化研究科論集』1，2000 年〕

桑原隲蔵　1923「支那人間に於ける食人肉の風習」『東洋学報』14-1〔再録：『桑原隲蔵
全集第二巻』岩波書店 1968 年〕

―――　1928「支那の孝道殊に法律上より観たる支那の孝道」狩野博士還暦記念『支
那学論集』弘文堂〔再録：『桑原隲蔵全集第三巻』岩波書店 1968 年〕

Liu, James T. C.（劉子健）　1973　How did a Neo-Confucian School Become the
State Orthodoxy? *Philosophy East and West* 23-4

前川亨　1992「「孤独者」とその死（上）――礼俗をめぐる胡適の闘争」『中国図書』
1992 年 4 月号

―――　1994a「真徳秀の政治思想――史弥遠政権期における朱子学の一動向」『駒澤大
学禅研究所年報』5

―――　1994b「矛盾の神学――日本近世思想史における神話的思惟の問題」『専修人文
論集』54

―――　1998「中国宗教の原質としての「宇宙神教」――中国宗教の全体構造に関する
モデル」『東洋文化研究所紀要（東京大学）』138

―――　2002「彼らの死を生き，彼らの生を死ぬ――中国現代葬送歌考」『駒澤大学外国
語部論集』57

―――　2003a「禅宗史の終焉と宝巻の生成――『銷釈金剛科儀』と『香山宝巻』を中心
に」『東洋文化（東京大学東洋文化研究所）』83

―――　2003b「中国における『血盆経』類の諸相――中国・日本における『血盆経』信
仰に関する比較研究のために」『東洋文化研究所紀要（東京大学）』142

―――　2005「文化接触の諸類型――「東アジア世界」を想定した理論的枠組として」『社
会科学年報（専修大学社会科学研究所）』39

Martin, Emily　1988（1994）　Gender and Ideological Differences in Representations
of Life and Death. *Death Ritual in Late Imperial and Modern China.* J. L. Watson
and E. S. Rawski eds., University of California Press.（西脇常記・神田一世・長尾佳
代子訳「性別とそれぞれの死生観」『中国の死の儀礼』平凡社）

松本浩一　1983「葬礼・祭礼にみる宋代宗教史の一傾向」『宋代の社会と文化』汲古書院

道端良秀　1957『唐代仏教史の研究』法蔵館

──────　1968『仏教と儒教倫理──中国仏教における孝の問題』平楽寺書店

三田村泰助　1963『宦官──側近政治の構造』中公新書，中央公論社

宮沢知之　1983「南宋勧農論──農民支配のイデオロギー」『中国史像の再構成──国家と農民』文理閣

明神洋　1996「中国社会における仏教の捨身と平安」『日本仏教学会年報』61

中生勝美　1991「死のコスモロジー──僵屍考」『現代思想』19-11

野村浩一　1986「中国・一九一〇年代の思想世界 (三) ──『新青年』を中心に」『立教法学』25〔再録：『近代中国の思想世界──『新青年』の群像』岩波書店 1990 年〕

大澤顕浩　2001「姜詩──出妻の物語とその変容」『東洋史研究』60-1

酒井忠夫　1956「明代の日用類書と庶民教育」『近世中国教育史研究』国土社

坂出祥伸　1999「解説──明代日用類書について」『中国日用類書集成』1『五車抜錦 (一)』汲古書院

逆井孝仁　1979「「通俗道徳」の思想構造──「心」の哲学成立の思想史的意義」『石田梅岩の思想』ぺりかん社〔原載：『立教経済学研究』32-3，1976 年〕

澤田瑞穂　1975「宝巻提要」『増補宝巻の研究』国書刊行会

滋賀秀三　1967『中国家族法の原理』創文社

──────　1976「中国上代の刑罰についての一考察──誓と盟を手がかりとして」石井良助先生還暦祝賀『法制史論集』創文社〔再録：『中国法制史論集──法典と刑罰』創文社 2003 年〕

下見隆雄　1996「老莱子孝行説話における孝の真意」『東方学』92

──────　1997『孝と母性のメカニズム──中国女性史の視座』研文出版

──────　1999「曹娥の伝記説話について」『中国研究集刊』25

──────　2002『母性依存の思想──「二十四孝」から考える母子一体観念と孝』研文出版

菅野則子　1999『江戸時代の孝行者──「孝義録」の世界』吉川弘文館

髙橋文治　1995「原穀・元覚考」『追手門学院大学東洋文化学科年報』10

田仲一成　1985『中国の宗族と演劇──華南宗族社会における祭祀組織・儀礼および演劇の相関関係』東京大学出版会

徳田進　1963『孝子説話集の研究 近世篇──二十四孝を中心に』井上書房

塚田孝　2005「近世後期大坂における都市下層民衆の生活世界」『東アジア近世都市における社会的結合──諸身分・諸階層の存在形態』清文堂

渡辺信一郎　1994「仁孝──六朝隋唐期の社会救済論と国家」『中国古代国家の思想構造──専制国家とイデオロギー』校倉書房〔原載：『史林』61-2，1978 年〕

渡辺欣雄　2002「『葬経』の親族理論──『葬経』で知る中国と沖縄」国立歴史民俗博物館比嘉政夫教授退官記念論集『琉球・アジアの民俗と歴史』榕樹書林

Watson, James 1982 Of Flesh and Bones; The Management of Death Pollution in Cantonese Society. *Death and Regeneration of Life*. M. Bloch, J. Parry eds., Cambridge University Press.

Weber, Max 1920 (1971) Konfuzianismus und Taoismus. *Gesammelte Aufsätze zur Religionssoziologie I* (木全徳雄訳『儒教と道教』創文社)

吉川忠夫 1984「六朝時代における『孝経』の受容」『六朝精神史研究』同朋舎〔原載:『古代文化』19-4, 27-7, 1967-1975年〕

于君方 (Yu Junfang) 1994「宝巻文学中的観音与民間信仰」『民間信仰与中国文化国際研討会論文集上巻』漢学研究中心

　本論を草するにあたり，多くの図書館・機関から資料の閲覧・利用について便宜を受けた。ここに明記して感謝の意を表したい。

第5章

「理性の国」と文化大革命
──梁漱溟における儒教の変容──

土屋 昌明

1. はじめに

　中国の知識人は，19世紀末から20世紀にかけての西洋近代文化との接触において，圧倒的な西洋文化に対する中国文化の独自性を考えようとした。はじめは文化相対主義的な観点で西洋と中国を対立させて論じていたが，第一次世界大戦を境として「西洋の没落」（シュペングラー）が看取されると，進歩の観念に則って，西洋文化の次の段階の文化を期待する文化論が構想された。このとき，東洋文化が西洋文化より優越しているという自文化中心主義的な観点が歓迎されるのは当然であろう。すなわち，中国の伝統文化を処方として世界に提供し，西洋文化の限界をのりこえようというのである[1]。

　このとき，中国の伝統文化として儒教に文化的な優秀性を見ようとしたのが梁漱溟である。彼は1893年に生まれ，1911年10月10日の武昌起義の後，中国同盟会京津支部の立ちあげに参加〔Alitto 1979:43-45〕，天津『国民報』の記者を務めることから政治活動を開始した。1917年末には若年で書いた『唯識述義』が認められ，蔡元培に招かれて北京大学で印度哲学を講じた。しかしその後，人生上の悩みから儒教に転向，1921年に『東西文化及其哲学』を著した。これにより，中国の文化問題についての梁漱溟の思考の基礎が築かれ，のちに新儒家の代表的人物の一人に任じられた[2]。『東西

文化及其哲学』の文化論の特徴は，近代において西洋文化はいきづまって
おり，人類の精神の進化の必然として，今後は中国文化すなわち儒教が社会
の主導となる，と論じたことである[3]。その後，彼は北京大学を去って，み
ずからの文化論の実践として郷村建設運動に邁進，1932 年に『中国民族自
救運動之最終覚悟』，1937 年に『郷村建設理論』として，その経験を理論
化する。それらの集大成は，国共内戦終了の間近，1949 年の『中国文化要
義』にまとまった。これらの著作，そしてライフワークとして 1983 年発表
の『人心与人生』で展開される諸思考の源泉は，『東西文化及其哲学』であ
る〔湯一介 1989，王宗昱 1992〕。

　さて，20 世紀前半の国民党と共産党の対立の結果，共産党による全国政
権の樹立がすすむと，中国大陸を舞台としていた新儒家あるいは儒教の近代
化につとめた人々は，大陸に残留するか，大陸の外に出るか，それぞれの運
命をたどった。少なからぬ人々が香港のほか，台湾に入り，またアメリカや
日本に移住した。これらのエリアではそれぞれに在来の儒教あるいは儒教的
志向の勢力があり，戦後そのすべては社会の西洋的近代化の動向に棹差すこ
とかなわず，戦後のアメリカナイズの下で，文化・精神面や倫理面での儒教
の意義付けに腐心することになる。同時に，大陸に残留した新儒家の人々に
対する彼らの複雑な感情はぬぐいがたいものがあった。新儒家の鼻祖たる梁
漱溟は大陸に残留したため，その動向は各地の大陸出身者や日本人などの大
陸経験者の注目するところとなっていた[4]。しかし，戦後の中国は次第にい
わゆる「竹のカーテン」がしかれ，梁漱溟ら新儒家の動向は詳しく知られな
くなる。

　新中国における梁漱溟の存在は，当初，マルクス主義を受け入れた学者の
例として中国国内で宣伝されたが，次の二つの事件の伝説が 80 年代初頭に
海外に出ることによって，毛沢東に対抗する烈士，戦前以来の儒教の孤塁を
守りつづけた隠士のようにイメージされた[5]。一つは，1953 年に全国代表
大会の席上，共産党の政策が工業中心で農村を軽視しているという意見を梁
漱溟が出したのをきっかけに，毛沢東との間で前代未聞の激しい口論を引き

起こし，毛沢東に向かって「雅量」を見せろと言い放った事件 6)。もう一つ
は，1973 年の批林批孔運動において，公然と孔子擁護を主張し，批判を受
けるや，「三軍は帥を奪うべきなるも，匹夫は志を奪うべからず」と『論語』
の言葉で応じた事件 7)。梁漱溟には，こうした共産党に対する剛毅なトピッ
クが海外で喧伝されていたのである。

　ところで，今では「竹のカーテン」の向こうで何が起こっていたか，梁漱
溟ら儒教支持者の運命がいかに過酷なものであったかは，歴史の問題として
検討することが可能となっていることは言うまでもない。本稿で扱うのはそ
の問題に関わる一つの著作である。

　本論タイトルにいう「理性の国」とは，梁漱溟が 1968 年から 1970 年に
かけて書いた『中国──理性之国』の副題であり，梁漱溟が中国文化の特
殊性を一言で言い表した表現である。『中国──理性之国』（以下，『理性之
国』）のなかで梁漱溟は，社会主義社会の下で儒教にはどのような意義があ
るかを論じている。単純に言えば，儒教の優秀点を理性の尊重に見い出し，
社会主義社会における儒教の可能性を論証しようとしているのである。ある
いは「中国的な社会主義」を創出する試みとも言える。これは 20 世紀にお
ける社会主義下で，社会主義と儒教の調和を理論的に考察した初めての試み
である。そのような点で，80 年代以降の中国でおこなわれた，社会主義社
会と儒教の関連を考察する研究の先駆けである 8)。

　儒教について論じるという点では，梁漱溟の他の書物と同様，『理性之
国』も青年時代の『東西文化及其哲学』の延長線上にある。しかし，『理性
之国』はその後の思想史的な影響を考える材料に乏しい。というのは，梁
漱溟本人が本書を「内部の審査」にゆだねて公開することを禁じ〔梁漱溟
1970:201〕，発表されないまま 20 年以上のあいだ篋底に眠っていたからで
ある。とくに文化大革命時期は儒教・孔子に対する批判が中国全土を席捲し
ていた 9)。それゆえ当時，本書を出版する便宜そのものがあり得なかったと
思われる。1991 年，『梁漱溟全集』が編纂されるに及んで，はじめて『理
性之国』は日の目を見ることになった。

ところが、『理性之国』が発表されても、文化大革命（以下、文革）に対する忌避感から、本書をとりあげて論じる大陸の研究者はいなかった。なぜならそこでは、1976年以降、中国で否定された文革のトピックや主張をほとんど肯定する形で扱っていたからである。梁漱溟の高弟である李淵庭の妻で、梁漱溟の年譜を完成させた闍秉華は、文革が全国に動乱と破壊をもたらし、梁漱溟自身を含めて多くの知識人が迫害を被ったにもかかわらず、『理性之国』で毛沢東および「農業は大寨に学べ」といった社会状況に賛同し称揚しているのは理解しがたい、とはっきり疑問を呈しているし、終生の弟子たる李淵庭ですら、本書を読んで「無意味だ、先生は書くべきでなかった」と嘆息したという〔李淵庭 2003:295〕。

海外においては、梁漱溟の新儒家としてのイメージと『理性之国』の主張があまりに相違するために、本書を全くとりあげていない。さらに言えば、本書の主張する社会主義と儒教の融合は、理論的にとりあげる価値がないと見なされているように思われる。儒教と社会主義は水と油のように絶対に相容れないものと観念されるからである。

社会主義理論が援用されていたために、梁漱溟のイメージと現実とのギャップが生じたのは最後の著書『人心与人生』でも同様である。これはゴシップに近い話だが、オーストラリアのある研究者は、文革下でも梁漱溟がみずからの儒教思想を変えなかった点を論じようと、北京で開催された「梁漱溟学術思想国際討論会」に参加する予定でいた。ところが、直前に梁漱溟の新作『人心与人生』を読み、そこにマルクス・レーニンからスターリン、『毛沢東語録』などが引用されているのを見て、自分の研究の結論が成り立たなくなり、予定していた国際討論会にも欠席してしまったという〔翟志成 1992:331〕。この話は、晩年の著作（この場合は『人心与人生』）が従来の梁漱溟イメージを幻滅させたことをよく表している[10]。また、毛沢東との一件では、自分の応接にも悪い点があったという反省を梁漱溟はインタビューの中で話したが〔汪東林 1988:128-147〕、これについて海外の学者の中には「信じられない」という感想を抱いた者がおり、甚だしきに至って

は，インタビュアーの捏造を疑う主張が発表された。この捏造を疑う文章は読者によって梁漱溟本人の手にもたらされ，95歳の梁漱溟は自分の反省がインタビュアーの誤りではないことを表明すると同時に，批林批孔における自分の行為をあげて，みずからの是々非々の態度を釈明したのであった〔翟志成 1992:332-336〕。

梁漱溟はこの釈明のあと，一月ほどで他界する。今から見れば，これは彼の遺言ともいえる態度であった。その態度にこめられたメッセージとは，文革下における梁漱溟の思想と行動は，文革という異常な状況と，その著書がリアルタイムで発表されなかったという事情ゆえに，種々のフィルターにかけて見られてきたのであるが，それを当時の歴史に置き直して真率に理解すべきだ，という意味ではなかろうか。

本稿は，梁漱溟のこの最期のメッセージをうけて，儒教研究および梁漱溟研究では従来ほとんど扱われてこなかった文革時期の著作『理性之国』を通して，梁漱溟の思想が晩年に至った儒教の様相を観察し，それを文革という状況におけるマルクス主義・毛沢東思想との接触による変容と見て，そのような変容の梁漱溟における必然性を考えてみようとするものである。

2.『理性之国』の概要

『理性之国』は全28章から成る。『梁漱溟全集』第4巻編者題記によれば，字数は約17万字，1991年2月に刊行された全集に収められたのが初めての発表だという。本書は邦訳がないため，これを議論するにあたって，まず本書の概要を示しておこう[11]。

現在（1967年当時）の中国が社会主義諸国のリーダーとして，また世界革命への牽引車として強い影響力を持っているのは，決して偶然ではなく，内的な要因がある。その内的要因を考察するには，中国の特色とは何か，という問題を考究しなければならない。そして，中国は世界革命と人類の新た

なる文化の創出において，いかなる貢献ができるのかという問題が続いて喚起される。この二点について考究しようとするのが『理性之国』の学術的な目標である。

まず中国の特色としては，最古の文明のなかでまだ生きている唯一の文明であること，つまり時間的な長さ。それから国土の大きさ，つまり空間的な広さである。ところで，マルクス主義理論によれば，人類の歴史の発展において共産社会の創出を担うべきは，資本主義的大工業発達下にあるプロレタリア階級であった。これに対して長い中国の歴史から見れば，中国における工業の発達はまだ非常に短い時間にすぎず，広い中国の国土から見れば，プロレタリアの存在は極めてわずかな都市に限られている。それなのに，なにゆえ社会主義の実現が中国において可能であったのか。この問題を考えることは，中国史が早く西周時期に封建制に入りながら，西洋の資本主義国の侵略を受けるまで資本主義工業国に発展しなかった原因と関連があるはずだ。

レーニンの『何をなすべきか』によると，労働者階級は組合主義を持つことはできても，科学的社会主義と世界革命という歴史的使命の意識は外から注ぎ込まれなければならない。共産社会創出の使命をすべて資本主義大工業発達下のプロレタリア階級がうけおうという説は，知識人の科学的予見にもとづき，共産党はこの予見にもとづいて革命組織を作り運動した。したがって，プロレタリア階級と知識人は共産党の身体と頭脳にあたる。身体は自発的な活動を起こし，頭脳は自覚的な行動を起こす。自発的な闘争は社会民主主義への発展要素ではあるが，現体制との矛盾を自覚するところまではいかない。世界革命に至るには，それが真の自己解放になるという自覚が必要である。ゆえに闘争の自発性を尊重しすぎて，革命の自覚性を軽視してはならない。社会主義にとって資本主義は敵対的関係であるから，労働者の自発性にまかせるだけでは危険である。というのは，資本家の個人本位の思想も人の身体に来源しているからである。ただ労働者が資本家と違うところは，強力な集団意識と搾取反対にある。これに対して，社会主義思想は「人心」に発し，熟慮に成就する自覚性がある。この自覚とは，理論的にその発展段

階に至っていないから中国にはまだ社会主義が実現しないという自覚ではない。プロレタリア階級から離れずに根気よく努力を続けることの自覚である。

中国革命の特徴は，内地の農村が帝国主義の経済侵略によって悲惨な荒廃に追い込まれ，農民たちが革命の動力において重要性を持ち得たという客観的情勢にあった。これに乗じて農民と結んだのは労働者階級ではなく，学生ら知識青年であった。そして少数ながらプロレタリアート化した知識青年たちが共産党を構成した。真の自覚性を発揮して根気よく革命を進めるには，レーニンや毛沢東のような学問のある知識人の指導者が必要である。毛沢東の『為人民服務』『紀念白求恩』『愚公移山』などの著作は，その高度な自覚性の発露であり，『矛盾論』『実践論』は学問の作であった。

解放前と解放後それぞれ，その間における人の「自覚性」の発露について多くの例を挙げることができる。解放前，団結を好まない欠点を持つ農民が革命の自覚を持ち，主観主義やニヒリズムに陥りやすい欠点を持つ知識人が自覚を持ち，自暴自棄な流民が自覚を持つようになった。彼らにより構成された人民軍は民主的な自覚を備えていた。そのような自覚性は敵である日本軍捕虜にも及んだ。そうした自覚性は戦闘の中で培われただけでなく，建設の段階である解放後の工業化と農業生産の向上にも労働者と農民の自覚性の向上がみてとれる。例えば，大慶油田では，絶対多数の労働者が農民出身であり，労働者と知識人の結合した理想的状態であった。大慶の労働者の仕事への厳しさは「革命の自覚の基礎の上に立っており，自覚がなければ厳しさもなく，硬い政治思想工作がなければ自覚もない」と外地から見学に来た者も述べている。

中国の行くべき道はプロレタリア革命の立場を堅持することだ。なぜなら，この立場は自発的な闘争から始まり，革命の使命を自覚したものだからである。また社会主義はそのような自覚がなければ進めることはできないからである。（以上，10章まで）

「自発」と「自覚」について，生物の発展はすべて自発により，低級から高級に進んだ。「自覚」は「自発」の最高の発展段階であり，「人心」は「自覚」があることにより人生観を持ち，それゆえ人はいかなる高等動物よりも優れている。人について見ても，嬰児に「自発」はあっても「自覚」はない。したがって，これを社会的に言えば，自覚を持った社会が高級な社会である。資本主義社会は人類の個体生命が活発になって個性が伸張する時期だが，それゆえに心が身体に従属するようになると，自分だけの利益を計るようになる。ただし，これは社会全体の自覚を呼び覚ます予兆なのである。

　つまり，人類の歴史は近代になって個人本位の生活から社会本位の生活へと転換しようとしていた。身体の時代がおわり，「心」の時代が来ようとしていた。ところで，この「自覚」の「心」についていえば，中国では古くから世界の他の文明に先んじて発展していた。これこそ中国社会発展の特殊性の核心である。中国の社会生活の変化はその核心が今日表面に現れた結果なのである。

　社会の趨勢が人の思想に変化を与える点は，階級意識についてもみてとれる。階級は自覚によって変更し得ることを認めなければ，レーニン的な革命観と矛盾するし，中国で革命を成し遂げられた原因も説明できない。また，中国でプロレタリア革命は国内の社会から発展してくるのではなく，世界情勢の中から決定されてくるとは毛沢東が『新民主主義論』で明示しているし，事実，抗日戦争が革命の原動力となった。

　ところで，中国革命は毛沢東がいなかったら成就しなかった。毛沢東は中国社会の上述の発展を体現している。毛沢東の採った農民による武装革命と人々のプロレタリアート化は，中国の客観的条件を反映した中国的な方法だった。また毛沢東本人も農民出身として農民の感情を理解できると同時に，古今の学問に通じた非凡な知識人だった。このように「士」（知識人）と「農」（農民）の間に隔絶がないのは，中国古来の特色である。毛沢東の戦法が可能だったのも，中国の国土の広大さとは裏腹に，ほとんどが漢族の分布地域で，発音こそ違うが同一の文字（漢字）を使用し，風俗人情も近

く，同じ書物の教養（儒教の書物）を学習してきたからである。

　中国で社会主義革命がおこった内的要因は，儒教により「自覚性」が夙に発達していたことにある。例えば，宗教に反対するのは個人の自覚によるし，宗教はアヘンだと言われるが，それと同様な観点は早くも孔子が提唱している。『論語』の「未だ生を知らず，焉んぞ死を知らんや」「未だ人に使うる能わず，焉んぞ鬼に事えん」「子は怪力乱神を語らず」という記述に端的に表れている。しかも孔子が宗教に進まなかったのは，彼の消極面であって，人の理性の啓発につとめた点こそ積極面である。すなわち，自分で省察すること，自分で判断することを求め，ドグマを提示しなかったことである。このように中国文化では，理性的な自覚心を持つべしとする思想が他の文化に比べて早く発生し，長い歴史を経てきたのである。

　周公・孔子の儒教は，「人心」の「情理」を重視するゆえに，理性的な自覚を啓発する面と，家族内における感情を尊重する家族主義の面がある。後者は，家族の関係を以て社会の各種の関係を類推するもので，中国人の集団性や規律性を散漫にさせる負の側面を持つ。辛亥革命以来否定してきた儒教は，後者の負の側面であり，天然自然の民族精神を再興するには，前者の理性精神を復興しなければならない。

　これをより理解するには，「身」（身体）と「心」（意識）の関係によって西洋的理性と儒教的理性を比較するとよい。西洋的理性は「心」より「身」を優先する原始的段階から「心」を「身」に従属させる段階へと発展した。つまり「身」から出発して「身」に帰する個人本位である。その後，マルクス主義が現れて，「身」に発する自発性から「心」に発する「自覚性」への端緒を開いた。これに対して儒教は，互いに相手を重視する倫理本位であり，「身」より「心」を優先する。儒教の「仁」は他人との間に隔てがない「心」を持つことである。

　「理性」とはものごとを「理」によって判断する心の動きをいう。それを客観的事物については「物理」といい，人間の感情については「情理」という。最も見やすい理性の表れとして，錯誤を潔しとしない心がある。錯誤

とは、「理」に悖ることだが、錯誤を自覚したら、そこにとどまらないようにする自覚的な向上心が理性の端緒である。物事には「物理」と「情理」があるから、「物理」についての向上心を「理智」とすれば、「情理」についての向上心が「理性」である。近代西洋は「理智」を重視し、古代中国は「理性」を重視した。現代の社会主義はこの両者を一致させるものである。

　そのような中国古代の理性の明証として、中国古代の無神論的傾向と民主主義・社会主義的傾向がある。無神論的傾向については、西洋が「神」か「物」かという唯心唯物の二元論に陥りやすいのに対し、中国はそうした二元論そのものを持たず、「神」と「物」を兼ねて一方に偏らない点に「理性」が窺える。また、民主主義・社会主義的傾向としては、次の四点がある。第一に、儒家のみならず、道家や墨家にも「天下」概念が備わっており、「天は私覆する無く、地は私載する無し」「天下一家」「四海兄弟」というように、人類を境域に区別せず一視同仁とする点。第二に、『礼記』「礼運篇」に理想社会として「天下を公と為す」という「大同」、「天下を家と為す」という「小康」を述べており、当時の社会生産力が低い段階では明らかに空想ではあるが、理性の表れと見ることができる点。第三に、社会生活には「理」のほかに「力」（権力・暴力）と「利」（経済力）が必要となるが、「利」と「力」が人を征服することに中国古代の理性は反対した点。特に「力」については、一切の不正義な戦争に反対したことは、『論語』『孟子』などに見える。第四に、孔子当時が階級社会であったことは論を俟たず、階級社会はその秩序建設と維持に暴力を使用する。この時、「利」と「力」が「理」を凌駕しているはずだが、そうした状況下でも古代の思想は「理」を重視している点。

　要するに、社会が資本主義から社会主義へ発展する過程においては、個人の自覚性が必須であるが、この個人の自覚性とは理性である。中国革命は高度な自覚性を備えたリーダーの導きと、自覚を持った大衆が「理」を主宰としつつ「力」と「利」を動員して行なったものである。この根源は古代の中国で理性が早熟し、三千年来の社会が情理を重視する周公・孔子の儒教を宗

教の代用としていた点にある。このような特色が，中国社会を個人本位の資本主義と相容れさせず，プロレタリア革命の精神に通じさせたのである。

　社会主義革命の過程において，資本主義的な個人本位がいかに人々に深く浸透しているかが明らかになり，ベチューンに学べというように利己主義の否定が叫ばれている。個人本位を改造するために，当面はこのような方法が必要であるが，個人か集団か，つまり私か公かの問題は，日常的にはいずれかに偏らない均衡が大切であり，必要な場合に団結したり緩めたりすることができることこそ理想的である。そのためには人々が相互に重視する儒教的な相互関係が解決の端緒となる。

3.『理性之国』における儒教

　以上の概要をふまえて，『理性之国』で梁漱溟の提出する儒教の特質をまとめてみたい（以下，〔p. 〕で 2005 年版『梁漱溟全集』第 4 巻のページ数を示す）。

（1）イデオロギーとしての儒教の否定・宋明儒教の軽視

　梁漱溟にとっての儒教は周公・孔子の教えであり，儒教の伝統の祖述者とされる漢唐の経学や宋の朱子学，明の陽明学などをほとんど含まない。これはなぜかといえば，生命活動は初発のときにこそ活発な生命力を持つのであり，熟練や慣性は生命の桎梏となって，そこから解脱するのが容易でない，と考えるからである。「個体生命にしてそうであるから，社会生命もまたしかりである」〔p. 341〕。これは，個人と社会の類比（アナロジー）を根拠にして，儒教の初発である周公・孔子の思想的な生命力をうらづけている。この考え方は，社会の歴史的変動を生命の進化の類比で考えるスペンサー以来の社会進化論の思考法を受けたものであり，『東西文化及其哲学』以来，梁漱溟の思考法に一貫して見られる。『東西文化及其哲学』では，そこにさらに「早熟」という個体差の概念を導入し，文化にも早熟があるとして，儒教はその一例

だと位置づけた。『東西文化及其哲学』によれば，人類文化の進化は，西洋文化に典型的に表れており，「人類文化のはじめは，みな第一路線（西洋文化：土屋）を行かざるを得ず，中国人もそうであったが，中国人はこの道を歩みおえないうちに，途中から第二路線（東洋文化＝儒教：土屋）に曲がって行ってしまった，つまり，あとで歩むべきなのを先に歩いてしまったわけで，これは人類文化の早熟である」という〔梁漱溟 1922:526〕。『理性之国』第 18 章の題は，「文化の早熟」を採らずに，「理性の早啓」としている。後述するように，梁漱溟は 1968 年 7 月 4 日から『東西文化及其哲学』を読み直しながら古代の理性について検討し，7 月 28 日に『理性之国』のこの章の題名をわざわざ日記に書き込んでいる。これは，「文化の早熟」ではなく「理性の早啓」を採る着想が湧いたからであろう。このことから『理性之国』では「文化の早熟」概念を後退させたと考えられる。

　この二つの考えは，儒教の歴史に対する彼の認識の大きな変容を示していると思われる。「文化の早熟」では，儒教は早く発生したあと，中国人はその早熟な路線を極める方向に歩いたことになるが，「文化の早啓」では，早くに啓けた儒教こそ優れているが，その後は停滞した，あるいは少なくともめざましい発展はしなかった，という認識になるからである。このように考えれば，歴史的に継承された儒教あるいは封建思想としての儒教は否定されるべきものと定位される。「理性がつとに啓けて出現した周公・孔子の教化は，三千年の流伝転変を経て，世に名教・礼教といわれるものになった」〔p. 341〕。つまり，儒教の歴史を惰性による硬直化として捉えている。「名教・礼教」を儒教イデオロギーと見てよければ，梁漱溟は儒教のイデオロギーとしての側面を否定していると考えてよいのではないだろうか。儒教が歴史的に硬直化したという観点は『東西文化及其哲学』でははっきり示されていなかったが，1937 年の『郷村建設理論』で控えめに言及されたあと，1949 年の『中国文化要義』では「老衰」として明確に論じられている〔梁漱溟 1949:284〕。ただしそこでは「文化の早熟」「文化の早啓」を同義に使っている〔梁漱溟 1949:259〕。

第5章 「理性の国」と文化大革命　　229

　梁漱溟において宋明儒教は，たしかに孔子に比肩すべきものではなかった。『東西文化及其哲学』ですでに宋明儒教を次善とする指摘が見られる。「宋明の学者は孔子の人生態度を再提示したもので，おおかた甚だしい誤りはないといえるが，誤りがあるとすれば，外のものを認定して極端な態度と固執をした点である」〔梁漱溟 1922:450〕。しかし，これ以降，1983 年の『人心与人生』に至るまで，一貫して宋明儒教を参照しており，特に王龍渓ら泰州学派の影響が強い〔郭斉勇 1996:271〕。このことからすると，『理性之国』にのみ宋明儒教がとりあげられていないのは顕著な特徴だといえる。しかも，本書執筆当時，本人は宋明儒教を重視する態度を持している。『理性之国』の著作の直前である 1966 年 11 月 10 日の『儒仏異同論』で，『中庸』の説解に王陽明の議論を引き，宋明儒教の「心性」「性命」などは仏教からの借用というより儒教思想発展の結果である，と論じている〔梁漱溟 1966:161〕。『儒仏異同論』は，記憶にのみたよって書いた著作であることを本人が述べている〔梁漱溟 1966:153〕。その著作においてこうした議論が展開されるのは，当時の梁漱溟における王陽明あるいは宋明儒教の重要性を表している。にもかかわらず『理性之国』で宋明儒教がとりあげられていないのは，梁漱溟本人の思想の問題であるよりは，『理性之国』の執筆目的と関連があると思われる。その一つに，宋明儒教が儒教イデオロギーの理論的基礎であり，唯心主義であるとして新中国で否定されていたことに対する配慮があったと思われる。

(2) 孔子の理性に対する集中的な尊重

　梁漱溟において儒教が周公・孔子で代表されているのであれば，周公・孔子は儒教においてどのような役割なのか。周公はそれ以前の堯舜など，いわゆる儒教の聖人を代表し，孔子はそれ以後の孔門の弟子や孟子・荀子などの儒教の後継者を代表する。周公らの貢献は礼楽制度など具体的な制度を創建した点にあり，孔子は先賢が制作したものに悟るところがあって，その道理を明らかにして人を教化し，後世に及ぼした点がその貢献である。三千

年来，漢族の社会文化はここに始まる〔p. 332〕。周公と孔子の以上のような定位により，梁漱溟のいう儒教の核心も周公と孔子に収斂されることになる。

その儒教の特質の核心は，孔子が実践したような人の「理性」を啓発することにある。つまり，自分で反省・思考し，自分で判断すること，いかなるドグマも人に押しつけないこと，である〔p. 333〕。梁漱溟は『論語』から引用して説明する。

　　宰我問う，「三年の喪は期として已に久し。君子　三年礼を為さずんば，礼必ず壊まん。三年楽を為さずんば，楽必ず崩れん。旧穀既に没し，新穀即ち昇らんに，燧を鑽し火を改むるは，期として已むべし」。子曰く「夫の稲を食べ，夫の錦を衣るは，汝に於て安きか？」曰く「安し」。「汝安からば則ち之を為せ！　夫れ君子の喪に居れば，旨を食べて甘からず，楽を聞いて楽しからず，処に居りて安からず，故に為さざるなり。今汝安からば，則ち之を為せ！」宰我出づ。子曰く「予の不仁ならんか！子たるもの生まれて三年にして，然る後に父母の懐を免る。三年の喪は，天下の通喪なり。予や三年を之れ其の父母に愛むこと有らんか？」

これは『論語』「陽貨篇」の文である。梁漱溟はこの例により，つぎのような議論をする。孔子への弟子の質問は「礼」に関することであり，それは儒教において最重要の問題である。だが，弟子の質問は実に浅はかであった。にもかかわらず孔子は頭ごなしに否定せず，自分で考えるよう反省を促している。だとすれば，より重要性の低い他の問題においても，孔子の姿勢は一貫して丁寧で穏やかであり，自分の考えを教条的に押しつけるような教導はしなかったはずである。「(孔子は)とても丁寧に相手と自分の観点の相違を指摘し，自分でじっくり反省して理解させようとしている。なんと偉大で貴い人類の理性精神ではないか！」〔p. 333〕。このような孔子の教育態

度にこそ，彼が唱道する理性主義的な思想の実践を見いだすことができる，
と。

　この一見ありきたりな事例に対して梁漱溟が賛嘆するのは，たんに孔子の
判断が理性的であるからだけではない。この孔子の事例を春秋時代という当
時の歴史段階において評価すべきだと考えているからである。覇権主義が横
行する文化的に未熟な春秋時代にありながら，孔子が理性主義を貫いている
こと自体が極めて理性的だというのである。

（3）孔子本人の態度・倫理的実践の重視

　梁漱溟が強調するのは，孔子が尊崇していた周の礼制ではなく，孔子本人
であり，孔子の態度である。「孔子は古中国の理性が早く啓けた真に代表的
人物である。もともと孔子の前に，堯・舜・禹・湯・文武・周公の伝説のよ
うに理性は早くも啓けていたが，こうした遺産を承けて社会一般の人々を導
き，それを後世に伝えたのは孔子である」。「（孔子は）生命の深いところで
先賢の精神と気脈を通じさせ，ぴたりと合致していたので，古人が残した詩
書礼楽はばらばらな事物ではなくなり，心から理解して柔軟にこれに対応し
た」〔p. 378〕。孔子の態度そのものを評価する点は，上述の「陽貨篇」の
例での賛嘆からも窺えるところである。この例は『東西文化及其哲学』で
も議論されているが，そこでは孔子の「仁」を議論するために引用してい
る。「仁」に対する弟子たちの質問に孔子がさまざまな答えで応じているこ
とから，『東西文化及其哲学』は「仁」が直観であることを論じる。ところ
が『理性之国』では，議論を孔子の態度の方に進めているのである。このこ
とから，梁漱溟は孔子の態度の問題を強調したいことがわかる。つまり，梁
漱溟は孔子の唱道した道徳そのものを固守し再現前させようとしているので
はない。「仁義」「忠孝」などの儒教概念にしても，いま現在に現象している
行為あるいは感情を説明できるか否かを通して再解釈しようとしているので
ある。

（4）儒教による倫理本位社会の正と負

　社会における儒教の作用には正の面と負の面があることを梁漱溟は強調している。儒教は人心の理性を啓き，個人の反省と自覚を促すと同時に，個人と個人を家族的な情感によってつなぎとめる。人々が相互にこうした情感につながって，相互に扶助し合う社会を「倫理本位社会」と名付ける。これは個人本位でもなく，社会本位でもない。その両者の間にありながら，根本的な精神は両者と全く異なっている。その精神とは，相互に相手を重視する情感である。例えば親子について言えば，親が子供を重視するのが「慈」，子供が親を重視するのが「孝」である。そして「慈」と「孝」という二つの方向性を持った情感を，親子という人間関係にない者の間でも持して実践する。この情感は，人と人の相互が心に従うことで通じ合い，相互に助け合う理性がその根源である〔p. 336〕。この「倫理本位」は『東西文化及其哲学』以来，堅持されてきた基本的な主張である。

　儒教の倫理本位の特徴とは何か。資本主義と社会主義という二つの体制は，それぞれ個人と社会を中心テーマとしている。この二分法においては，個人本位は個人に重点を置き，社会本位は社会・集団に重点を置くというように，偏りが生じざるを得ない。これに対して倫理本位は，重点を相手でもなく自分でもない，両者の関係の上に置くのであり，いずれにも偏らない。この点が資本主義とも社会主義とも異なる。それは相互義務の関係である。相互義務を果たすことにより，全社会の人々がすべて相互に連結し，形をなさない一種の組織となる〔p. 339〕。以上が儒教の作用の正の面である。

　一方で，倫理本位社会には負の面も存する。倫理本位は家族の情感を端緒としているゆえに，自分の家族を重視する方に偏りやすく，また生産や生活の実際において家族という小さな単位におちこみやすい。これは宗族社会における家族本位主義となる。宗族は，祖先祭祀と共有財産の運営などを中心的機能とする父系親族集団であり，自分の親族を守り発展させるためには個人が相互に家族的な情感によって助け合うが，親族以外にはその情感を持た

ないのが普通である [12]。つまり，宗族の家族本位はそれぞれ自分の家族を重視するのであり，「個人主義とは違うにしても，小集団本位である」。そうした情感は自分の「身」にもとづくのであって，相互尊重が「心」にもとづくのとは全く異なる〔p. 339〕。家族主義がはびこると，国家のような大きな集団ですら，生活組織の規律が欠乏することになる〔p. 340〕。また，実際の局面で家族的な小さな単位におちこむと，個人の判断にこだわりやすくなるので，人々が各自勝手に行動するような散漫な非団結性となって表れてしまう〔p. 334〕。梁漱溟がこの負の面を強調するのは，宗族社会を護持するイデオロギーが儒教であり，これと周公・孔子の儒教は別だと考えたからである。儒教のその面については，前述のようにそれを惰性による硬直化として否定したのである [13]。

（5）新たな礼楽の建設の必要性

梁漱溟は，儒教が最も尊重する礼楽は，新たな倫理本位社会のために参考すべきである。新たな社会は個人本位でも集団本位でもなく，個人同士の倫理関係の類推が個人と集団の間においても行なわれるはずであり，また共産主義社会になって階級と国家が消滅すれば，法律ではなく，人々の自覚と自律が必要であるから，人々の情感にそった高尚で美しい礼楽の新たな建設が必要になるであろう，という。

梁漱溟によれば，儒教の礼楽は人間重視の生活基準であり，社会を秩序立てる根本的な原理である。『礼記』にいう，「礼なる者は理なり。……天より降るに非ず，地より出るに非ず，人の情なるのみ」。礼楽は教育的なものではあるが，教育は抽象概念で人の意識や思想を変えようとするため，間接的な作用であるのに対して，礼楽は人の感情や意志に具体的に直接作用を及ぼし，その人の品格を向上させるのである。礼楽は音楽・詩歌など文学に近いようだが，身体行為であって人の外から中へと作用するものである。その基本は「謙」「敬」にある〔p. 334〕。

こうした礼楽が大いに興る「心」の時代，「理性の国」が到来するために，

梁漱溟はつぎのような条件を考えている。第1に生活そのものに不安がないこと，第2に高等教育の普及，第3に肉体労働と頭脳労働の区別がなくなること，第4に機械的な仕事や時間に追われる仕事ではなく，ゆったりと思考して仕事ができること，第5に学術が物質的な問題を追求するばかりでなく，人生の内的な問題や生命の問題に向かって，それにより人々が理性をしっかりと自覚できるようにすること，である。

この条件は，毛沢東中国がめざした共産主義社会の理想に重なっていることは見やすいであろう。彼の主張する儒教が，共産主義の枠組みによる要素の選択から成っていることがわかる[14]。

以上のような儒教の特質を梁漱溟は『理性之国』で主張していると思われる。ここに至る梁漱溟の思考は，まず準拠すべき文献として孔子およびその後学（孟子・荀子）の手になる経典を選択し，そこからみずからの理念にふさわしい思想を抽出し，それに現代的な解釈をほどこす，というプロセスを取っているように思われる。このような選択・解釈は，相当程度に主観的であるが，梁漱溟にとってそれは直観である。しかし状況的に見れば，これらはすべて梁漱溟の社会主義社会とのかかわりにおいて思考されたものと見るべきであろう。

4. 儒教と社会主義

以上のような『理性之国』における儒教の特徴は，思想の問題としてだけではなく，中国社会の変革をめざした実践の問題でもあった。したがって，当時の毛沢東的社会主義社会との関わりから儒教の意義を主張したと言うことができる。つぎにこの点について検討したい。

梁漱溟の著作において『理性之国』が持つ著しい特徴は，マルクス・エンゲルス・レーニンと毛沢東の著作を多く引用し，それらにもとづいて議論を進めている点である。マルクス『共産党宣言』・レーニン『何をなすべきか』『我が国の革命を論ず』・エンゲルス『反デューリング論』・毛沢東『新民主

主義論』『為人民服務』『紀年白求恩』『愚公移山』『矛盾論』『実践論』など，いわゆるマルクス主義経典と毛沢東著作に準拠を求めて論を展開している。それらに共通する特性を分析し，そこから儒教の有効性を論証していく展開である。

それは儒教の有効性を論証することに目的があるのではなく体制に対する追従だ，という意見があるかもしれない。あるいは，当時の共産党政権との政治関係の不可避な反映，と見ることもできよう。つまり，マルクス主義・毛沢東思想に準じて著述しなければ政治的批判に曝される危険が高いという事情の結果にすぎないと考えるものである。たしかに，1969 年 3 月 31 日付の本書の「著者告白四則」に「本稿は保存して，内部の審閲に供するのみ，発表すべきではない」と書いている〔p. 201〕。ここでいう「本稿」とは，日付から見て，最後の数章こそ未完ではあるが『理性之国』第 22 章までを指している。「内部の審閲」とは，おそらく政治協商会議（後述）での審査を念頭に置いて言っていると見てよい。したがって，これを文革下における何らかの政治的な要求によって書いたものと見ることもできる〔中尾友則 2000:169〕。また，当時の梁漱溟がライフワークとして最も緊要に思っていたのは本書ではなく『人心与人生』であった。『人心与人生』について梁漱溟は，1966 年 9 月 10 日付の毛沢東宛書翰で「私は一日一日を，この仕事（『人心与人生』の執筆：土屋）に努めるのみである」と書いている〔全集 8:80〕。しかし実際は『理性之国』を執筆しているのだから，『人心与人生』を後回しにして『理性之国』を書きはじめたことが窺える。すでに 73 歳の梁漱溟にすれば，残された時間を畢生の著作に打ち込みたかったはずで，もし緊要な動機がなければ，17 万字を超える本書に時間と体力を浪費させるはずはない。その緊要な動機を，政治的な批判への恐れと考えることも可能である。

しかし一方で，梁漱溟は本書の擱筆後，本書の公表を 10 年後 20 年後に想定している [15]。これは，文革の運動中にこの書物を発表するのは，紅衛兵に打倒の口実を与えて危険だと考えたからではなく，運動の現段階での発

表は運動を阻害し、執筆の目的にも影響すると考えたように思われる（後述）。また、梁漱溟の毛沢東に対する衷心からの敬意を考慮すると、マルクス主義や毛沢東思想に対して真率な挑戦を試みていると考えるべきである。したがって本書は、少なくとも政治的な要求のためにのみ書かれたものではなく、本人の主体的な意欲による著作であると考えられる。

さて、ここで梁漱溟がとった戦略は、マルクス主義・毛沢東思想の実践によって革命が成功し、社会主義社会が成就したという前提に立って、そのプロセスにおける成功の鍵となった現象や行為の背後に儒教の思想があったこと、社会主義思想と儒教の共通性、社会主義社会を補う儒教の有効性、などを論証することである。

(1) 中国革命と儒教

革命成功のプロセスの背後に儒教の思想があったことは、建国に至る歴史の総括を扱う『理性之国』前半部分に見られる。この総括で問題となるのは、「仁」を唱える儒教からすれば、戦争・殺人を通して目的を実現する暴力革命はどう解釈できるかである。戦争・殺人について梁漱溟はつぎのように言っている。

　すべて戦争は搾取者・侵略者がおこなうものである。人民軍が進めた人民戦争はまったく反搾取・反侵略に発するのであり、もともと起こさざるを得ずして革命したものである。搾取と侵略を取り除くことがその主旨であり、その搾取者・侵略者の身を滅ぼし去ろうとしたのではなく、彼らの立場が変わりさえすればよいのであった。こうした革命における主観的な意図は見やすいのであり、敵軍を分断し敵兵を孤立させる仕事も重要であった。私はこの点に、「人を殺すことを嗜まざる者、能く之を一にせん」という『孟子』の言葉を想起する。長期の戦争が続いた中国において、共産党だけが最終的に統一し安定せしめたのは、理に適ったことではなかろうか〔p. 266〕。

これは，共産党軍が革命戦争を進めるにあたり，国民党軍の兵士を待遇と教化によって自軍の勢力に引き入れ，それが大きな効果を発揮したことをふまえている。共産党軍のその行為は，自軍の軍事的不利を克服する戦略という側面があるのは当然だが，梁漱溟はそう捉えていない。正義の戦争・殺人はやむを得ないが，なるべく戦争や殺人はしないに越したことはなく，それゆえ敵兵に対する共産党員の「惻隠の情」がこのような方法をとらせたと考えている。梁漱溟によれば，この「人を殺すことを嗜まざる者，能く之を一にせん」という『孟子』「梁恵王上篇」の言葉は「儒家の理想」であり，「人心の理性面を表している」のであるが，当時の孟子は歴史的発展段階において早熟にすぎたために，認められなかった〔p. 266 注〕。それが，20 世紀になって共産党によって実現されたということになる。

　この点は，梁漱溟と毛沢東・共産党とが相容れなかった根本的な問題を含んでいる。それは闘争を方法とするかどうかである。梁漱溟は，日中戦争停止後，重慶において国民党と共産党との融和をはかろうと努力した。その時，梁漱溟のとった方法は，話し合いによる調停であり，そのために同胞としての友情をもって相互に信頼し合うところから出発することを呼びかけたのであった。しかし，この方法は失敗し，内戦に突入したあと，共産党は武力闘争によって建国に成功する。この事実を突きつけられ，梁漱溟は毛沢東の主張する階級闘争の理論を認めざるを得なくなった。しかし『理性之国』では，共産党にとって階級の敵たる国民党の兵士に対する温情をとりあげて，闘争を実践するはずの共産党軍に「惻隠の情」を指摘し，共産党における儒教の内在性を示そうとしているのである。

（2）レーニン・毛沢東と儒教の接続——自覚性

　革命のプロセスの背後に儒教があるのは，社会主義と儒教の間に，核心となる概念の相似が存在しているからだと梁漱溟は論じる。それゆえ，儒教を内在化させている中国人にとって社会主義は受容しやすいだけでなく，その

成果を発揮させることができる。この議論の中心は自覚性の解釈である。

　梁漱溟によれば，レーニンの『何をなすべきか』では，自覚性と自発性の関係を扱っており，レーニンの説では，革命運動には理論がなければならず，先進的な理論を備えた指南役の党がなければならない，なぜならプロレタリア革命には高度な自覚が必要だからである〔p. 235〕。これを根拠にして，中国で事実として革命が成功したのは，高い自覚性を中国人が持っていたことの証明であり，革命の成就はその自覚性の発露であること，社会主義社会が中国でのみ実現したのは（ソ連は当時すでに修正主義に堕落），中国では自覚性がはやくから啓けていたからだという。

　　プロレタリア革命が中国で現れたのは，物（工業の発達や交通の発達）によったのではなく，人（能動力）によったためであり，身（自発）によったのではなく，心（自覚）によったがためである……人類の歴史は近代からこの時に至って，社会生活が個人本位から社会本位へと転じようとする一大変化に直面しているためである。身の時代は過ぎ去り，心の時代が到来する。心を身のために用い，心を身に従わせるのではなく，その反対に，自覚（心）を高めなければ自発（身）の勢力を啓発してすべての事業をおこなうことができない。この一二百年の間，他とくらべて見劣りしていた中国人が，自覚の向上を必要とする時節に出会い，……頭角を現す機会としたのである。けだし人類がはっきりと自覚の心を現出したのは，古代の中国人が世界の各地の先頭に立っていた。その社会発展史が特殊なのはこのせいである。このよりどころたる古い根底があるからこそ，今日の世界を驚かす局面が現れたのだ〔p. 306〕。

　ここで言う「古代の中国人」とは，すでに明らかなように周公・孔子である。「その社会発展史が特殊」とは，マルクス主義では封建時代のつぎに資本主義時代があり，そこから社会主義へ移行するはずだが，中国ではその資

第 5 章　「理性の国」と文化大革命　　239

本主義時代がほとんど存在しないうちに社会主義革命が起こったと梁漱溟は
認識しているためである。こうしてレーニンの思想の実現と中国革命の内的
連絡を儒教に求めるのである。

　レーニンの革命思想と儒教の関係を論じたあと，さらに梁漱溟は，そこに
毛沢東を結びつけようとする。毛沢東は中国に生まれ，中国社会で育ったの
であり，天才だけに頼ったのではなく，数多くの教師から受けたものがあ
る[16]。その教師の中には青年時代の先生である楊懐中もいる。したがって
毛沢東個人は中国社会の要素を代表している，という〔p. 317〕。これは毛
沢東が中国の学問教養の伝統を承けていること，それが可能だったのは毛沢
東が中国社会に生きていたからであることを強調して，毛沢東の知性が古い
中国文化を基礎としていることを述べているのである。

　ここで楊懐中の名前を出していることが注意される。楊懐中（1871-
1920）は，本名を楊昌済といい，湖南における毛沢東の師であった。楊昌
済は倫理学を専攻し，教室では道徳哲学を講じ，西洋の自強自立の自由主義
を強調するとともに，社会に対する個人の責任を強調したという[17]。楊昌
済は儒教の信奉者であり，その指導のもと毛沢東は，程子・朱子の理学と陸
九淵・王陽明の心学に傾倒したのであった〔安啓念 2006:394〕。毛沢東は
1913 年から楊昌済に学んだだけでなく，親しく交際し，新民学会の創設で
はそのメンバーの多くが楊昌済の学生であったし，のちに楊昌済が北京大学
に招かれると，毛沢東も北京に呼ばれて，のちに中国共産党の創立者となる
李大釗に紹介され，北京大学図書館員になった。その後，毛沢東は楊昌済の
葬儀で幹事を行ったばかりか，その娘を妻に迎えた。楊昌済と毛沢東がその
ように濃厚な師弟関係を持っていたことを梁漱溟は指摘して，楊昌済から受
けた毛沢東の儒教的教養の重大性を強調しているのである。

　さらに梁漱溟は，1951 年 8 月 7 日に毛沢東に招かれて談話した時のエピ
ソードを紹介する〔p. 325〕。それによれば，梁漱溟が「自分は父の維新教
育を受けたので，四書五経は読んだことがない」と言うと，毛沢東は「自分
は読んだ」と答えた。すでに 10 歳すぎの時には『史記』『漢書』を毛沢東

は読んだと話したと梁漱溟は紹介している。梁漱溟はこれをもって，毛沢東の幼少当時に農民と知識人の階級間に隔絶がなかったことを論じているが，読者は別の感想を持つはずである。つまり，毛沢東は四書五経という儒教の経典および『史記』『漢書』という儒教士大夫の必読書を読んでおり，この方面で，若き日に儒教の復活を主張した梁漱溟より優れている，というように。

　こうして毛沢東の学問に儒教があることを指摘した上で，梁漱溟は毛沢東のつぎの言葉をとりあげる。「われわれは世界のすべての民族の長所を学習するのがのぞましい。それぞれの民族はみな自身の長所を持っている。そうでなければ，なぜ存在し得るのか，なぜ発展できるのか」[18]。上述の文脈でここに「民族の長所」という言葉をとりあげれば，中国民族の場合はおのずと儒教ということになる。この毛沢東の言葉を転轍機として，梁漱溟の議論は急旋回し，中国民族「自身の長所」を探索する方向に論を進め，その長所が儒教の理性・自覚心にあることを述べるわけである。なお，この毛沢東の論文には『孟子』からの引用があるのも考慮されているかもしれない。

　上の論理を単純化すればこうであろう。レーニンによればプロレタリア革命には自覚性が必要であり，毛沢東は偉大な自覚性を持っていたゆえに成功した。その毛沢東の教養には儒教があった。儒教は本来，自覚性を強く持っている。それゆえ中国革命の基底には儒教がある。

　これは，自覚性の尊重を共通項として，レーニン・毛沢東・孔子の三者を結合しようとしていると見られる。レーニンと孔子は社会主義と儒教という相異なる思想を抱いているが，その間に毛沢東が立って，両者を結合させている，あるいは結合させうる，という構図である。

　ほかにも，毛沢東が共産党軍に求める人民に対する感情は，孔子の「剛毅」に通じる。毛沢東の『為人民服務』の強い革命への感情と意志は，古代に言われていた「殺身成仁」（『論語』「衛霊公篇」）「仁者必有勇」（『論語』「憲問篇」）などの「仁」と「勇」にあたると梁漱溟はいう〔p. 286〕。梁漱溟の当時，『為人民服務』は人みな知るところであったが，今その文から梁

漱溟の意を汲んでみれば，つぎの部分がそれにあたるであろう。

　　　中国人民はいま苦難にであっており，われわれにはかれらをすくって
　　やる責任があるので，闘争につとめなければならない。闘争しようとす
　　れば，犠牲が生れるだろうし，人が死ぬこともつねにおこる。だが，わ
　　れわれが人民の利益のことを考え，大多数の人民の苦痛のことを考えて
　　いるなら，人民のために死ぬことは死場所を得たことだというべきであ
　　る[19]。

　前述のように梁漱溟は，「仁」「忠」「孝」などの儒教概念を一種の態度と
して一般化して解釈している。それゆえ孔子の「仁」を，人民の救済を持
する意志というように解釈することができる。甚だしきに至っては，儒教の
中心概念である「仁」をもって，プロレタリアのインターナショナリズムは
「仁」の表現である，という説明にも行き着くことになる。
　さらに梁漱溟は，レーニンと毛沢東と孔子の接続を補強するために，次の
ような若干の論を展開する。

(3) 社会主義の出自と儒教

　まず社会主義の出自には儒教ないし中国的理性が歴史的に関わっている
とする観点を提出する。エンゲルスは『反デューリング論』で，社会主義
は 18 世紀フランス啓蒙時期の理性主義が発展したものだと位置づけている
(『反デューリング論』序説の冒頭)。これにもとづきつつ，フランス啓蒙時
期の理性主義は中国文化の刺激によるものだ，という朱謙之の説を引き合い
に出して，西洋の理性主義の端緒が中国思想にあることを論じ，それによっ
て社会主義と儒教の相似性の傍証とするのである〔p. 364〕。
　朱謙之の説は『中国思想対於欧州文化之影響（ヨーロッパ文化に対する中
国思想の影響）』の「啓蒙運動と中国文化」「中国哲学とフランス革命」の章
で論じられている。朱謙之のこの本は 1940 年に出されたあと，1962 年に

増訂版が出され，梁漱溟はそれによっていると見られる。その書では，ヘーゲルの『歴史哲学』によりながら，「(18世紀の) 理性の観念は中国から来たのか，ギリシアから来たのか，いくぶんかは中国から来たと肯定できる」と控えめに述べている〔朱謙之 1962:134〕。また朱謙之は『反デューリング論』の序説によって，18世紀のこの時期を封建制に対するブルジョア革命の時代だと書いている〔同前:130〕。梁漱溟は同上の説明の中で『理性之国』という題名を『反デューリング論』から採ったと言明しており，朱謙之の論とあわせて考えると，梁漱溟の「理性の国」の含意には，18世紀フランスのブルジョア革命が新しい時代を開いたことと，1967年の現在，プロレタリア文化大革命が新しい時代を開きつつあることとを重ね合わせていることが理解できる。

(4) 社会主義と儒教の目標「大同」

社会主義と儒教を結合させる補足のもう一つは，社会主義と儒教の目標が同一であるとする観点である。革命の最終目標である共産主義社会は，一視同仁の平等社会であり，それは『礼記』で語られる「大同」世界であり，『礼記』の世界は空想だが，社会主義はそれを科学的に実現したものであるという〔p. 370〕。『礼記』では次のように大同を描いている。孔子は言った，

> 大道の行わるるや，天下を公と為し，賢を選んで能に与し，信を講じて睦を修む。故に人は独り其の親を親とせず，独り其の子を子とせず，老をして終わる所有り，壮をして用いる所有り，幼をして長ずる所有り，矜寡・孤独・廃疾の者も皆な養う所有らしめ，男に分有り，女に帰有り，貨は其の地に棄てらるるを悪むも，必ずしも己に蔵せず，力は其の身より出ざるを悪むも，必ずしも己の為にせず。是の故に謀は閉ざされて興らず，盗窃乱族は作らず，故に外戸も閉じず。是を大同と謂う（鄭玄の注に，「孝慈の道をば広む」，「分」は「職」，「帰」は「皆な良奥

の家を得たり」という。『礼記注疏』巻21)

　梁漱溟が儒教の特徴を述べて「倫理本位社会」と言い，「慈」「孝」という家族の感情を類推して社会に及ぼすと論じたのは，『礼記』の大同説によっていることが，鄭玄の注に「孝慈の道をば広む」とあることからも確認できる。そして，この「大同」を実現しようと努力したのが孔子ということになる。これは康有為（1858-1927）が『大同書』で描いたシェーマと同様である。周知のように，「大同」は中国で革命後の理想世界を言う際に常用された語で，洪秀全や孫文はもちろんのこと，毛沢東も使用している。毛沢東は1949年6月の有名な演説「人民民主主義独裁について」でこう言っている。

　　　中国は，労働者階級と共産党の指導のもとに，着実に農業国から工業国へすすみ，新民主主義社会から社会主義社会へ共産主義社会へとすすみ，階級を消滅させ，大同を実現することができるようになる[20]。

また，康有為の名を挙げてこうも言っている。

　　　ブルジョア民主主義が労働者階級の指導する人民民主主義に席をゆずり，ブルジョア共和国が人民共和国に席をゆずった。このようにして，人民共和国をへて社会主義と共産主義に到達し，階級の消滅と世界の大同に到達する可能性がうまれた。康有為は『大同書』を書いたが，大同にたっする道はみつけだせなかったし，またみつけだせるはずもなかった。ブルジョア共和国は外国にはあったが，中国にはありえない。というのは，中国は帝国主義の抑圧をうけている国だからである。唯一の道は，労働者階級の指導する人民共和国をとおることである[21]。

梁漱溟が社会主義と儒教を結びつけた将来の理想世界を「大同」として

提出しているのは，毛沢東のこの説を意識していることがわかる。しかも1967年当時において，共産主義革命後の理想世界を「大同」という言葉で語ることは，妄想的でもなく，批判されることでもなかったし，それを語る場合には，この毛沢東の言葉と結びつけられていた。例えば，朱謙之は1969年4月24日に「政治幻想的三部曲」を書き，自分が1927年に『大同共産主義』で無政府主義を唱道したことなどを自己批判したが，その中でこの毛沢東の言葉を根拠にして，「無政府主義の「幻想」を大同の社会と考えてはいけないし，また科学的社会主義を「大同」と一つにまじえるべきでもない」と言っている〔朱謙之 1969:198〕。したがって，梁漱溟が儒教の「大同」を語るのは，一定の説得力を考慮していたはずである [22]。

　要するに，レーニン・毛沢東と孔子の思想の共通点を指摘し，それを歴史的な儒教精神の内在化の結果として論じているのである。ここにおいて儒教は，人類の自覚心がそこから内発するような理性の源泉として考えられていると言えるのではなかろうか。

　以上の思考は，文革という異常な社会情勢の下で行われたものであるから，つぎにその状況に置きなおして考えてみたい。

5. 梁漱溟と文革

『理性之国』の執筆は，第1章「緒言」によれば1967年3月25日に始められた。書き終えたのは，「著者告白四則」には1969年3月31日の「識」が入っている〔p. 202〕。『全集』の編者の注によれば，実際は1970年4月までに巻末6章が続けられたという。つまり梁漱溟が本書を書いていた時期は，まさしく1966年から始まった文革の真最中だったという点が注意される。しかも，文革は北京から始まり，この時期の北京での運動が全国的に見てかなり熾烈だったことが知られているが，梁漱溟はその北京に住んでいた。「著者告白四則」の第一に「本書は環境条件の困難ななかにあって22章を書き上げた」という。つまり『理性之国』は，文革が激化して作

第 5 章 「理性の国」と文化大革命   245

者自身がその被害をこうむっている最中に執筆されたのである。したがっ
て,『理性之国』が執筆された背景には,文革という尋常ならざる社会背景
と作者自身の個人的経験が横たわっているはずである。このような逆境の直
接体験と著作実践とは何らかの関連を持つであろう[23]。

　幸い,文革が始まってから執筆に至るまで,また執筆から擱筆に至るまで
に梁漱溟が目睹伝聞した政治社会状況が,梁漱溟の日記(『全集』第 8 巻,
以下『日記』)に記録されている。それを軸にして,他書を参考にしながら,
梁漱溟の本書執筆時期の社会背景と経験を追ってみよう。文革がいつから始
まったと見るべきか,またこの時期に直接連動する政治社会上の事件をどこ
まで遡及して考えるべきか,などは考慮すべき問題であるが,本論の範囲を
超える。本書の「緒言」に「いま筆を執り始めたが,まさに国内でプロレタ
リア文化大革命運動が既に一年をすぎた時にあたる」という〔p. 217〕。つ
まり梁漱溟の認識では,執筆の段階ですでに文革発動から一年が経ってい
た。この認識に準じて,1966 年 4 月以降の状況を検討対象としたい。

　1966 年 4 月上旬に毛沢東は杭州に至り,9 日までには北京市長彭真の批
判を指示する準備を整えていた。14 日から人民代表大会常務委員会第 30
回拡大会議が開催され,文化部の石西民が「関於高挙毛沢東思想偉大紅旗堅
結把社会主義文化大革命進行到底」を報告,新華社が報道した。これは初め
て「文化大革命」という語を政府側が公式に使用した例だとされる〔趙無眠
1996:111〕。16 日には『北京日報』が鄧拓の『燕山夜話』および呉晗・廖
沫沙との共著『三家村札記』の批判キャンペーンを開始。この当時,梁漱溟
と政治との直接的なつながりは,人民政治協商会議の学習小組であった。こ
れは各界人士の自己改造のために人民政治協商会議が関係団体と協力して学
習会を開き,人民代表大会などの政府関連機関の報告を中心的な材料として
学習・討論する会議である。『日記』によれば,梁漱溟は週に二日か三日こ
の会議にでかけて発言しており,真剣に応接している。また,生活費も人民
政治協商会議から受けていた。

4月28日，梁漱溟の所属する人民政治協商会議の学習小組において，文化部からの今後の文化大革命運動についての報告を討議した。この報告とは，おそらく上掲の石西民の報告をうけて4月18日に『解放軍報』に掲載されたものであろう。また郭沫若の自己批判を伝聞している。郭氏が「自分の今までの著作は今日の基準に合わないからすべて焼却すべきだ」とみずから公的に自己批判したことを指しているのであろう。これについて梁漱溟はいずれもよかったと日記に書くとともに，翌日，公園での散歩の際にも，友人との談話でこの件に及び，毛主席の「深心大願」に感服したということを話している。このとき梁漱溟は何を「深心大願」と言っているのか，『日記』からは窺い知れない。ただ，『理性之国』第7章冒頭で「深心大願」に言及し，「高度な自覚性のことだ」と述べている。その部分では，知識青年のプロレタリアート化を議論している。ロシア革命以後，マルクス・レーニン主義を堅持し続けた少数者は，「身」を顧みずに革命の「心」を守った。彼らは「その出身家庭がいかなるものであろうと，プロレタリアートの立場に基づき，人類史におけるプロレタリアートの使命を自任するのであるから，充分な自覚を備えたプロレタリアートにほかならない。われわれはそれをプロレタリアート化と言う。その具体的表れは，労働者・農民大衆に身を投じ，労働者あるいは農民と結合して革命運動を行なうことにある……このようにできる者こそ，深心大願を備えていると認めることができる」と述べている。この用例から推せば，梁漱溟はこのときの報告に，学生など知識青年を上述のようなプロレタリアート化させる点に文革の目標はあると見ていたと思われる。『理性之国』の他の場所，例えば第11章でも「高度な自覚の人」の「深心大願」が，群衆を高い覚悟にむかって優れた精神を発揚するように教導すると言っている〔p. 292〕。したがって，文革発動当初，梁漱溟はこの運動の理念について高く評価していたと言えるであろう。

5月10日，『北京日報』で鄧拓に対する批判を読んだことを記している。これは姚文元の「評「三家村」——〈燕山夜話〉〈三家村札記〉的反動本質」のことであろう。梁漱溟は『北京日報』と書いているが，もとは上海『解

放日報』『文匯報』に発表したもの。鄧拓はこの一週間後，18日に自殺した（梁漱溟がいつこのことを知るかは不明）。鄧拓は，梁漱溟の『日記』に登場する人士で最初の文革犠牲者である。

5月12日，小組で核爆弾に関する冊子を読んでいる。5月9日に核実験が行なわれたのである。

5月16日には，いわゆる文革の発動とされる「五・一六通知」があったが，『日記』では言及されていない。

6月2日，新聞で北京大学の問題を読み，翌日にも友人からこの件を聞いている。これは，5月25日に北京大学で聶元梓らが北京大学校長らを批判する壁新聞を掲出，これを『人民日報』が「北京大学七同志一張大字報掲穿了一個大陰謀」として全文掲載し，かつ陳伯達ら中央文化革命小組のメンバーが称賛する記事をあわせて出した。それを梁漱溟は読んだのである。

6月5日，家族と彭真の問題を話し合っている。北京市長だった彭真は4月以来，批判されてきたが，6月3日に共産党中央は北京市委員会の改組を発表した。続いてこの日，5日の『人民日報』社論「做無産階級革命派，還是做資産階級保皇派？」では，北京大学校長が大学内で資産階級思想・修正主義の教育を行なっていたと批判，その黒幕は旧北京市委員会であったと述べている。梁漱溟にとって北京大学は国家最高学府であるとともに，かつて自分が弱冠にして当時の校長蔡元培に招かれて教授した大学であり，友人が数多くいるばかりか，息子の梁培寛氏もすでにそこで教員をしていた。そのような大学でおこった文革運動に関心を強く持ったことは容易に察せられる。

6月6日，「老三篇」（『為人民服務』『紀年白求恩』『愚公移山』）と『光明日報』の「五論知識分子学毛著」を読んでいる。後者について「康生の作品であろう」と注記している。急に毛沢東の著作に言及したのは，この日の『人民日報』に「関於文化大革命的宣伝教育要点」が掲載され，その結論として第一に毛沢東著作を読むよう強調されているためであろう。「三家村」批判について，梁漱溟は後年の回想で，学習小組の人々はすべて彼らを

知っていたし，中には親しくつきあっている者もいたが，みな具体的なこと
は避けて言わなかった，という。6月7日の学習小組で梁漱溟はつぎのよう
に発言した。「いま見るに，鄧拓・呉晗・廖沫沙だけでなく，北京市委の責
任者（彭真：土屋）もいけない，すべて更迭されて，そのほかにも重要人物
が含まれている。問題の重大性は当初そして現在のわれわれの予期をはるか
に超えている。問題の鍵は，何年も革命をやり，党と人民の強い信頼をかち
えて，すでに党の指導的核心に出世している人でも，このような大問題を生
じさせるということをどう理解するのか。腑に落ちないと言わざるを得な
い……ここのところ，私はこの問題を考えつづけて円満な答えにいたってな
い……彼には九十九の功績があっても，反党という一つの過失があったら，
もうだめだということである」。この発言に対して，功績など一つもない，
九十九の過失しかない，梁某の意見は是非を完全に転倒している，と厳しく
批判されたという〔汪東林 1988:169〕。

　このころから友人や家族と時局について話し合う記事が『日記』に散見す
る。憶測にわたるが，6月18日に北京大学の学生たちが，もとの校長らに
三角帽をかぶせて顔に墨を塗り，髪を刈って市内にデモに出るという，文革
中に広く行なわれるようになる暴力行為を始めた。梁漱溟の客観的状況か
らして，この事件を伝聞したのではなかろうか。また，民主同盟の内部のこ
とについて話し合っているという記事も散見するが，具体的内容については
わからない。梁漱溟は民主同盟の創設者の一人で，新中国建国直前に辞した
が，その後も人士と交際を続けていた[24]。

　6月22日，民主同盟の親友である黄艮庸が大字報で批判されたことを伝
聞。この件は，翌日にも散歩した先で会った友人から聞いたと記している。
25日に本人のところに訪問している。黄艮庸が批判された事件は，おそら
く梁漱溟にとって，これから我が身に起こる前触れとも受けとれたであろ
う。これ以降の学習小組における緊張した対応はそれを物語っていると思わ
れる。

　6月28日以降，小組でどう発言するか梁漱溟は非常に神経質に考えてい

る。この日は，思い悩んで寝付かれない。翌日と発言の当日の早朝に時間を
かけて原稿を作ったが，30日に小組で発言した際には，複数の人間から意
見が出された。帰宅して食事後，思い煩って眠れないほど気に病んでいる。
この時の発言はおそらく再度行なうよう意見されたと見え，7月2日には以
前に書いた自己反省の文章を取り出して読み直している。7月5日に再度，
小組において発言したが，やはり反応は芳しくない。7月6日からまた過
去の反省文を取り出して読み直している。7月8日に友人から毛沢東の『矛
盾論』の解説本を持ってきてもらっている。7月12日に小組で二時間半に
わたり発言，その後7月21日にも発言を行なった。このときの発言は「談
全国統一穏定的革命政権的建立」という原稿で今読むことができる〔全集
7:145〕。その文中に7月12日の発言の一部が引用されている。その引用は
1952年に書かれた「何以我終於落帰改良主義」（『全集』では「我的努力与
反省」と題する）の一部である〔全集6:966〕。したがって，7月2日およ
び6日にとりだした「過去の反省文」とはこの文だとわかる。6月28日か
ら一連の学習小組での困惑は，7月21日の文章から考えると，梁漱溟の歴
史認識と階級認識に関わる問題だったようである。この文章では，前半で
解放前の軍閥の性質を論じ，軍閥は軍事力の拡大それ自身を目的とするの
であって，そんな軍閥らと国の統一を求めるのに，同一民族としての友愛に
もとづく協議を採用しようとした自分の認識は誤っていた，とする。後半で
は，階級の分割と相互の闘争による階級の解消という毛沢東の方法が事実と
して正しかったことを述べる。「階級とは一種の矛盾である」という思想の
理解を示すために，準備段階で友人から毛沢東の『矛盾論』の解説を借りた
わけである。

　7月26日，劉少奇の声明に対する発言をしている。これは，7月22日
にベトナム戦争でのベトナム支援を堅持する劉少奇の声明と，その決意を表
すための100万人規模のデモ行進が天安門広場であったことについて，学
習小組で話し合ったのであろう。

　8月9日，文化大革命に関する十六条の決定について小組で学習してい

る。これは，前日に出た「中国共産党中央委員会関於無産階級文化大革命的決定」のこと。

8月16日，小組で中央の「公報」を討論している。これは，「中国共産党第八届中央委員会第十一次全体会議公報」で，毛沢東思想をすべての指導方針にすることを謳い，主席を毛沢東，副主席を林彪とし，副主席だった劉少奇を第8位に降格した内容だった。このころには，この「公報」に対する各地の歓呼のニュースが新聞紙上で報道されていた。また，4巻本の『毛沢東選集』と『毛主席語録』が出版され，群衆は争って購入したといわれている。

8月18日，天安門で毛沢東が紅衛兵に接見する百万人集会が行なわれたことを記している。夜には呉晗の批判大会があり，梁漱溟の妻が参加，深夜に帰宅した。

8月23日，積水潭南岸に建っていた梁漱溟の父親を記念する石碑を24時間以内に破壊すべしという大字報が出た。これは，8月19日から紅衛兵による「四旧」打倒運動が展開されていたためである。翌日，梁漱溟は父母の写真と書画を撤去し，職人に頼んで石碑を倒した。八時ころに紅衛兵が家捜しに来た。政治協商会議から人が寄こされて梁漱溟夫婦は衆人に取り囲まれて批判された。書籍と原稿・衣類などが燃やされたり持ち去られたりし，用具はみな破壊された。『人心与人生』の草稿もこのとき持ち去られた。その夜から敷地の南にある小屋で暮らすことになった。ホウキなどを入れる小屋の地べたに寝ていたとのこと〔李淵庭1993，梁培寛2003:7〕。梁漱溟は灯火が強くてよく眠れないと記している。この日の紅衛兵の家捜しにあたって，やってきた紅衛兵達に梁漱溟は「家捜しに来たんだろう，どうぞやってくれ」と言ったという〔汪東林1988:169〕。梁漱溟は自分が経験するまでに紅衛兵の家捜しについて伝聞しており，自分もその被害者になりうることを覚悟していたことがわかる。その晩の気持ちは平静だったと記している。翌日も家族は衆人から批判され，梁漱溟の妻は殴打された。妻が暴行されたのは紅衛兵に口答えしたからである[25]。26日から梁漱溟はトイレや道路の

掃除をさせられるようになった。梁漱溟の妻への暴行はさらに 28 日にも行なわれ，一時間首をうなだれて立たされた。また，家族同士の会話を紅衛兵に盗み聞きされて批判された。

9 月 5 日に『人民日報』が「不用武闘」の社説を出したと梁漱溟は記している。この社説により暴力がおさまったからでもあろう。9 月 7 日の日記には，この 15 日間ではじめて街に出たと記している。したがって，8 月 23 日からずっと自宅の小屋に監禁状態にされていたことがわかる。9 月 7 日になって外に出られるようになったとはいえ，その後，翌年 3 月 13 日まで紅衛兵たちは梁漱溟宅の北部屋を事務所にしていたのであり，梁漱溟は彼ら及び彼らに委託された近隣者に監視され続けた。紅衛兵たちが梁漱溟宅を長期間に亘って占拠したのは，電話が引かれていたからであったようだ〔汪東林 1988:171〕。

9 月 10 日，紅衛兵の家捜しの際に，ライフワークとして執筆していた『人心与人生』の原稿を奪われたため，それだけは返還するよう毛沢東に依頼する手紙を書いて中央文革小組経由で毛沢東宛に提出した。もちろん返信はない。

9 月 12 日，梁漱溟は街に出て，徳勝門から後海北岸にそって地安門大街に至り，北海後門に行った。護国寺で水浴びし，よかったと記している。監禁されていた間は風呂に入れなかったためである。この頃までには北京市内の暴力行為は終わっており，平静をとりもどしていたのであろう。この間，街に出られなかった梁漱溟は，紅衛兵による暴行がはびこったことをあまり認識していないようである。ただし，9 月 14 日には路上において重慶で事態が急を告げていると訴える大字報を見て，各地で問題が発生していることを認識している。重慶のことが気になったのは，梁漱溟が重慶で国民党と共産党の調停に立った経験があるからであろう。また，街が至るところ外地から来た紅衛兵でいっぱいなのを何度も日記に記しており，その異常さに恐れを感じていたと想像される。しかし，紅衛兵による殺傷の情報は，記録されていない。8 月下旬に北京で起こった暴力事件について彼が『日記』に記す

のは，11月28日まで待たねばならない。8月23日の老舎の死を知るまで
に四ヶ月かかっている[26]。

9月22日，天安門で8月18日に行なわれた百万人集会の映画のチケッ
トが頒布されており，梁漱溟も見に行ったと記しているが，感想は書いてい
ない[27]。

10月7日，同学の馬一浮（1883-1967）が「不愉快なこと」つまり紅衛
兵の批判にかけられたことを友人から聞き知った。馬一浮は儒教・仏教に博
識の学者で，梁漱溟が最も尊敬する友人である〔滕復 2001:27〕。

10月17日，曲阜師範学院の紅衛兵が訪ねてきて，曲阜師範学院長高賛
非の過去を質問するので，知っていることを答えた。高賛非は梁漱溟の学生
で，熊十力に学んだ後，梁漱溟の山東郷村建設院に従事した人である。馬一
浮にしても，高賛非にしても，仏教や儒教を修めた知識人である。10月に
入ってからの一連の出来事から，梁漱溟は自分たちのような仏教や儒教を修
めた知識人が追いつめられていることを悟ったことであろう。10月22日
の日記では，気持ちが浮き足立って買い物で買った品物を忘れ，走って取り
に戻り，汗だくになったと記している。精神の安静と集中を重視する梁漱溟
にあって，文革下の精神状態がいかなるものであったか，かえりみて忸怩た
る思いがあるゆえに，こうした些事を記したのであろう。

10月24日，紅衛兵に没収されていた『人心与人生』の原稿などが返却
された。これは梁漱溟の毛沢東宛の手紙が功を奏した結果なのか，おそらく
状況的に見て，中央文革小組にそれだけ配慮する余裕があったとは思えな
い。しかし，梁漱溟本人は毛沢東の指示によるものと考えたであろう。

このころから紅衛兵たちは外に出ていることが多くなり，梁漱溟の生活は
落ち着きを取り戻す。11月に入ると，『春秋左氏伝』などの儒教書を読む記
事が続く。

11月28日，友人から8月の暴力でけが人が多数出ていたことを聞いた。
8月下旬の話をこの日の日記に初めて書いていることから考えれば，梁漱溟
は8月下旬に北京で起こった暴力事件の数々を詳しくは知らなかったこと，

そのことに少なからぬ衝撃を受けていることがわかる。

12月2日，友人から文革に関する諸文件を借り受けている。これは文革の理念について研究するためと思われ，12月4日にこの文件を返却し，あらためて一巻の資料を借り受けている。

12月21日，『紅旗』15期の社説を読んで，文化大革命の現段階について認識した。これは社説「奪取新的勝利」が，闘争の矛先を党内の一部の資本主義を歩む実権派ではなく，一転して革命左派に向けるべきことを述べたからであろう。

12月23日，老舎がすでに死んだことを友人から伝え聞いた。老舎は8月23日に紅衛兵に虐められた後，入水自殺したのだが，梁漱溟はこの日までそれを知らなかったわけである。

12月24日，『反デューリング論』を読み終えたところで『理性之国』の資料集めを始めた。

1967年1月からは，文化大革命の進展に注意しながらも『理性之国』の資料集めに余念がない。1月1日に『人民日報』は社説「把無産階級文化大革命進行到底」を発表した。

1月11日，友人から上海の緊迫した状況を聞いた。上海では12月から造反派の上海市党委員会への批判がつづき，1月4日に新聞社「文匯報」社が造反派に接収された。1月6日には中央文革小組の張春橋・姚文元らが王洪文らとともに上海の指導権を掌握，8日は毛沢東もそれを高く評価した。この日，中央は上海の造反組織に祝電を送った。

1月12日，ラジオで上海の状況を聞く。この日，上海では中央の祝電を祝ってブルジョア反動路線の新たな反撃を粉砕することをよびかける群衆大会が開催されていたのである。

1月16日，動物園や頤和園が閉鎖されたと聞く。

1月21日，鄧小平が割腹自殺未遂とのうわさを聞く。

1月22日，友人から統戦部内の闘争および薄一波と陶鋳がすでに死んだと聞く。

2月3日，息子の梁培寛が反革命と誤解され，同僚40人あまりと公安部招待所に監禁されて家に戻れなくなったことを聞く。

3月24日，『理性之国』の着想を得て，翌25日から執筆し始める。

以上，『理性之国』執筆までの状況をクロニカルに追ってみた。その後，『理性之国』を擱筆するまでの梁漱溟の日常生活は，文革で批判するための材料を求めて特定の人物の過去を質問しに来る者たちへの応接にたいへんな時間を費やされているが，それ以外の多くの時間を『理性之国』の執筆とそのための読書に注いでいる。執筆の時間を示しておこう。

1967年5月2日，第2章「古い中国をいかに考えるか」を書き終え，5月28日に書きかえ，6月5日に書き終える。その後，11月22日に第10章執筆，12月15日に第10章を書き終える。12月28日に第11章，1968年1月13日に第12章を書き終え，5月26日に第15章まで書き終える。6月26日に第16章，11月15日に第18章，12月17日に第19章を書き終える。そして1969年3月31日にまえがき「著者告白四則」を書いている。

この間，『日記』にみえる文革の記事は多くないが，次のようなものがある。1967年5月に四川の武闘のこと，6月に江西の武闘のこと，1968年4月に北京大学の武闘のことなどを記している。また1967年6月に，友人二人が自殺したり死んだりしたこと，10月19日に，豊子愷が闘争にかけられたこと，1968年5月に，熊十力が上海で病没したことを聞く。熊氏は青年時代からの同学である。しかも熊氏は紅衛兵の迫害に抗議して1968年春からハンガーストライキの末の死であった〔李淵庭2003:291〕。

梁漱溟本人も迫害を受けている。『理性之国』を書き始めた当初の1年には直接的な被害はなかったようだが，翌年，1968年4月24日に突然，右派と認定されて労働を科された。外出は制限され，必ず居民委員会の許可をもらわなければならなくなった。翌25日は積水潭南岸の群衆大会で批判大会に参加。4月26日から毎朝，通りの掃除をさせられた。4月27日には

批判大会でみずからもいわゆる黒五類分子に列せられて訓話を受けた。5月4日に批判大会に行ったところ，会場に到着してはじめて自分が闘争される側であることを知り，内心苦しんだが服従することに決めたという。会終了後も，押されながらデモに行かされ，ひどく苦しんだ。夕飯後，闘争で腰を曲げて立たされていたために腰が痛かったが，眠ることはできたと書いている。また，8月1日には朝から建軍大会に参加したが，終了間近に先に退席させられ，参加したのは誤りだったと書いている。これは，梁漱溟が右派に列せられていたからである。

　さらに，1966年8月についで，またしても住居を占拠されてしまう。1968年7月8日，突然に引っ越しの命令を受けて鼓楼鋳鐘廠に移った。そこは西日が強烈で空気の流通も悪く，76歳の老人にはとても過酷な環境で，まったく執筆活動ができなくなった[28]。

　この『理性之国』執筆中の梁漱溟の読書は，自分の所有していた書籍を1966年夏に紅衛兵に焼かれてしまったため，ほとんど図書館で閲覧するか貸借したり，友人の朱謙之から借りてきたりしている。それゆえ借りてきた書名を細かく記録している。その特徴は，『理性之国』に引用・利用されているマルクス・レーニン主義の書籍が多いことである。具体的にその一部を示しておこう（題名は日本語訳語で示す）。1967年5月5日，『トルストイ伝』，5月6日，『カント理性批判解義』(?)，5月13日，エンゲルス『家庭の起源』，5月18日，エンゲルス『国家の起源』，范文瀾『中国通史簡編』，6月28日，エンゲルス『科学社会主義』，6月29日，レーニン『何をなすべきか』，7月29日，スターリン『中国論』，11月15日，『レーニン・スターリン　ソ連経済建設論集』，12月1日，『黄梨洲全集』，12月30日，『レーニン選集』，1968年1月25日，『レーニン主義基礎』，2月12日，『レーニン主義問題』，3月23日，『河上肇自伝』『人道主義資料』，10月24日，范文瀾『中国通史簡編』，11月1日，『先秦政治思想史』，11月2日，『十三経概論』，12月25日，『日本史』，1969年1月2日，マルクス『インド論』，1月9日，『毛主席言論集』などである。

以上のような文革下における梁漱溟の生活を考慮すると，つぎのような
ことが考えられる。梁漱溟は文革が始まった 1966 年 4 月当初は，文革の理
念に毛沢東の「大願」，つまり大衆に革命の自覚を持たせるプロレタリア革
命の理想を見いだし，これを歓迎する考えだった。しかし，鄧拓らに対す
る批判や北京大学での運動などから，この運動には個人の社会的功績を全く
無視し，階級的な側面だけを突出させすぎていることを感じた。さらに，み
ずからが家捜しと批判に遭うことで，精神的にも動揺せざるを得なかった。
1966 年秋から冬にかけて，次第に闘争の悲惨な面を知るようになった。そ
れから，自分のライフワークを棚上げにして，『理性之国』の執筆に入った。
かくして 1967 年春以降，全力で『理性之国』執筆に専念しているのには，
以上に見てきた文革に対する問題意識があったことが想定されるであろう。
つぎにその点を検討してみよう。

6. 『理性之国』の狙いと毛沢東

梁漱溟の文革における困難な状況と，現実から遊離したような『理性之
国』執筆の狙いを関連づけて考えてみたい。精神的にも物理的にも困難な状
況で執筆につとめるのは，それをみずからの仕事，さらに言えば「歴史的使
命」と考えていたことを意味しているのではなかろうか。1973 年「陳仲瑜」
宛書信につぎのようにある。

　　50 年前『東西文化及其哲学』の作以来，古今内外の学術思想に通ず
　るという使命があると自負して，日々著作に励んでいます。最重要なの
　は『人心与人生』ですが，まだ完成していません。つぎは『中国――理
　性之国』で，すでに 1970 年に完成しています。……（『理性之国』で
　私が答えようとする）問題は，マルクス・レーニン主義から発し，答え
　もマルクス・レーニン主義から離れていません。ただ申し述べた内容
　は，世間を驚かさざるを得ないので，十年か二十年のちに発表するべき

です〔全集 8:104〕。

また 1974 年「王星賢」宛書信にもつぎのようにある。

　　この一生は，東西古今の学術思想に通じるという使命を負っていると
自分で信じています。……日頃胸中にあるのは自分の責任を果たさんと
いう一念だけで，すべては天命のうちにあると信じます。たとえどんな
禍福・栄辱・得失がやってきても，完全に受け入れ，疑わず，驚かず，
恨まず恐れません。それにまた使命は歴史が賦与したものらしく，必ず
や問題は発生しないのです〔全集 8:144〕。

では，古今東西の学術に通じて何をするのか。1968 年 7 月 13 日付「周
総理から毛主席」宛書信につぎのようにある。

　　私は幼少より，みだりにも中国の社会問題の解決をもってみずから任
じており，一日とて一身を顧みたことはありません。これまで古い中国
文化の特殊性を深く見つめてきました —— 1950 年，はじめて上京し
た際に，毛主席に中国文化研究所あるいは世界文化比較研究所の設立を
提議したことがあります。総理は当時私に計画と予算を出すよう委嘱な
さいました——いまや，世界のプロレタリア革命は，つとにプロレタリ
アの基盤がしっかりしている欧米資本主義先進国家から始まるのではな
かったのです。一度はロシアにおいてレーニンが導き，十月革命の勝利
こそありましたが，スターリンの導きの下で社会主義建設をしたあと，
いま修正主義があらわれ，まったく革命に背反することになるとは思い
もしませんでした。ただわが中国だけが主席の導きの下で 40 年来，プ
ロレタリア革命の道を歩みとおし，世界革命の旗を掲げて，世界革命の
導き手たる力は明らかなのであります。この内的な因果関係は古い中国
文化と無関係と言えましょうか？　近頃私はこの問題の研究に従事して

いるところで，150頁の原稿を書き上げました〔全集8:81〕。

　この書信は日付から，梁漱溟が突然右派に認定されて引っ越しを命じられ，西日の照る劣悪な部屋にやられた直後のものとわかる。したがって「150頁の原稿」とは『理性之国』を指している。この時期，梁漱溟自身が右派に認定され大衆から暴力的な批判を受けていた。批判大会で首をうなだれて長時間立たされたのは，この二ヶ月前のことである。「社会問題の解決」とは，目の前で進行中の文革が理論的に持っている問題の解決であろう。

　ところで，上に挙げた1968年7月13日の手紙で梁漱溟は，自分が目下，「40年来」の革命（そこには文革を含んでいる）を分析対象にした論文を執筆していることを周恩来と毛沢東に向かってはっきりと表明している。このことから，『理性之国』は当初から彼ら，特に毛沢東に読ませるのを念頭に置いて書いたのではなかったかと思われる。梁漱溟が1972年，毛沢東の80歳祝賀に際してみずから新華門の伝達室に赴き，本書を毛沢東に贈呈したのも，それを裏付けているのではなかろうか〔李淵庭2003:295〕。

　ここには梁漱溟の毛沢東に対する複雑な感情が反映している。第一に，本稿「はじめに」でとりあげた1953年の事件である。全国代表大会の席上，梁漱溟が衆人環視のもとで毛沢東に感情的なまでの意見を述べたのはなぜか。1958年の「在政協整風小組会上向党交心的発言」〔全集7:33-45〕によれば，毛沢東が自分の発言を，当時進めていた社会主義総路線に反対していると断定した点に不満だったのである。梁漱溟は1951年に毛沢東に命じられて各地の土地改革に参加し，その実況を見分して真に感心し，毛沢東に対する心からの尊敬を書いている〔同上:34〕。この発言は，決して諂い（へつら）ではない。梁漱溟は自身の郷村建設での苦労を踏まえている。それに率直な尊敬を言ったあとで，「それでも意見はあるし，意見がある時は言わなければならない」と書いている。つまり，尊敬しているからこそ，建設的な意見を申し述べるのが誠意だと考えたのである。1953年の事件は，自らが尊敬する人物から，自分の意見の動機を不当に誤解されている点が我慢ならなかっ

たわけである。これ以降，梁漱溟は自身の不謹慎を恥じて，ほとんど意見を述べなくなる（結果的には，それが彼を反右派闘争に巻き込ませないようにしたのは運命の巡り合わせ，塞翁が馬というものであろう）。

　さらに，この時に梁漱溟が毛沢東に心服したのは，1938 年に自身から延安解放区に赴いて毛沢東と議論した経験が背後にある。この時，連日の徹夜の議論で両者の意見の相違が明らかになった。梁漱溟は毛沢東に『郷村建設理論』を示し，毛沢東はちょうど『持久戦論』を書いていた。その相違の核心は，中国農民の特性は保守性なのか積極性なのかという点であった。梁漱溟は自身の郷村建設で土地に執着する農民の保守性を変更できなかった経験から，毛沢東が述べる農民の積極性を認められなかった。それゆえ階級闘争の是非は毛沢東との決定的な相違であった。延安で毛沢東は梁漱溟の意見に忍耐強く耳を傾けた末に，こう言ったという。「中国社会にはその特殊性があり，みずからの文化伝統があり，みずからの倫理道徳があること，あなたがこれらを強調するのは誤りではありません。しかし中国社会には同じように西洋社会と共通の面もあるのです。それは階級的対立，矛盾と闘争です。これは社会の前進を決定する最も本質的なものです。あなたは中国社会の特殊性の面を重視しすぎて，現代社会の性質を決定している共通性つまり一般性を見失っています……」〔汪東林 1989:7-8，同 1988:64〕。そしてその十数年後に，土地改革を目の当たりにし，梁漱溟は完全に自説の誤りを認めざるを得なかったのである。

　しかし，梁漱溟は延安で中国社会の特殊性，倫理本位を述べて毛沢東と鋭く対立したにもかかわらず，『理性之国』で再度その意見を毛沢東にぶつけたのは，本稿で検討したような社会主義・毛沢東思想と儒教の共通性によっているだけでなく，毛沢東個人に対する理解，梁漱溟が毛沢東という人物から直接感じ取った直観にもとづいていると思われる。

　それが象徴的に現れているのも，延安でのトピックである。延安に赴いた梁漱溟が初めて会った毛沢東にあいさつをすると，あなたとは旧知の仲だと毛沢東は言ったという〔汪東林 1989:3〕。なぜ旧知かと言えば，1918 年に

梁漱溟が北京大学で教鞭を執っていた頃，先輩の倫理学教授である楊昌済の家にしばしば教学の悩みを相談に行っていた。一方，毛沢東はみずからの師である楊昌済の家に寄宿していた。このため，両者はしばしば顔を合わせていたのである。しかも梁漱溟にとって楊昌済は叔父の友人であった。楊昌済の学問と人となりを知悉している梁漱溟からすれば，毛沢東が若くしてどのような教養と学問的志向を持っていたか，よく理解できたであろう。毛沢東が楊昌済の教えを受けて書いた『心之力』という論文タイトルを見ればわかるように，宋明儒教に通じる「心」の重視という点で，梁漱溟の思想と相似しているとも言える[29]。『理性之国』で毛沢東と楊昌済のことが特筆されているのには，こうした背景がある。梁漱溟は，文革を通りこした先にあるべき大同社会に対する毛沢東の構想に，毛沢東が本来持っていた青年期の理想をよみがえらせたいと考えたのではないだろうか。そうしてこそ，文革で現れた悲惨な状況を乗り越えることができると考えたのではないかと思われるのである。

7. 結語

『理性之国』の結論で社会主義革命が持つ問題として挙げているのは，「全く私心のない精神」であった。梁漱溟は毛沢東の『紀念白求恩』をとりあげて，個人なき集団主義に反対している。社会の発展が個人主義と集団主義を経過したあと，自覚的に新社会を建造する時代に入るには，従来の偏りや誤りを避けるべきだと言っている〔p. 460〕。このような考え方は個人と集団の「矛盾」を否定することになる。「個人と集団には矛盾面があるだけでなく，より以上に統一面がある」〔p. 460〕。共産主義の理想的な社会には，このような観点が必要であり，それは中国人にとっては儒教の正の側面として内面化されているから，必ずや実現できるはずなのである。この観点が階級闘争理論と折り合わないのは明らかである。かつて毛沢東と延安で議論し，建国後の現実として階級闘争の正しさを認めたが，文革を迎えた今こそ，倫

理的な相互尊重，すなわち儒教の道が有効だと梁漱溟は毛沢東に訴えたかった。これはちょうど，孔子が儒教の道を唱道してはいたが，大同世界が実現されていたわけではなく，大同は過去に存在していたために，そこへの復帰を唱えたのと同様である。梁漱溟の場合は，時間のベクトルが逆であり，進化にしたがって大同世界は未来にあり，そこへの到達のために儒教が有効だと言うのである。文革には，中共内部の闘争の側面・指導層と知識人層の対立・党内走資派とされる幹部に対する大衆の造反の3つの側面があるとされるが〔印紅標2003〕，梁漱溟はこの第2の側面を除いた闘争を反修正主義の闘争としてその有効性をある程度認めつつ，その先の中庸を得た状況を想念していたのだと思われる。それゆえ『理性之国』は発表に10年20年を要すると考えたのであろう。

　ここには三つの態度において儒教の変容を見ることができる。第一は，毛沢東に道徳的な高い人格を見る内的な超越性と，その彼が毛沢東思想によって共産社会へと人々を教導する外的な政治性であり，ここに梁漱溟の「内聖外王」の思想が反映しているのではないかと思われる点である[30]。第二に，どんな困難にあっても，梁漱溟はこの考えを述べるべく，『理性之国』という執筆活動をやめず，それを天命と考えており，力行につとめている。「孔子の学はすべて身体の力行にある」〔全集8:34〕。梁漱溟の研究活動は，儒教の現代社会における実践的意義を明らかにしようとするだけでなく，その行為そのものが儒教の実践なのである。第三に，毛沢東思想の初心への復帰を求めている点である。それは梁漱溟にとって毛沢東の儒教への復帰であるだけでなく，そこへ戻るというベクトルは，儒教が古代の大同世界に復帰するのと同じ思考法であり，初発の生命力へ復帰することなのである。

　最後に，以上の検討を梁漱溟の若い時期の東西文化問題と比較して考えておこう。中国史家の陳寅恪は，六朝の道教と宋代の理学は，中国文化が外来思想（この場合は仏教）を改造して消化する能力を備えていることを証明する歴史上の優れた例だと考えている。陳氏はこの例から類推して，中国文化と西洋文化は二つの異なる文化形態であると前提しつつ，中国文化は西洋文

化を吸収する一方で，民族的な固有の文化を放擲しないようにするのが，中国史において他民族との思想接触史が示す道だとする。このような思考は，仏教史家の湯用彤にも窺えるところである[31]。では梁漱溟は，この陳寅恪の説の通りに，社会主義思想という西洋文化を吸収する一方で，儒教思想という固有の文化を護持したのかといえば，そうではない。『理性之国』では，東西文化の問題としてはすでに解決されている。梁漱溟にとって現実社会は社会主義社会であって，その意味ではすでに全面的に西洋化されたのである。『東西文化及其哲学』で中国は儒教化に至る前に西洋化すべきだと主張した「西洋化」が，ある意味で社会主義によって実現したのであり，梁漱溟の思考では，つぎにあるものこそは儒教化なのである。したがって，陳寅恪が中国文化を主体としているのに対し，梁漱溟の思想にとって主体は西洋文化（この場合は社会主義）であると言える。

　最後に，長年の弟子であった李淵庭の言葉に戻りたい。彼は『理性之国』を読んで幻滅を感じながらも，一時の読書よりそれまでの経験から感じてきた梁漱溟の人となりを優先した。そして次のように言っている。「もしかしたら先生は自分の「理性の国」幻想を述べて，毛沢東の理性を啓発しようと考えたのではないか」〔李淵庭 2003:295〕。この意見はあながち無理ではないのではないかと私には思われるのである。

【注】
1) このような観点は文化相対主義において西洋文化と東洋文化の差異を強調せざるをえず，文化対立論的な特徴が顕著となる〔張隆溪 2004:7〕。
2) 梁漱溟の経歴については自訂年譜をもとにした詳細な年譜がある〔李淵庭 2003〕。梁漱溟を新儒家とするのには異論もある。余英時は，「新儒家」が 1958 年に唐君毅らによる「中国文化と世界」という宣言に基因し，その宣言に署名した 4 名のうち 3 名が熊十力の学問につながる者であり，かつ宣言の主たる内容が熊十力の思想にもとづいていることから，熊十力の哲学流派を指すのが厳格な意味での新儒家だとする〔余英時 1992:537〕。
3) 中国の近代化にともなって克服すべき諸問題のうち，科学と民主に直接かかわるはず

第5章 「理性の国」と文化大革命　263

の個人主義をどう考えるか，という問題についての梁漱溟の思考をかつて拙論で論じた
ことがある〔土屋昌明 1998〕。

4) 香港・台湾の例としては，著名な儒学者である徐復観に次のような話がある。彼は
1950年初に香港で『民主評論』の編集をしていたが，そこへ胡蘭成という者が梁漱溟
の学生だと自称して訪ねてきた。胡蘭成の言うには，梁漱溟が香港へ出ることを考えて
いるとのこと。徐復観は，それは無理だと答えたが，胡蘭成の弁舌が立つのに感心し，
胡蘭成の生活の面倒をみてやり，日本へ脱出する旅費も工面してやった。徐復観はのち
に日本に行って胡蘭成に逢い，はじめて胡氏が梁漱溟と全く面識ないことを知ったとい
う〔徐復観 1982:189-190〕。胡蘭成は，徐復観の梁漱溟に対する関心を利用したので
ある。徐復観は同じ頃に梁漱溟の『中国文化要義』を友人から入手して台湾で出版して
いる〔徐復観 1982:190〕。日本の例としては，安岡正篤の門下生から成るアジア問題研
究会（故和崎博夫代表）は，安岡の教えにより梁漱溟の研究を進め，戦後，長期にわたっ
て新儒家の人士（張君勱ら）や新儒家研究者（韋政通ら）および梁漱溟の関係者（梁培寛）
らを招いて講演活動を展開した。日本亡命中のもと国民党の学者であった景嘉は，アジ
ア問題研究会が梁漱溟の『人心与人生』を翻訳刊行した際に序文を寄せている〔梁漱溟
1975 日本語訳〕。

5) 余英時は，新儒家の社会における性質の変化から時間的プロセスを規定し，1949年以
降は儒家の持つ価値が中国人の日常生活の表に現れなくなったことを指摘し，これを「遊
魂」という象徴的な言葉で表現している〔余英時 1997:265-266〕。

6) この事件の詳細は『梁漱溟全集』第7巻の関連の文章にみえるほか，詳説する研究書
は少なくない〔汪東林 1989，河田悌一 1989，劉克敵 2005〕。

7) 特にこの事件は台湾や海外の華人の間にも広く流伝し，梁漱溟に対する尊敬の念を書
く際にとりあげられることが多い〔陸鏗 1990〕。ただし，本文の後で述べるように，梁
漱溟は毛沢東の初期の思想に儒教との関連を見てそれを強調する考えであり，この『論
語』の言葉は毛沢東が使っていたからこそ梁漱溟も使ったのだと思われる。毛沢東がこ
の言葉を使ったことは李鋭が例示している〔李鋭 1957:19-54〕。梁漱溟が李鋭の書を
見ていたであろうことは，毛沢東と楊昌済の関係を強調する（後述）ことからも推測で
きる。

8) 王守常らの『馬克思主義哲学在中国』第12章「国学与馬克思主義」がこのテーマを
総括的に述べているが〔王守常 2002:252-266〕，私見では，そこにとりあげられる90
年代に議論された問題は少なからず『理性之国』ですでに扱われている。なお，梁漱溟
は中華人民共和国建国以前に早く社会主義と接触しており，自分の思想との親和性をみ
ている〔朱伯崑 1992〕。

9) 文化大革命中の儒教に対する見方は，70年代の批林批孔運動とそれ以前という二期に
分けて考えるべきであるが，文化大革命発動から批林批孔までの間も，基本的に儒教や
孔子は批判の対象でしかなかったと考えられる〔馮増銓 1992:262〕。

10) マルクス主義を信奉する大陸の研究では言うまでもなく，『人心与人生』がマルクス

主義と毛沢東思想にもとづいて議論しつつ, 独特の見解を提出している点を評価する〔王守常 2002:140〕。

11) 冒頭に「旁観者清」と題する長文の序がある。これは中国の現状に対する諸外国の識者のコメントを集めており, 評論家の加藤周一やイタリアの映画監督アントニオーニの文革に対する言葉なども見えて興味深いが,『理性之国』擱筆後の 1972 年に書きたした部分なので, 検討からは外した。

12) 宗族はときに「械闘」といわれる宗族間の武闘にまで発展することを梁漱溟は認識していた〔梁漱溟 1949〕。こうした宗族間の対立感情は梁漱溟が郷村建設を実践した際につきあたった問題の一つであるが, それが儒教に起因していると彼は認識していたのである。

13) 宗族に対する否定は文革の理念への賛同を表していると見る向きがある〔中尾友則 2000:181〕。これはつぎのような説にもとづいている。文革で批判の対象とされた「資本主義の道を歩む党内実権派」の実質は小売商人であり, 彼らは西洋史においては資本主義へと発展すべき存在であった。しかし, 中国における彼らの存在は, 宗族の束縛をうけて, 資本の蓄積へと進まずに, 資本を宗族の紐帯の強化と権力への接近に使用した。このため, 彼らは中国史では資本主義へと発展すべき存在となりえなかった。しかし梁漱溟は, 彼らの存在を集団主義における生産力の向上の可能性と認識しており, その生産性をあげるためには彼らの存在を改良して, 宗族の束縛を断ち切らねばならないと考え, 初期の文革の方向性に賛同したのである, と。しかし,『理想之国』における梁漱溟の宗族批判は, 儒教の負の面としてのみ述べられており, 生産性の問題と結び付けられていない。初期の文革の批判と梁漱溟の宗族批判とが同一の方向性を持っていたとしても, それは梁漱溟においては消極的な側面であり, 別のより積極的な観点で文革に賛同する部分があったと考えられるのではなかろうか。

14) ただし,『理性之国』の 1969 年 4 月 8 日までに書かれた部分 (第 22 章以前) では, 礼楽についてあまり検討されていない。

15) 1973 年「陳仲瑜」宛書信によれば, 梁漱溟自身, 内容が時宜にかなっていないと考えている〔全集 8:104〕。

16) 毛沢東を「天才」と称するのは, 林彪が 1966 年 5 月 18 日に進めたキャンペーンを承けているであろう。ただし, 梁漱溟は 1949 年以前から毛沢東を天才的と認めていたことが牟宗三との談話から窺える〔陸鏗 1990:22〕。

17) 毛沢東が楊昌済の理想主義・観念論から強い影響を受けたことはよく知られている。エドガー・スノーの聞き書きを中国語に翻訳した『毛沢東自伝』に見える。1947 年修訂の膠東新華書店版『毛沢東自伝』p. 26 (影印本, 青島出版社, 2003 年)。スノー『中国の赤い星』宇佐美誠次郎訳, 筑摩書房, 1964 年, p. 106 および 110。

18) 1956 年 4 月 25 日「論十大関係」。『毛沢東思想万歳』乙本・p. 19 によれば, 本論は 1965 年 12 月 27 日に共産党中央から, 各中央局, 各省・市・自治区党委員会, 中央各部党委員会, 国家機関並びに人民団体の各党組, 党委員会, 人民解放軍総政治部あてに

送り，県，連帯クラス以上の党委員会で学習するよう指示したという。東京大学近代史研究会訳『毛沢東思想万歳』上巻，1974 年 12 月，p. 68 訳注を参照。したがって梁漱溟にとってもなじみ深い文であったろう。

19) 本文は 1944 年 9 月 8 日に講じられた。『毛沢東選集』第 3 巻，人民出版社，1953 年第 1 版，p. 1004。訳文は，日本毛沢東選集刊行会，三一書房『毛沢東選集』第四巻，1957 年 12 月，p. 206 による。

20) 原文「論人民民主専政」『毛沢東選集』第 4 巻，人民出版社，1960 年 9 月第 1 版，p. 1473-1486。外文書店『毛沢東選集』第 4 巻，1968 年，p. 550 による。

21) 同前，p. 544 による。

22) 梁漱溟が本書を書いたのとほぼ同じ頃，竹内好は日本から文革を観察しながら中国の革命観を論じて次のように言っている。「大同が原始社会にあり，同時に未来社会にもあるとしてサイクルをつくれば，そこに，共産主義の歴史観をそっくり取り入れるワク組みができあがることになる。このワク組みは，中国人の伝統的な思考にとっても異質ではない。この用意があるとすれば，孫文が大同から共産主義に接近し，共産主義者である毛沢東が逆に共産主義から大同に接近するのも，論理的にそう不自然ではない……共産主義が移植観念であることは，仏教やキリスト教と変らないが，それを根づかせるものが伝統のなかにあることを認めるのは不可能ではない」〔竹内好 1967〕。

23) 劉克敵がこの時期の直接体験と著作実践を関連させて紹介しつつ，梁漱溟の伝記を叙述している〔劉克敵 2005:170-239〕。

24) 文革の批判対象に本来は民主同盟などのいわゆる民主諸党派は含まれていなかったが，紅衛兵らにそのような考慮はなかった〔高橋祐三 2003〕。

25) 紅衛兵の家捜しの模様は梁漱溟本人による回想に詳しい〔汪東林 1988:169-172〕。

26) 老舎の死が知られなかったのには，当時，上層部への保護を求められる立場にあった老舎が自殺したことは文革への抵抗の意思表示だと受け取られた〔周述曽 2002:264〕ことが関連していたのかもしれない。なお，9 月中旬に梁漱溟が北海公園に赴いた際に老舎の死を偲んだと劉克敵氏が想定しているのは誤認であろう〔劉克敵 2005:180〕。

27) 『北京周報』1966 年 9 月 20 日号によれば，この映画は 9 月 7 日から北京をはじめ全国で放映され，題名の日本語訳を『毛主席と文化革命百万の大軍』とする。日本でも公開され，現在でも文革時における天安門の紅衛兵と毛沢東の映像として反復して利用されている。

28) 1968 年 7 月 13 日，周恩来宛書信〔全集 8:81〕。

29) 毛沢東の『心之力』の内容について，李沢厚は他の論から窺える「動力」「貴我」つまり主観的精神と意志力を高める主張だと推定している〔李沢厚 1996:149〕。また，ここで興味深いのは，梁漱溟が毛沢東のことを全く覚えていなかったのに対して，毛沢東が梁漱溟を覚えていたことである。梁漱溟本人は毛沢東の記憶力の強さを称賛しているが，それだけではなかろう。彼らは同年であるが，一人は北京大学で教師をやり，一人は北京大学を受けられずにその図書館で働いている。毛沢東は結局，北京を離れて革命

運動に参加するのであり，この北京での経験が毛沢東の知識人観に深刻な影響を与えたことは容易に察せられる。後年，毛沢東が梁漱溟を厳しく批判する心理的背景に，梁漱溟に対するコンプレックスを読み取ることも可能であろう〔翟志成 1992:323-334〕。

30）修養によって内的な「善」をすすめて「仁」を完成させた「聖」人が，外的には政治を執ることによってその「善」を社会に推しひろげる理念である「内聖外王」という儒教的思考は，梁漱溟にあっては，郷村建設という実際行動において応用された。梁漱溟の郷村建設では，郷農学校が非常に重要であるが，それは単に技術教育だけでなく，道徳教育が行なわれた。さらに社会組織の基礎単位でもある。梁漱溟の郷村では，師弟関係が形成されると，そこに道徳的権威が生じる。つまり人望のある校長は同時に郷村の村長でもある。彼は行政上の責任を超越した，人々の精神的なよりどころとなる。これは儒教の聖人という理想主義の表現である〔許紀霖 1994:247-248〕。

31）陳寅恪「馮友蘭『中国哲学史』審査報告三」〔陳寅恪 1946〕，湯用彤「文化思想之衝突与調和」〔湯用彤 1962〕。〔余英時 1992:525-526〕を参照。

【参考文献】

梁漱溟　1922『東西文化及其哲学』上海商務印書館。1987 年,商務印書館影印。2005 年,山東人民出版社『梁漱溟全集』（以下,『全集』）第 1 巻所収。日本語訳：アジア問題研究会『東西文化とその哲学』長谷部茂訳，2000 年，農村漁村文化協会。

――――　1937『郷村建設理論』山東鄒平郷村書店。2005 年,『全集』第 2 巻所収。日本語訳:『郷村建設理論』池田篤紀・長谷部茂訳，1990 年，アジア問題研究会発行，新盛堂天地社発売。2000 年，農村漁村文化協会再版。

――――　1949『中国文化要義』成都路明書店。1987 年，上海学林出版社校訂版。『全集』第 3 巻所収。

――――　1961『人類創造力的大発揮大表現』未刊。『全集』第 3 巻所収。

――――　1965『礼記大学篇伍厳両家解説』未刊。1988 年,巴蜀書社。『全集』第 4 巻所収。

――――　1966『儒仏異同論』未刊。梁漱溟『東方学術概観』巴蜀書社，1986 年，pp. 5-31。『全集』第 7 巻所収。

――――　1970『中国――理性之国』未刊。2005 年，山東人民出版社『梁漱溟全集』第 4 巻所収。

――――　1975『人心与人生』未刊。1984 年,上海学林出版社。2005 年,山東人民出版社『梁漱溟全集』第 3 巻所収。日本語訳：『人心と人生』池田篤紀訳，昭和 62 年，アジア問題研究会発行。

――――　2006『這個世界会好嗎』東方出版中心。

＊毛沢東の著作の出処は引用部分を参照のこと。

Alitto　1979　Alitto, Guy. S　*The Last Confucian — Liang Shu-ming and the Chinese Dilemma of Modernity.* University of California Press.

安啓念　2006『馬克思主義哲学中国化研究』安啓念主編，中国人民大学出版社。

陳寅恪　1946「馮友蘭『中国哲学史』審査報告」，馮友蘭『中国哲学史』商務印書館，1947年。

馮増銓　1992「対中国大陸研究孔子情況的回想」林徐典編『漢学研究之回顧与前瞻』中華書局。

郭斉勇　1988「梁漱溟的文化比較模式析論」『武漢大学学報』1988年第2期〔郭斉勇 1999:44-62〕。

―――　1989「特立独行　一代直声――梁漱溟的人格和著作漫談」『中国文化月刊』112期，1989年12月〔郭斉勇 1999:63-69〕。

―――　1996『梁漱溟哲学思想』湖北人民出版社。

―――　1999『郭斉勇自選集』江西師範大学出版社。

河田悌一　1989「伝統から近代への模索――梁漱溟と毛沢東」岩波講座『現代中国』第4巻。

李鋭　1957『毛沢東同志的初期革命活動』中国青年出版社。日本語訳『毛沢東　その青年時代』玉川信明・松井博光訳，至誠堂，1966年。

李淵庭　1993「沈痛悼念梁漱溟老師」〔梁培寛 2003:1-10〕。

―――　2003　李淵庭・閻秉華編『梁漱溟先生年譜』増訂版，広西師範大学出版社。

李沢厚　1996『中国現代思想史論』三民書局。

梁培寛　2003　梁培寛編『梁漱溟先生記念文集』中国工人出版社，1993年第一版，2003年第二版。

―――　2006「梁漱溟：執著探求人生問題和中国問題的思想家」王俊義・丁東主編『口述歴史』第4集，中国社会科学出版社，pp. 27-86。

劉克敵　2005『梁漱溟的最後39年』中国文史出版。

陸鏗　1990　陸鏗・梁欽東編『中国的背梁』百姓文化事業出版。

中尾友則　2000『梁漱溟の中国再生構想――新たな仁愛共同体への模索』研文出版。

高橋祐三　2003「文化大革命と民主諸党派の命運」国分良成編『中国文化大革命再論』慶應義塾大学出版会，pp. 217-241。

竹内好　1967「日本・中国・革命」竹内好・野村浩一編『講座中国』第1巻「革命と伝統」1967年9月，筑摩書房。『竹内好全集』第4巻，筑摩書房，1980年所収。

湯一介　1989「梁漱溟と中国文化」土屋昌明訳，アジア問題研究会編『東西文化とその哲学』2000年，農村漁村文化協会。

湯用彤　1962「文化思想之衝突与調和」『往日雑稿』中華書局。

滕復　2001『馬一浮思想研究』中華書局。

土屋昌明　1998「梁漱溟における「個人」の問題――『東西文化及其哲学』を中心に」富士フェニックス短大『富士フェニックス論叢』第6号，pp. 63-77。

汪東林　1988『梁漱溟問答録』湖南人民出版社。

―――　1989『梁漱溟与毛沢東』吉林人民出版社。

―――　1996『十年風暴乍起時的政協知名人士』中国文史出版社。

王守常　2002　湯一介主編，王守常・張翼星・陳岸瑛・李菱著『20世紀西方哲学東漸史 馬克思主義哲学在中国』首都師範大学出版社。

王宗昱　1992『梁漱溟』東大図書公司。

徐復観　1982『百姓』半月刊 1982年1月16日号〔陸鏗 1990:188-190〕。

許紀霖　1994「梁漱溟与儒家内聖外王理念」王元化主編『学術集林』巻二，上海遠東出版社， pp. 237-251。

印紅標　2003「文化大革命における政治的葛藤と社会矛盾」望月暢子訳　国分良成編『中国文化大革命再論』慶應義塾大学出版会，pp. 69-99。

余英時　1992「銭穆与新儒家」『中国文化』第6期，余英時『現代危機与思想人物』三聯書店，2005年，pp. 514-571。

――――　1997「現代儒学論自序」『現代儒学的回顧与展望』三聯書店，pp. 262-270。

余項科　2004『中国文明と近代的秩序形成』朋友書店。

翟志成　1992『当代新儒学史論』允晨文化出版。

張隆渓　2004『走出文化的封閉圏』三聯書店。

趙無眠　1996『文革大年表』明鏡出版社。

周述曽　2002「再談老舎之死」王俊義・丁東主編『口述歴史』第二輯，中国社会科学出版社，2004年7月。

朱伯崑　1992「近代中国における社会主義思潮と梁漱溟思想」土屋昌明訳〔梁漱溟 1922 日本語訳:318-327〕。

朱謙之　1962『中国思想対於欧州文化之影響』2002年，福建教育出版社『朱謙之文集』第7巻所収。

――――　1969「政治幻想的三部曲」未刊。2002年，福建教育出版社『朱謙之文集』第1巻所収。

執筆者紹介 (掲載順)

網野房子 (あみの・ふさこ)
　　[現職] 専修大学法学部准教授。[専門] 社会人類学。
　　[著書および論文] 宮田登・森謙二・網野房子編『老熟の力——豊かな〈老い〉を求めて』(早稲田大学出版部，2000年)。「『もの』に宿る神——済州島の巫具をめぐって」朝倉敏夫編『「もの」から見た朝鮮民俗文化』(新幹社，2003年)。「巫女と死霊・あの世の使者・クィヤン——韓国済州島の死霊儀礼の調査から」赤坂憲雄編『東北学』(9号，東北文化研究センター，2003年)。「巫女とケガレ——韓国済州島と珍島の調査から」阿部年晴・綾部真雄・新屋重彦編『辺縁のアジア——〈ケガレ〉が問いかけるもの』(明石書店，2007年)。

仲川裕里 (なかがわ・ゆり)
　　[現職] 専修大学経済学部准教授。[専門] 社会人類学。
　　[著書等] 「祖先祭祀の規範と実践——韓国慶尚南道の事例から」，宮家準編『民俗宗教の地平』(春秋社，1999年)。「レヴィ゠ストロースの〈イエ〉(maison/house) 概念普遍化の有効性について」『哲学』(慶應義塾大学三田哲学会，第107集，2002年)。「韓国の出生動向——少子化と出生性比不均衡について」『専修経済学論集』(第39巻第2号，2005年)。

厳基珠 (おむ・きじゅ)
　　[現職] 専修大学ネットワーク情報学部准教授。[専門] 韓国文学。
　　[著書等] 「近世の韓・日儒教教訓書」『比較文学研究』(第70号，1997年)。「『三綱行実図』類の変化に表れた17世紀朝鮮の社会相」『専修大学人文科学年報』(第30号，2000年)。「新羅の遣唐留学生」専修大学・西北大学共同プロジェクト編『遣唐使の見た中国と日本』(朝日新聞社，2005年)。「日本における朝鮮語辞典の現況」『専修大学外国語教育論集』(第34号，2006年)。

前川亨 (まえかわ・とおる)
　　[現職] 専修大学法学部准教授。[専門] 東アジアの思想史。
　　[論文] 「中国宗教の原質としての「宇宙神教」——中国宗教の全体構造に関するモデル」『東洋文化研究所紀要』(第136冊，1998年)。「中国における『血盆経』類の諸相——中国・日本の『血盆経』信仰に関する比較研究のために」『東洋文化研究所紀要』(第142冊，2003年)。「文化接触の諸類型——「東アジア」地域を想定した理論的枠組みとして」『専修大学社会科学年報』(第39号，2005年)。

土屋昌明 (つちや・まさあき)

[**現職**] 専修大学経済学部教授。[**専門**] 中国思想・文学史。

[**著書等**] 『神仙幻想——道教的生活』(春秋社, 2002 年 10 月)。「平田篤胤の幽冥観と道教・神仙思想」『専修大学人文科学年報』(第 34 号, 2004 年)。The Confession of Sins and Awareness of Self in the Taipingjing, Kohn and Roth ed. *Taoist Identity*, Hawaii U. P. 2002.

専修大学社会科学研究所　社会科学研究叢書 10

東アジア社会における儒教の変容

2007 年 10 月 30 日　第 1 版第 1 刷

編　者　　土屋　昌明

発行者　　原田　敏行

発行所　　専修大学出版局

　　　　　〒 101-0051　東京都千代田区神田神保町 3-8
　　　　　　　　　　　　　　㈱専大センチュリー内
　　　　　電話　03-3263-4230 ㈹

組　版　　木下正之
印　刷
製　本　　電算印刷株式会社

©Masaaki Tsuchiya et al.　2007　Printed in Japan
ISBN 978-4-88125-198-0

◇専修大学出版局の本◇

専修大学社会科学研究叢書 1
グローバリゼーションと日本
専修大学社会科学研究所編　　　　　　　　　A5 判　308 頁　3675 円

専修大学社会科学研究叢書 2
食料消費のコウホート分析──年齢・世代・時代──
森宏編　　　　　　　　　　　　　　　　　　A5 判　388 頁　5040 円

専修大学社会科学研究叢書 3
情報革新と産業ニューウェーブ
溝田誠吾編著　　　　　　　　　　　　　　　A5 判　368 頁　5040 円

専修大学社会科学研究叢書 4
環境法の諸相──有害産業廃棄物問題を手がかりに──
矢澤曻治編　　　　　　　　　　　　　　　　A5 判　324 頁　4620 円

専修大学社会科学研究叢書 5
複雑系社会理論の新地平
吉田雅明編　　　　　　　　　　　　　　　　A5 判　372 頁　4620 円

専修大学社会科学研究叢書 6
現代企業組織のダイナミズム
池本正純編　　　　　　　　　　　　　　　　A5 判　266 頁　3990 円

専修大学社会科学研究叢書 7
東北アジアの法と政治
内藤光博・古川純編　　　　　　　　　　　　A5 判　376 頁　4620 円

専修大学社会科学研究叢書 8
中国社会の現状
専修大学社会科学研究所編　　　　　　　　　A5 判　220 頁　3675 円

専修大学社会科学研究叢書 9
都市空間の再構成
黒田彰三編著　　　　　　　　　　　　　　　A5 判　272 頁　3990 円

（価格は本体＋税）